이미지로 한눈에 정리되는
GRAMMAR.ZIP 2 문법집

지은이 유택상
펴낸이 안용백
펴낸곳 (주)넥서스

출판신고 1992년 4월 3일 제311-2002-2호 ②-17
.04044 서울특별시 마포구 양화로 8길 24
Tel (02)330-5500 Fax (02)330-5555

ISBN 978-89-6000-324-8 54740

www.nexusEDU.kr
NEXUS Edu는 (주)넥서스의 초·중·고 학습물 전문 브랜드입니다.

이미지로 한눈에 정리되는

GRAMMAR.ZIP

유택상 **지음 | Mark Holden** 감수

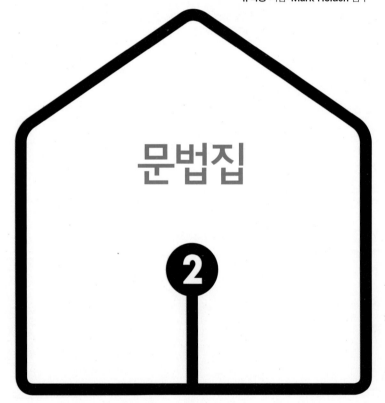

문법집

2

NEXUS Edu

*preface

이 책을 펴내면서

이 책을 계획할 때부터 가장 고민했던 부분이 각 단원의 순서이다. 대개 영어는 순서에 상관없이 무조건 열심히만 하면 되는 것으로 알지만 그렇지 않다. 수학도 곱셈을 모르면 나눗셈을 할 수 없듯이 영어도 우선 공부해야 할 선행 단원이 있다. '의문문' 을 공부하면 '의문사절' 을 알 수 있고, '도치' 의 모양을 알 수 있게 된다. '절' 의 개념을 공부하면, '동명사, 부정사, 분사' 를 보다 쉽게 이해할 수 있다. 대명사에서 3인칭을 공부하면 현재시제에서 3인칭을 다시 공부하지 않아도 된다. 그러한 예가 어디 이것뿐인가?

옛날 우리 조상들은 집을 지을 때 못을 전혀 사용하지 않았다. 주춧돌에서 기둥, 서까래 지붕에 이르기까지 서로서로를 짜 맞추어 조화를 이루도록 정교하게 집을 지었다. 이 책도 집을 짓듯이 '지었다'. 제1장부터 마지막 18장까지 전체가 하나의 정교한 구조물이 되도록 만들었다. 타고난 우둔함으로 이 모든 목표를 다 이루지는 못했지만 펜을 놓을 때까지 그 정신은 버리지 않았다. 따라서 이 책은 처음부터 차례대로 공부할 것을 적극 권장한다.

이 책이 꿈이 있는 사람들에게 도움이 되었으면 좋겠다고 생각해 본다. 작은 문법책에 불과하지만 땅에 떨어진 밀알 같은 그런 보이지 않는 역할을 하면 좋겠다고 감히 희망을 품어 본다.

**꺾이지 않는 꿈과 희망을 가슴에 품고
거친 세상을 헤쳐 나가는 모든 젊은이에게
이 책을 바친다.**

{1

문법 개념 및 어법의 시각화

기초적인 내용에서부터 수능 수준까지의 중요 문법을 대표 예문으로 정리해 주고 이미지로 표현하여 한 눈에 알 수 있다.

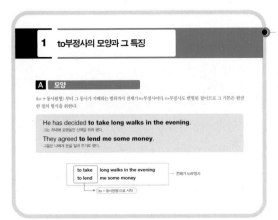

{2

다량의 문제를 통한 어법 개념 확립

해당 어법을 학습한 후 각 Review TEST를 통해서 어법의 개념을 정립하고 이해하기 쉽다.

*constitution

{3

각 Chapter의 복습

각 Chapter에서 배운 내용을 충분한 양의 핵심적인 문제들을 통해 반복 점검함으로써 어법을 감각적으로 터득할 수 있다.

실전 TEST 1

❋ 다음 빈칸에 들어갈 알맞은 말을 고르시오.

1 Shelley sent me an e-mail in order _____ me that been canceled.
   (A) informing   (B) to inform
   (C) for inform   (D) that inform

2 I don't blame you for not _____ outside in this awful
   (A) wanting to go   (B) wanting go
   (C) want to go   (D) to want go

3 I absolutely refuse _____ part in anything that's illeg

실전 TEST 2

5 다음 글의 흐름으로 보아, 밑줄 친 부분 중 어법상 가장 어색한 것은?

Imagine your brain as a house filled with lights. Now in ① turning off the lights one by one. That's ② what Alzh does . It turns off the lights, so that the flow of ideas memories from one room to the next ③ slows and eve And sadly, as anyone who has ever watched a pare ④ to yield to the spreading darkness knows, there is the lights ⑤ from going off , no way to switch them they've grown dim.

* Alzh

{4

어법 지식을 자연스럽게 Up-grade

총체적인 어법의 이해를 위해 글을 통해서 어법의 문맥상 쓰임을 이해하고 궁극적으로 독해력을 향상시킬 수 있다.

*contents

*contents

10
절(Clauses)과 접속사(Conjunctions)

이 단원에서 중점을 두고 공부할 부분은?

_ 절과 접속사의 개념

_ 등위접속사의 종류와 그 특징

_ that절의 특징과 역할

_ 의문사절에서 의문사의 역할과 의문사절의 어순

_ 부사절을 이끄는 모든 접속사와 그 뜻

_ 부사절 중에서 양보절

_ 부사절과 명사절의 문장 속 역할

After climbing a great hill,
one only finds that there are many more hills to climb.
I have taken a moment here to rest, to steal a view of the glorious vista that
surrounds me, to look back on the distance
I have come. But I can rest only for a moment,
for with freedom comes responsibilities,
and I dare not linger, for my long walk is not yet ended.

By **Nelson Mandela**

높은 산 하나를 오른 후에야, 사람들은 높은 산들이 더 많이 있다는 것을 안다.
나는 여기서 잠시 휴식을 취하고, 내 주변의 아름다운 광경을 잠시 훔쳐보고,
내가 걸어온 그 길을 뒤돌아 본다. 그러나 잠시만 쉴 뿐이다,
왜냐하면 자유와 함께 책임도 왔기 때문이다,
또한 머뭇거릴 수도 없다, 나의 긴 여정이 아직 끝나지 않았기 때문이다.

1 절과 문장 및 접속사

A 절

〈주어 + 동사 + 목적어(보어, 수식어)〉로 이루어진 단위를 절이라고 한다. 절은 문장과 동일한 성격을 갖는다. 즉, 문장과 마찬가지로 그 자체로 완전하다.

his parents are very nice people 그의 부모는 매우 멋진 사람들이다 〈절〉
some eggs in the fridge 냉장고 속에 있는 계란들 〈절이 아님〉

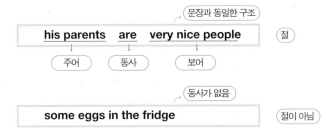

- **I found** her a seat in the theater. 나는 극장에서 그 여자에게 좌석을 마련해 주었다. ⎫ 절
- **there was** a fight at the party 파티에서 싸움이 한 번 있었다. ⎭

- a woman outside my house 우리 집 밖에 있는 한 여자 ⎫ 절이 아님
- some friends of mine staying at the weekend 주말에 머물고 있는 내 친구들 ⎭

B 문장

대문자로 시작하여 마침표(또는 물음표나 느낌표)로 끝나고, 그 속에 하나 이상의 절이 들어 있으면 문장이다.

my brother fell off the bike, 〈절〉
My brother fell off the bike. 〈절이 하나인 문장〉
My brother fell off the bike, but **he was** unhurt. 〈절이 두 개인 문장〉
내 동생은 자전거에서 넘어졌지만 다치지 않았다.

- **Tom watches** television every evening. Tom은 매일 저녁 TV를 본다.
- When **they arrived**, **they found** that **the train had left** already.
  그들은 도착했을 때 기차가 이미 떠나버렸다는 것을 알았다.

한 문장 속에 두 개 이상의 절이 들어 있을 때, 그 절과 절은 접속사가 연결한다. 따라서 접속사 뒤에는 절이 온다.

Although my brother fell off the bike, he was unhurt.

My brother fell off the bike, **but** he was unhurt.

내 동생은 자전거에서 넘어졌지만 다치지 않았다.

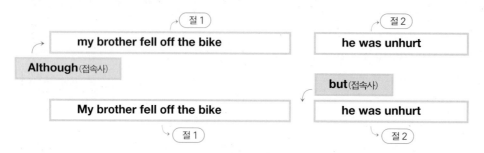

- **While** you were out, there was a phone call for you. 네가 외출한 동안 전화 한 통이 왔었다.
- **As** I was feeling tired, I went to bed early. 나는 피곤했기 때문에 일찍 잠자리에 들었다.
- I didn't play golf **when** I was on holiday last summer.
  나는 지난 여름 휴가 동안에 골프를 치지 않았다.

D 절과 접속사의 관계

절은 여러 종류가 있고, 그 종류에 따라 문장 속에서 다양한 역할을 한다. 그리고 절의 종류를 결정하는 것은 절 앞에 위치한 접속사이다. 따라서 절의 종류를 공부하는 것은 곧 접속사의 종류를 공부하는 것과 같다.

but he needed some help

that he needed some help

although he needed some help

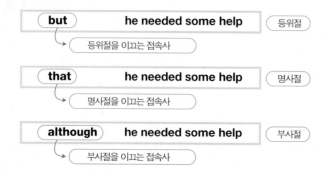

접속사의 종류와 특징

종류	예	특징
등위접속사	and but or so yet for nor	두 개의 절을 대등하게 연결
명사절 접속사	that 의문사	두 개의 절을 주종 관계로 연결 (접속사가 이끄는 절이 종속절이고, 그렇지 않은 절이 주절이다.)
부사절 접속사	when before after until while once although (even) though even if unless if as because since so that 등	

○ 명사절 접속사와 부사절 접속사를 종속접속사라고 한다.

등위접속사와 등위절

- It's a very long book, **but** it's not at all boring. 그 책은 매우 길지만 전혀 지루하지 않다.
- Frank worked hard **and** (he) became an architect. Frank는 열심히 일해서 건축가가 되었다.

명사절 접속사와 명사절

- I know **that** the match will be cancelled. 나는 그 시합이 취소될 것이라는 것을 알고 있다.
- Thomas wants to know **how** he can help us. Thomas는 우리가 어떻게 도울 수 있는지를 알고 싶어 한다.

부사절 접속사와 부사절

- The boss sounded angry **when** I spoke to him on the phone.
  내가 전화했을 때 사장님 목소리는 화난 것처럼 들렸다.
- Productivity in a factory increases **if** the workplace is made pleasant.
  일터가 즐거워지면 공장의 생산성은 증가한다.

| 🖐 잠깐!! |

★ 등위접속사와 종속접속사
· 등위접속사는 두 개의 절을 대등하게 연결하며, 두 개의 절을 등위절이라고 한다.
· 종속접속사가 쓰인 절을 종속절이라 하고, 접속사 없는 절을 주절이라고 한다. 상위절인 주절이 하위절인 종속절보다 더 중요하다.

접속사와 전치사는 모양이 비슷한 것도 있지만 그 역할은 분명 다르다. 접속사 뒤에는 절이 오지만, 전치사 뒤에는 명사(구)가 온다.

He broke his arm **during** the fight. 그는 싸우다가 팔이 부러졌다.

He broke his arm **while** they were fighting.

He broke his arm		during	+	the fight.
		전치사		명사

He broke his arm		while	+	they were fighting.
		접속사		절

혼동하기 쉬운 접속사와 전치사

구분 / 의미	접속사	전치사
시간	while	during
대조	although (even) though	in spite of despite
이유	because since as	because of
유사 · 방식	as	like

- We didn't go out **because of** the rain. 비가 오기 때문에 외출하지 않았다.
- We didn't go out **because** it was raining.
- **Despite** the rain, we started to play tennis. 비가 왔지만 우리는 테니스를 쳤다.
- **Although** it was raining, we started to play tennis.
- You should have done it **as** I showed you. 너는 그것을 내가 보여 준 대로 했어야 했다.
- You should have done it **like** this. 너는 그것을 이처럼 했어야 했다.

Review TEST 1

※ 다음 글이 절인지 아닌지를 밝히시오.

1 we had many interesting experiences

2 many visitors at the dance last night

3 I'm looking forward to seeing Ann again.

4 where you going to put all your furniture

5 a number of friends coming to visit you soon

※ 다음 문장이 옳으면 T, 틀리면 F로 표시하시오.

6 Like I said before, I'm sorry.

7   I've looked everywhere for them, however, I can't find them anywhere.

8 James's frist poem was published during he was at college.

9 I must go to the bank to change some money and then I'm going to the post office to buy some stamps.

10 Man will live longer because of cures for many diseases will have been found.

※ 다음 이탤릭체 부분이 등위절인지, 명사절인지, 부사절인지를 밝히시오.

11 Everyone knows *that money doesn't grow on trees*.

12 He fell heavily *and broke his arm*.

13 They went out for a walk, *even though the weather was bad*.

14 Susan can't decide *which essay she should use in the contest*.

TEST 2

※ 다음 빈칸에 들어갈 알맞은 말을 고르시오.

1 _____ his sickness, he participated in the international conference as a guest speaker.

(A) Though   (B) Since   (C) In spite of   (D) Despite of

2 _____ information is encoded effectively in the memory, it may not be easily recalled when necessary.

(A) Unless   (B) So   (C) The   (D) Much

3 One of the positive aspects of the 2002 World Cup is that it _____ the Korean people together under the banner of national pride and harmony.

(A) having brought   (B) having been brought
(C) to have been brought   (D) has brought

4 The Northern Hemisphere has mostly westerly winds _____ the rotation of the Earth toward the east.

(A) due to   (B) because   (C) therefore   (D) so

5 _____ the sense of smell can provide us with important signals, it is not nearly as useful as hearing.

(A) Although   (B) However   (C) Still   (D) Despite

※ 다음 밑줄 친 부분 중 어법상 가장 <u>어색한</u> 것을 고르시오.

6 In spite of the midterm was just around the corner, I was unable to
     (A)   (B)

concentrate on studying because I had so much on my mind.
           (C)   (D)

7 Stalagmites are produced when water to drop directly to the floor of a cave.
            (A)   (B)   (C)   (D)

8 We were not aware that our car had become bogged down in soft mud
     (A)   (B)   (C)

because a heavy overnight downpour.
     (D)

2 등위접속사

A 종류, 의미 및 특징

(1) 등위접속사 각각의 구체적 의미

구분		의미
and	추가	〈A and B〉는 A와 B 모두를 뜻한다.
but	대조	〈A but B〉는 A와 B가 서로 대조를 뜻한다.
or	선택	〈A or B〉는 A와 B가 서로 배타적임을 뜻한다.
yet	대조	〈A yet B〉는 A와 B가 서로 대조를 뜻한다.
so	결과	〈A so B〉는 B가 A의 결과를 뜻한다.
for	이유	〈A for B〉는 B가 A의 간접적 이유를 뜻한다.
nor	부정의 연속	〈A nor B〉는 A와 B 모두 부정이다.

- The exam was extremely difficult **and** few students passed it.
  시험이 너무 어려워서 통과한 학생이 거의 없다.
- The house looks old, **but** it's really quite modern. 그 집은 낡아 보이지만 매우 최신식이다.
- She sold her house, **yet** (she) can't help regretting it.
  그 여자는 집을 팔았지만 후회하고 있다.
- **Either** say you're sorry **or** get out!
  미안하다고 말하거나 아니면 나가거라!
- Her birthday is next Monday, **so** I must buy her a present.
  그 여자 생일이 다음 월요일이어서 나는 생일 선물을 사야 한다.
- We rarely stay in hotels, **for** we can't afford it.
  우리는 호텔에서 거의 묵지 않는다, 여유가 없기 때문이다.
- He doesn't want to live in the country, **nor** does he want to live in the city.
  그는 시골에서 살고 싶어 하지도 않고, 도시에서 살고 싶어 하지도 않는다.

(2) 중요 특징들

and, or, but, yet은 단어와 단어, 구와 구도 연결

- The film starred Jack Lemmon **and** Shirley Maclaine.
  그 영화는 Jack Lemmon과 Shirley Maclaine이 주연이다.
- He plays the guitar **and** sings folk songs. 그는 기타도 연주하고 포크송도 부른다.

- They were talking **and** laughing. 그들은 대화하면서 웃고 있었다.
- You can have ham, cheese **or** tuna. 너는 햄, 치즈 또는 참치를 먹을 수 있다.
- Shall we go out to the cinema **or** stay at home?
  우리 영화 보러 갈까? 아니면 집에 있을까?

and, or, but, yet은 그 뒤의 주어가 주절의 주어와 일치할 경우 생략 가능

- She sold her house, **yet** (*she*) can't help regretting it.
  그녀는 그녀의 집을 팔았지만 그것을 후회하지 않을 수 없다.
- We fished all day, **but** (*we*) didn't catch a thing.
  우리는 하루 종일 낚시했지만 한 마리도 못 잡았다.

nor 뒤에서는 도치가 일어남

- He doesn't want to live in the country, **nor** *does he* want to live in the city.
  그는 시골에 살기를 원치 않았고, 도시에 사는 것도 원치 않았다.
  ● He doesn't want ~ country, nor he wants to live ~' 로 쓰지 않는다.
- I don't expect children to be rude, **nor** *do I* expect to be disobeyed.
  나는 아이들이 무례하다고 생각하지 않는다, 또한 불손하다고도 생각하지 않는다.

B 상관접속사

등위접속사 중에는 세트로 쓰이는 접속사가 있다. 이를 상관접속사라고 한다.

구 분	의 미
both *A* and *B*	'A와 B 모두' 라는 뜻이다.
either *A* or *B*	'A이거나 B' 라는 뜻이다. 〈A or B〉와 같은 뜻이다.
neither *A* nor *B*	A와 B를 모두 부정한다. 'A도 B도 아닌'의 뜻이다.
not only *A* but (also) *B*	'A뿐만 아니라 B도 또한'의 뜻이다.
A as well as *B*	'B뿐만 아니라 A도 또한'의 뜻이다.

- **Both** he **and** his wife enjoy tennis. 그와 그의 아내 모두가 테니스를 좋아한다.
- Grapes are usually **either** green **or** red. 포도는 대개 녹색이거나 붉은 색이다.
- My sister **neither** speaks French, **nor** understands it.
  내 여동생은 불어를 말하지도 이해하지도 못한다.
- Daniel **not only** washed the car, **but** (**also**) polished it.
  Daniel은 세차도 했고, 광택도 냈다.

Review

TEST 1

※ 다음 [　] 안에서 알맞은 말을 고르시오.

1 Neither the boss [and / nor / but] his secretary is flying to York.

2 Either the boss [and / but / or] his secretary is flying to Berlin.

3 There is always black market not only in Britain [and / but / or] also in Europe.

4 That is an inexpensive [nor / for / yet] effective solution to our problem.

5 He will not help them, [or / nor / and] will I.

Review

TEST 2

※ 다음 빈칸에 들어갈 알맞은 말을 고르시오.

1 My parents were strict _____ fair with their children.
(A) nor   (B) but   (C) so   (D) or

2 If you want to change your class schedule, you should talk to either your teacher _____ your academic counselor.
(A) or   (B) and   (C) as well as   (D) both

3 We went to a restaurant that has vegan food _____ had a wonderful lunch of fresh vegetables and whole grains.
(A) and   (B) but   (C) or   (C) for

4 Not only the teacher _____ the students know the answer.
(A) as well as   (B) and   (C) but also   (D) or

5 These egg substitutes are not really eggs, _____ they look somewhat like eggs when they are cooked.
(A) and   (B) but   (C) so   (D) whereas

3 명사절 접속사

명사절 접속사란 절을 명사절로 만드는 접속사를 말한다. 크게 that과 의문사가 있다.

A that절

(1) that절의 모양

〈that + 완전한 절〉을 that절이라고 한다.

> He boasted **that** *he passed the exam.* 그는 시험에 합격했다고 자랑했다.
>
> **That** *money doesn't grow on trees* should be obvious.
> 돈이 나무에서 자라지 않는다는 것은 분명하다.

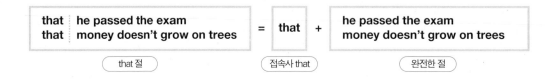

(2) that절의 역할

that절은 기본적으로 주어, 목적어, 보어, 동격의 역할을 한다.

> **That** *the weather is not going to improve* is apparent. 〈주어〉
> 날씨가 좋아지지 않을 것은 분명하다.
>
> He convinced me **that** *he is innocent.* 〈목적어〉
> 그는 자기가 결백하다고 나를 확신시켰다.
>
> My assumption is **that** *he will pass the exam.* 〈보어〉
> 그가 시험에 합격할 것이라는 것이 나의 추측이다.
>
> We must face the fact **that** *we might lose our deposit.* 〈동격〉
> 우리는 계약금을 잃을지도 모른다는 사실을 직시해야 한다.

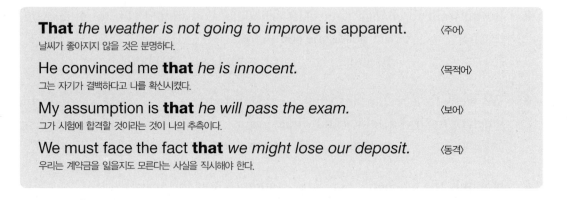

주어

- **That** *he will be successful* is not certain.

  = It is not certain (**that**) *he will be successful.*

  그가 성공할 것이라는 것은 확실하지 않다.

- **That** *I haven't heard of you* is odd.

  = It's odd (**that**) *I haven't heard of you.* 내가 너의 소식을 듣지 못했다니 이상하다.

  ○ that절이 주어로 쓰일 때는 대개 it으로 대체되고 원래의 that절은 문장 끝으로 이동한다. that절이 주어로 쓰인 경우 접속사 that은 생략할 수 없다.

목적어

- They told us (**that**) *once again the situation was serious.*

  다시 한 번 상황이 심각해졌다고 그들이 우리에게 말했다.

- I am sure **that** *he will be successful.*

  그가 성공할 것이라고 나는 확신한다.

보어

- The problem is **that** *no-one knows what will happen.*

  무슨 일이 발생할지 아무도 모르는 것이 문제이다.

- The truth was **that** *we never saw her.* 우리가 그 여자를 보지 못했다는 것은 사실이다.

동격

- It's based on *the idea* **that** *all people are created equal.*

  그것은 모든 인간이 평등하다는 생각에 근거한다.

- I agree with *the old saying* **that** *absence makes the heart grow fonder.*

  멀어지면 마음을 더욱 애타게 만든다라는 속담에 동감한다.

  ○ that절과 동격으로 쓰이는 명사는 특정한 소수의 명사로 제한된다. 위에서 쓰인 명사 외에 belief, doubt, evidence 등의 명사가 더 있다.

(3) that절의 it 대체

that절이 5형식의 목적어로 쓰인 경우 반드시 it로 대체해야 한다.

> I made **it** clear **that** *the government's policy was wrong.*
> 나는 정부의 정책이 잘못되었다는 것을 명확히 했다.
>
> I made **that** *the government's policy was wrong* clear. (X)
>
> Mary's success makes **it** possible **that** *she will return to California.*
> Mary의 성공이 그녀가 캘리포니아로 귀향하는 것을 가능하게 한다.
>
> Mary's success makes **that** *she will return to California* possible. (X)

B 의문사절

의문문이 의문문으로 쓰이지 않고 더 큰 문장에서 문장의 일부로 쓰이는 것을 의문사절이라고 한다. 의문사절을 간접 의문문이라고도 한다.

(1) 의문사절의 모양

의문문이 평서문 어순으로 바뀌면 의문사절이 된다.

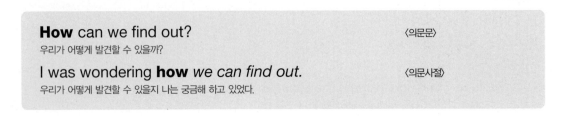

How can we find out?　　　　　　　　　　　〈의문문〉
우리가 어떻게 발견할 수 있을까?

I was wondering **how** *we can find out.*　　〈의문사절〉
우리가 어떻게 발견할 수 있을지 나는 궁금해 하고 있었다.

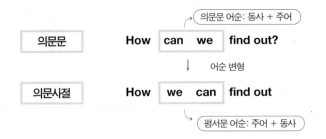

의문문

- **What** is the time? 몇 시지?
- **How much** would a taxi cost? 택시 요금이 얼마일까?
- **What time** does the concert start? 그 음악회는 몇 시에 시작하니?

의문사절

- I wonder **what** *the time is.* 몇 시인지 궁금하다.
- Do you know **how much** *a taxi would cost*?
  너는 택시 요금이 얼마인지 아니?
- Could you tell me **what time** *the concert starts*?
  그 음악회가 몇 시에 시작하는지 알려 주실래요?

의문사의 다양한 모양

의문문에서와 마찬가지로 의문사절에서도 의문사는 명사와 함께 쓰이기도 한다.

- Someone wants to know **which way** *the post office is.*
  우체국이 어디 있는지 누군가 알고 싶어 한다.
- Have you any idea **how much** *a taxi would cost*?
  택시 요금이 얼마인지 아니?

Yes-No 의문문의 의문사절

의문사 없는 의문문, 즉 Yes-No 의문문이 의문사절이 되면 앞에 if나 whether가 추가된다.

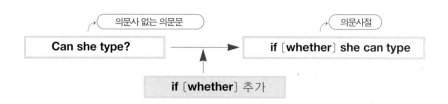

(2) 의문사절의 역할

의문사절은 명사와 거의 같은 역할을 한다. 즉, 주어, 타동사의 목적어, 전치사의 목적어, 보어의 역할을 한다.

When *the zero was invented* is not known. 〈주어〉
숫자 영이 언제 생겼는지는 알 수 없다.

Do you know **what** *John is looking for?* 〈타동사의 목적어〉
John이 무엇을 찾고 있는지 아니?

I'm interested in **why** *the earth is called 'the water planet'*. 〈전치사의 목적어〉
나는 지구가 '수분 행성'이라고 불리는 이유에 대해 관심이 있다.

The question is **who** *Ann played tennis with*. 〈보어〉
문제는 Ann이 누구와 테니스를 쳤느냐이다.

주어

- **When** *he did it* is a mystery. 그가 언제 그것을 했는지는 수수께끼이다.
- **Whether** *he has signed the contract* doesn't matter. 그가 계약에 서명했는지는 중요하지 않다.

타동사의 목적어

- I want to know **whether** *he has signed the contract*. 그가 계약에 서명을 했는지 알고 싶다.
- Please tell me **which piece** *fits in this puzzle*. 어떤 조각이 이 퍼즐에 알맞은지 알려 주세요.

전치사의 목적어

- It depends on **when** *he did it*. 그것은 그가 언제 그것을 했느냐에 달려 있다.
- I'm concerned about **whether** *he has signed the contract*.
  그가 계약에 서명을 했는지에 관심이 있다.

보어

- The question is **when** *he did it.* 문제는 그가 그것을 언제 했느냐이다.
- The question is **whether** *he has signed the contract.* 문제는 그가 계약에 서명을 했느냐이다.

if 절의 한계

if절(명사절)은 주어, 보어, 전치사의 목적어, 동격으로 쓰이지 못하고 타동사의 목적어로만 쓰인다.

- He asked me **if** *I played chess.*　　　　　　　　　　〈타동사의 목적어〉
- I'm concerned about *if he has singed the contract.*　　〈전치사의 목적어〉 ⎤
- The question is *if he has signed the contract.*　　　　〈보어〉　　　　｜틀린 표현｜
- *If he has signed the contract* doesn't matter.　　　　　〈주어〉 ⎦

C　that절과 의문사절의 차이

① that절에서는 접속사 that을 빼면 완전한 절이 되고, 의문사절에서는 의문사를 빼면 불완전한 절이 된다.

> Do you know **that** *John delivered this package?*
> John이 이 소포를 배달했다는 것을 아니?
>
> Do you know **who** *delivered this package.*
> 누가 이 소포를 배달했는지 너는 아니?

- I am sure **that** *he will be successful.*　　　　　〈he will be successful이 완전한 절〉
- He boasted **that** *he passed the exam.*　　　　　〈he passed the exam이 완전한 절〉
- I want to know **which piece** *fits in this puzzle.*　〈fits in this puzzle은 주어 없는 불완전한 절〉
- Do you know **how much** *a taxi would cost?*　　　〈a taxi would cost는 목적어 없는 불완전한 절〉
- I don't know **why** *he didn't accept the offer.*　　〈why가 빠진 he didn't ~ offer는 완전한 절〉

　➋ 의문사절에서 의문대명사가 빠지면 의문사절이 불완전하나 의문부사는 빠져도 의문사절은 완전해 보인다.

② 의문사절은 전치사의 목적어로 쓰이나 that절은 전치사의 목적어로 쓰이지 못한다.

- I'm concerned **about whether** *he has signed the contract.*
- I'm concerned **about** *that he has singed the contract.* (X) 〈about을 삭제〉
  나는 그가 계약서에 서명한 것이 걱정된다.

③ that절은 평서문의 의미이고, 의문사절은 의문문의 의미이다. 따라서 이 둘은 서로 다른 환경에 서 쓰인다.

- They agree **that** *it is a good idea.* 그것이 좋은 생각이라는 데 동의한다. 〈agree + 평서문〉
- She asked **what** *he wanted.* 그 여자는 그가 무엇을 원하느냐고 물었다. 〈ask + 의문문〉

  ❍ agree는 '동의하다'의 뜻이므로 평서문(that절)의 내용이 목적어로 오고, ask는 '묻다'의 뜻이므로 의문문(의문사 절)의 내용이 목적어로 온다.

  따라서,

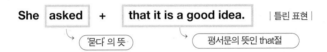

  She | asked | + | that it is a good idea. | 틀린 표현 |
  '묻다'의 뜻 　 평서문의 뜻인 that절

④ whether/if/의문사절을 주로 목적어로 취하는 표현들

> I don't **know**〔**tell, imagine**〕 알 수 없다
> I don't **mind** 상관없다　**ask**〔**inquire**〕 묻다　**wonder** 궁금하다

- I don't **know** *who will look after the baby.*
  나는 누가 그 아이를 돌볼 것인지 모른다.
- I don't **mind** *which flight we are taking.*
  나는 우리가 어느 비행기를 탈 것인지는 상관없다.
- I **inquired** *whether the tickets were ready.*
  나는 그 티켓들이 준비되었는지를 물었다.

※　다음 문장을 보기처럼 바꾸시오.

> 보기　Who is that man? → I want to know <u>who that man is</u>.

1　Where does George live? → I want to know _____.

2　How far is it to Denver from here?　→ I need to know _____.

3　Whom did Alex see at the meeting?　→ I don't know _____.

※　다음 〔　〕안에서 알맞은 의문사를 고르시오.

4　I don't know [what / whether / whom] you can recognize her from here.

5　I have no idea [what / when / how] John is looking for.

6　Maybe Jane can tell us [who / what / why] he decided not to come with us.

7　I don't know [that, which, how] she prefers.

8　Roberto wants to know [which / why / who] book we're supposed to buy.

9　Some experts have already predicted [that / what / who] the next president will be.

10　I wonder [that / what / whether] you can help me.

11　It is very strange [that / what / who] the children are so quiet.

12　[If / How / What] the book will sell depends on the reviewers.

13　I noticed [that / what / how] he spoke English with an Australian accent.

※　다음 문장에서 <u>잘못된</u> 곳이 있으면 찾아 표시하시오.

14　The policeman asked the men what were they doing.

15　She asked I wanted a drink.

16　I'm concerned about that he is involved in the accident.

17　It was unclear that the dog's performance relating to the way.

18　The groups have made plain that they oppose any official position.

※ 다음 빈칸에 들어갈 알맞은 말을 고르시오.

1 He asked me where _____.
(A) did I live   (B) I lived   (C) do you live   (D) that I lived

2 A fortune-teller predicted _____ inherit a lot of money before the end of the year.
(A) that I would   (B) that I   (C) what I will   (D) what I

3 Officer, can you tell me how to get to Bristol? — Sure. What part of Bristol _____ to go to?
(A) do you want   (B) you want
(C) that you want   (D) where you want

4 Is it true that you fell asleep in class yesterday and began to snore? — Unfortunately, yes. _____ is unbelievable! I'm very embarrassed.
(A) That I could do such a thing it
(B) That I could do such a thing
(C) I could do such a thing it
(D) I could do such a thing

5 _____ prompt is important to our boss.
(A) A person is   (B) If a person is
(C) Is a person   (D) Whether or not a person is

6 Did you remember to tell Susan _____ she should bring to the party tomorrow? — Oh, my gosh! I completely forgot! I'm sorry.
(A) that   (B) what   (C) if   (D) where

7 Does anybody know _____ on the ground? — Your guess is as good as mine.
(A) how long this plane will be
(B) how long will be this plane
(C) how long will this plane be
(D) that how long this plane will be

8 The impression _____ women talk too freely and too much in private situations is summed up in a word: *gossip*.

(A) that   (B) of   (C) about   (D) is

9 _____ was the last to leave the room is a critical point to the accident.

(A) Who   (B) That   (C) He   (D) How

10 Success in convincing the public depends on _____.

(A) the media distributes information

(B) how well information is distributed by the media

(C) information is distributed by the media

(D) how well is information distributed by the media

11 If one of the participants in a conversation wonders _____, no real communication has taken place.

(A) what said the other person

(B) what the other person said

(C) what did others say

(D) what other person was saying

12 I really wonder _____.

(A) that John failed the exam

(B) who John failed the exam

(C) the fact that John failed the exam

(D) why John failed the exam

※ 다음 밑줄 친 부분 중 어법상 가장 어색한 것을 고르시오.

13 No one <u>knows</u> how long <u>will they</u> stay <u>healthy</u>, but the results are <u>encouraging</u>.
             (A)   (B)   (C)   (D)

14 <u>The reason</u> Bill Gates has been <u>such a success</u> is <u>because</u> he never <u>gives up</u>.
     (A)   (B)   (C)   (D)

4 부사절 접속사

부사절 접속사란 절을 부사절로 만드는 접속사를 말한다. 시간, 양보, 조건, 이유, 결과, 목적, 방식이 있다.

A 부사절의 모양

부사절은 그 모양이 〈부사절 접속사 + 완전한 절〉이다.

> He went to bed **because** *he felt ill.* 그는 아팠기 때문에 잠을 잤다.
>
> She passed the exam, **although** *she hadn't studied for it.*
> 그 여자는 시험 공부를 안 했지만 시험에 통과했다.
>
> ⊙ 'because he ~ ill', 'although she ~ it'이 부사절이며, because와 although가 부사절 접속사이다.

- **Although** *she doesn't enjoy her job*, she works hard.
  그 여자는 직업에 만족하지 않지만 열심히 일한다.
- **When** *he left school*, he started working in a bank. 그는 졸업 후 은행에서 근무를 시작했다.
- I knew nothing about it **until** *you told me.* 나는 네가 말해 줄 때까지 그것을 알지 못했다.

B 부사절의 역할

(1) 동사와 절 수식

부사절의 역할은 부사와 마찬가지로 동사 수식과 절 수식이다.

> He went to bed **because** *he felt ill.* 〈동사 수식〉
>
> She passed the exam, **although** *she hadn't studied for it.* 〈절 수식〉
>
> ⊙ 부사절 'because~ill'은 동사 went를 수식하고, 부사절 'although~it'은 앞 절의 'she passed the exam'을 수식한다. 부사절이 콤마 없이 연결되면 동사 수식이고, 콤마와 함께 연결되면 절 수식이다.

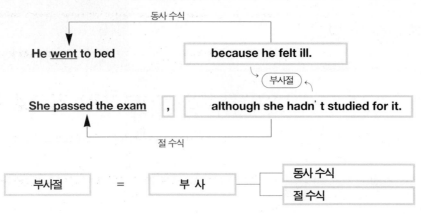

❂ 부사절은 형용사, 명사, 부사는 수식하지 않는다. 이것이 부사절과 부사가 다른 점이다.

- **When** *I had finished breakfast*, I went out.
  나는 아침을 끝낸 후 외출했다.
- **As** *they were walking down the street*, they saw Sue.
  그들은 길을 따라 걷다가 Sue를 보았다.
- I often listen to the radio **while** *I'm having breakfast*.
  나는 아침을 먹으면서 라디오를 자주 듣는다.
- He ran to the station **because** *he was late*.
  그는 늦었기 때문에 역으로 뛰어갔다.

(2) 선택적 수식

명사절은 문장 속에서 꼭 필요한 필수적 요소로 쓰이지만 부사절은 없어도 되는 선택적 요소로 쓰인다. 부사절이 없어도 전체 문장은 완전하다.

> We'll call off the meeting **when** *it rains*. ⟨부사절⟩
> 비가 오면 우리는 회의를 취소할 것이다.
>
> I wonder **when** *it will rain.* ⟨명사절⟩
> 나는 언제 비가 올 것인지 궁금하다.

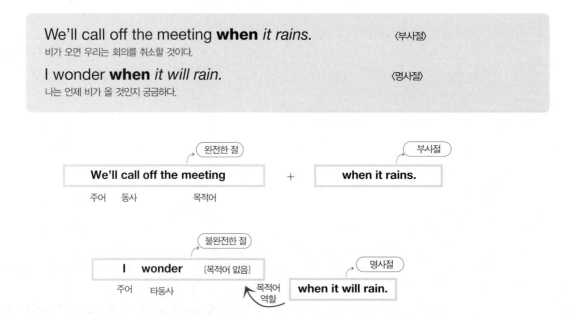

- I don't understand **why** *Barb canceled her vacation plans.* 〈명사절〉
  Barb가 여름 휴가 계획을 왜 취소했는지 모르겠다.
- I put on my raincoat **because** *it was raining.* 〈부사절〉
  나는 비가 와서 비옷을 입었다.

C 시간부사절

(1) 종류와 그 의미

종류	의미
when	일정 시점을 나타낸다. 주절과 부사절의 시점이 같음을 뜻한다.
while	기간을 나타낸다. 진행형 시제와 자주 쓰인다.
as	「~함에 따라」로 일정 시점이 아닌 시간의 흐름을 나타낸다.
before	「~전에」로 시점의 차이를 나타낸다.
after	「~후에」로 시점의 차이를 나타낸다.
until	「~ 때까지」로 계속을 나타낸다.
since	「~ 이후로 지금까지」의 뜻으로 주절의 시제는 현재완료가 쓰인다.
as soon as	「~하자마자 즉시」의 뜻이다.
once	원래 부사였던 접속사로 when과 비슷한 뜻으로 쓰인다.
by the time	기준이 되는 시점을 나타내고, 주절은 미래 · 과거완료가 많이 쓰인다.

- You didn't look very well **when** *you got up this morning.*
  너는 오늘 아침 일어났을 때 몸이 안 좋아 보였다.
- Racing was halted **while** *the track was repaired.*
  트랙이 수리되는 동안 경주가 지연되었다.
- I pulled a muscle **as** *I was lifting a heavy suitcase.*
  나는 무거운 가방 하나를 들고 있을 때 힘이 들었다.
- The train had left **before** *they arrived at the station.*
  그들이 역에 도착하기 전에 기차가 떠나버렸다.
- **After** *she got married*, Madeleine changed completely.
  Madeleine은 결혼한 후에 완전히 변했다.
- We always have to wait **until** *the last customer has left.*
  우리는 항상 마지막 손님이 떠날 때까지 기다려야만 한다.
- I've lived in Rome **since** *I was two.*
  나는 두 살 때부터 로마에 살고 있다.
- I'll phone you **as soon as** *I get home.*
  내가 집에 도착하자마자 너에게 전화할게.
- **Once** *we have decorated the house*, we can move in.
  우리는 그 집을 일단 장식한 후에 입주할 수 있다.

- **By the time** *this letter reaches you* I will have left the country.
  이 편지가 너에게 도착할 시점에는 나는 이미 시골을 떠나 있을 것이다.

(2) 특징

- 시간부사절 속에서는 그 시제가 미래일지라도 현재시제를 쓴다.

- I'll phone you **as soon as** I *get* home.
- **By the time** this letter *reaches* you I will have left the country.

- since의 부사절이 쓰이면 주절의 시제는 현재완료가 된다.

- I *have lived* in Rome **since** I was two.

- by the time의 부사절이 쓰이면 주절의 시제는 과거완료 또는 미래완료가 쓰인다.

- **By the time** this letter reaches you, I *will have left* the country.
- **By the time** the doctor arrived, the patient *had already died*.
  의사가 도착했을 때는 환자는 이미 죽어있었다.

- 〈not A until B〉는 「B하고 나서야 A하다」의 뜻이다.

- I **didn't** start my meal **until** Adam arrived.
  ○ 'Adam이 도착할 때까지 식사를 하지 않았다'의 뜻으로 실제는 '아담이 도착하고 나서야 식사를 시작했다'의 뜻이다. 이 문장은 아래 두 문장으로 바꿔 쓸 수 있다.

  = **Not until** Adam arrived did I start my meal.
  = It was **not until** Adam arrived that I started my meal.

D | 양보부사절

(1) 종류와 그 의미

종 류	의 미
although / as (even) though / even if	「비록 ~이지만」 주절과 부사절의 전형적인 양보를 나타낸다.
while / whereas	「~인 반면」 주절과 부사절의 일대일 대조를 나타낸다.
whether	「~이든 아니든」 whether가 부사절로 쓰이면 양보를 나타낸다.
whatever / however 등 wh-ever 종류	「아무리 ~이더라도」 〈의문사+ever〉가 부사절로 쓰이면 양보를 나타낸다.

- **Although** *I felt sorry for him*, I was secretly pleased that he was having difficulties.
  그에게는 미안하지만 그가 어려움에 처했다는 사실에 나는 속으로 기뻐했다.

- We intend to go to India, **even if** *airfares go up again*.
  항공 요금이 다시 오른다해도 우리는 인도로 갈 것이다.

- He is quiet and shy, **while** *his sister is lively and talkative.*
  그는 조용하고 소심한 반면 그의 여동생은 활기차고 명랑하다.
- The old system was fairly complicated **whereas** *the new system is really very simple.* 옛 체계는 매우 복잡했던 반면 새 체계는 정말로 간단하다.
- **Whatever** *we do*, some people will criticize it.
  우리가 무엇을 하든 그것을 비판하는 사람들이 있다.
- **Wherever** *you go*, you can't escape from yourself.
  너는 어디를 가든 자신으로부터 벗어날 수 없다.

(2) 특징

양보절은 주절과의 관계가 대립·대조·역접인 경우를 말한다. 「비록 ~이지만」, 「아무리 ~이더라도」의 뜻이다.

– while/whereas는 주절과의 관계가 일대일 대조를 나타낼 때 쓴다.

- He is quiet and shy, **while** *his sister is lively and talkative.*
- The old system was fairly complicated **whereas** *the new system is really very simple.*

– whether는 명사절 외에 부사절로도 쓰인다. 부사절로 쓰일 때에만 양보의 뜻이다.

- Maurice asked me **whether** *I needed any help.*　　　　　　　〈명사절〉
  Maurice 는 내가 도움이 필요한지 물었다.
- Look, Kate, I'm calling the doctor, **whether** *you like it or not.*　　〈부사절〉
  자, Kate, 네가 좋아하든 아니든 나는 의사에게 전화할 거야.

(3) 〈의문사 + ever절〉에 의한 양보

모양

〈의문사+ever절〉은 의문사절에 ever가 추가된 것과 같다.

> **Whatever** *I say to them*, I can't keep them quiet.
> 내가 그들에게 무슨 말을 하든 그들을 조용히시킬 수 없다.

Whatever I say to them	=	What ever I say to them

의문사 + ever 절

What　ever　wants it

의문사절

- **Whichever** *method you choose*, it will be a difficult operation.
  네가 어떤 방법을 선택하든 간에 그것은 어려운 작업이 될 것이다.
- **However** *brilliant you are*, you can't know everything.
  네가 아무리 똑똑해도 모든 것을 다 알 수 없다.

특징

- 〈의문사+ever〉절은 양보를 나타내어 「아무리 ~이더라도」로 해석된다.

- **Whatever** *I say to them*, ~ . 내가 그들에게 무슨 말을 하더라도, ~ .

- 〈의문사+ever〉는 〈no matter + 의문사〉로 바꿔 쓸 수 있다.

- **Whatever** *I say to them*, I can't keep them quiet.

  = **No matter what** *I say to them*, I can't keep them quiet.

(4) As에 의한 양보

> **Although** *the necklace was beautiful*, we thought it was over-priced. 목걸이가 아름답기는 하지만 가격이 너무 비싸다.
>
> = *Beautiful* **as** *the necklace was*, we thought it was over-priced.
>
> ⭕ as가 although와 동일한 양보를 나타낸다. 어떤 단어를 강조하기 위해 문두로 보내면 although는 as로 바뀌어 두 번째 자리에 위치한다.

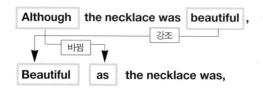

- *Unlikely* **as** *it sounds*, what I'm telling you is true.
  아닌 것 같이 들리지만 내가 너에게 한 말은 사실이다.
- *Much* **as** *I'd like to help*, there isn't a lot I can do. 나는 무척 돕고 싶지만 할 줄 아는 일이 많지 않다.
- *Try* **as** *she might*, Sue couldn't get the door open. Sue는 노력했지만 문을 열 수 없었다.

E 그 밖의 부사절

	종 류	의 미
조건	if / unless / provided as long as	「~라면」의 뜻이다. unless만 「~가 아니라면」의 뜻이다.
이유	because / as / since now that / seeing that	「~ 때문에」의 뜻이다. because의 의미가 가장 직접적이고 강하다.
결과	so ~ that / such ~ that	「너무 ~ 해서 그래서 …」의 뜻이다. so(such)와 that이 떨어져 쓰인다.
목적	so that / in order that in case / lest ~ should	「~ 하도록, ~ 하기 위해서」의 뜻이다. in case는 「~의 경우를 대비하여」의 뜻이고, lest ~ should는 「~하지 않도록」의 뜻이다.
방식	as	「~처럼, ~ 이듯이」의 뜻이다.

(1) 조건부사절

- **If** *he calls*, tell him I'll ring back. 그가 전화하면 내가 나중에 전화한다고 전해 줘.
- You'll fail your exams **unless** *you work harder*. 너는 더 열심히 노력하지 않는다면 시험에 떨어질 것이다.
- I will agree to go **provided** (**that**) *my expenses are paid*.
  나의 수당을 지불한다면 떠나는 것에 동의할 것이다.
- **As** [**So long as**] *it doesn't rain* we can play. 비가 오지 않는 한 우리는 놀 수 있다.

  ❍ 조건부사절 속에서는 그 시제가 비록 미래일지라도, 미래시제를 쓰지 않고, 현재시제를 쓴다.

(2) 이유부사절

- **As** *there was very little support*, the strike was not successful.
  지원이 거의 없었기 때문에 그 파업은 성공하지 못했다.
- **Since** *you haven't got any money*, I'll lend you some. 네가 돈이 없으니 내가 약간 빌려 줄게.
- **Now that** *Erica has qualified for the Olympics in speedskating*, she must train even
  more vigorously. Erica는 스피드 스케이팅에서 올림픽 후보 선수이므로 좀 더 열심히 훈련해야 한다.

(3) 결과부사절

- The film was **so** good (**that**) *I went to see it again*. 그 영화는 너무 재미있어서 나는 또 보러 갔다.
- It was **such** a beautiful afternoon (**that**) *we decided to go out for a walk*.
  너무 아름다운 오후여서 우리는 산책하러 가기로 했다.

  ❍ ⟨so[such] ~ that...⟩은 「너무 ~ 하여서 그래서 … 하다」의 뜻으로 that절이 결과를 나타낸다. that절은 보통 명사절로 쓰이지만 앞에 so[such]와 함께 쓰이면 결과의 부사절로 쓰인다.

(4) 목적부사절

- We'll leave early **so** (**that**) *we won't arrive late*. 우리는 늦게 도착되지 않도록 일찍 출발할 것이다.

  ❍ so that 뒤에는 may, can, will 등의 조동사가 쓰여야 한다.

- I've arrived early **in order that** *I will get a good view of the procession*.
  나는 그 행렬을 잘 구경하기 위해서 일찍 도착했다.
- I'm taking a raincoat with me **in case** *I need it*.
  나는 필요할 경우를 대비하여 비옷을 가져갈 것이다.
- I avoided mentioning the subject **lest** *he* (**should**) *be offended*.
  나는 그가 화나지 않도록 그 주제의 언급을 피했다.

  ❍ should은 생략 가능한데, 그럴 경우 동사 원형이 남게 된다.

(5) 방식부사절

as가 대표적 접속사이며 「~처럼」으로 해석한다.

- She cooks a turkey (**just**) **as** *her mother did*. 그 여자는 자기 엄마처럼 칠면조를 요리한다.
- The money was repaid, **as** *promised*. ⟨promised는 과거분사⟩
  그 돈은 약속한 대로 상환되었다.
- **Just as** *the French love their wine*, **so** the English love their beer. ⟪(just) as~so...는 숙어⟫
  프랑스인들이 그들의 와인을 좋아하는 것처럼 영국인들은 그들의 맥주를 좋아한다.

Review TEST 1

※ 다음 문장에서 부사절을 찾아 표시하시오.

1 If I find your lighter, I'll give it to you.

2 I'll draw a map for you in case you can't find our house.

3 I'm not tired in spite of working hard all day.

4 Robert suddenly began to feel ill while he was taking the examination.

※ 다음 〔 〕 안에서 알맞은 말을 고르시오.

5 You can use my car [unless / as long as] you drive carefully.

6 The referee wears two watches [in case / if] one of them stops.

7 Tom's car broke down on the way to the party last night. [As / By the time] he arrived, most of the guests had left.

8 We all waved goodbye to Tom [as / since] he drove away in his car.

9 [Although / Because] she smokes 40 cigarettes a day, she is quite fit.

10 We thought she was rather arrogant, [whether / whereas] in fact she was just very shy.

11 I'll give you a key [so that / in order to] you can unlock the door.

12 Sam won't graduate [if / because] he doesn't pass all of his courses.

※ 다음 문장이 옳으면 T, 틀리면 F로 표시하시오.

13 I didn't get the job despite I had all the necessary qualifications.

14 The test was quite easy that everyone got a high score.

15 The Owens will move to a new flat when their baby will be born.

16 Although the fact that she has to cope with three small children, she is taking a part-time MBA course.

※　다음 빈칸에 들어갈 알맞은 말을 고르시오.

1 Mr. James called to find out _____ the meeting would be held at 3 o'clock.

(A) as　　　　(B) that　　　　(C) although　　(D) whether

2 _____ I was tired, I went to bed.

(A) Because of　(B) Since　　　(C) For　　　　(D) Due to

3 _____ Jan arrives, we will have finished this group project.

(A) By the time　(B) Until　　　(C) Now that　　(D) Since

4 Some fish can survive only in salt water, _____ other species can live only in fresh water.

(A) because　　(B) unless　　　(C) if　　　　　(D) whereas

5 _____ around stones that are sun-warmed, even the smallest stones will create tiny currents of warm air.

(A) The cool air　　　　　　　(B) If the air is cool

(C) That the air cools　　　　　(D) The cooler the air

6 Ms. Jackson was assigned the fifth-grade science class _____ she has the best qualifications among the available faculty.

(A) although　　(B) whereas　　(C) if　　　　　(D) since

7 Timmy doesn't do well in school _____ his inability to concentrate on any one thing for longer than a minute or two.

(A) as　　　　(B) because of　(C) because　　(D) therefore

8 _____ the rainfall was adequate this year, the apple trees still did not produce a high yield.

(A) Since　　　(B) Due to　　　(C) Although　　(D) However

9 _____, he is happy.

(A) Poor although he is　　　　(B) If you're poor

(C) Poor as he is　　　　　　　(D) For he is rich

10 _____ have settled, one of their first concerns has been to locate an adequate water supply.

(A) There are people who   (B) Wherever people

(C) People   (D) Whether people

※ 다음 밑줄 친 부분 중 어법상 가장 <u>어색한</u> 것을 고르시오.

11 <u>That</u> there are certain <u>merits</u> to the current system, the program cannot
  (A)   (B)

<u>be useful</u> in <u>such</u> a <u>larger</u> organization.
   (C)   (D)

12 <u>Even though</u> the hotel was <u>already</u> full, the manager did not have rooms for
     (A)   (B)

people who <u>had been</u> stranded <u>by</u> the storm.
        (C)   (D)

13 During the Middle Ages, the art of weaving was <u>very</u> well developed that
                                    (A)

<u>skilled</u> workers <u>were able</u> to create <u>tapestries</u>.
  (B)   (C)   (D)

14 <u>Since</u> its low cost and good <u>taste</u>, spaghetti is often <u>eaten</u> by frugal <u>students</u>.
 (A)   (B)   (C)   (D)

※ 다음 두 문장에 공통으로 들어갈 수 있는 것을 고르시오.

15 I'll give you my phone number _____ you need to contact me.

I was advised to get insurance _____ I needed medical treatment while I was abroad.

(A) in spite of   (B) if   (C) in case   (D) as

※   다음 빈칸에 들어갈 말로 가장 적절한 것을 고르시오.

1 I don't understand why, but my neighbor Mr. Morrow doesn't seem to like me. He never smiles at me or speaks to me _____ the many efforts I have made to be friendly and neighborly.

(A) because of   (B) in spite of   (C) for   (D) although

2 _____ Beth has a new car, she no longer takes the commuter train to work. She drives to work every day.

(A) Now that   (B) while   (C) Although   (D) In case

3 Even when fingerprints are hidden at the scene of a crime, they can be dusted with aluminum powder _____ they can be seen and photographed.

(A) so that   (B) in order to   (C) although   (D) as well as

4 This information will help you understand _____ changes they are going through and how you can smooth the way.

(A) when   (B) how   (C) what   (D) that

5 These complaints always seem to assume that the language _____ and that this decline is associated with moral decline.

(A) decline   (B) declining   (C) is decline   (D) is in decline

6 Accepting deer as part of one's diet depends on _____.

(A) the media distributes information and recipes

(B) how well information and recipes are distributed by the media

(C) information and recipes are distributed by the media

(D) how well are information and recipes distributed by the media

7 Coffee probably originally grew wild in Ethiopia in the province of Kaffe, and from there _____ to southern Arabia.

(A) bringing it   (B) it was brought

(C) brought   (D) brought with it

※ 다음 밑줄 친 부분 중 어법상 가장 어색한 것을 고르시오.

8 I don't know <u>as</u> you <u>can recognize</u> her <u>from here</u>, but the girl <u>reading</u>
            (A)   (B)   (C)   (D)

the newspaper is Susan.

9 I'm not arguing here <u>that</u> investment income <u>is</u> unjust <u>nor</u> that
                              (A)   (B)   (C)

we <u>should</u> do away <u>with</u> capitalism.
      (D)   (E)

10 The government requires that a census <u>taken</u> <u>every ten years</u> so that
                                                    (A)   (B)

accurate <u>statistics</u> <u>may be compiled</u>.
              (C)   (D)

11 It was <u>not until</u> 1895 <u>when</u> the <u>southernmost</u> source of the river
                  (A)   (B)   (C)

<u>was discovered</u>.
      (D)

12 The abortion issue is <u>too</u> complicated in <u>many</u> countries that it is
                                (A)   (B)

not always easy to <u>read</u> the results.
      (C)   (D)

13 Jerry <u>will not lend</u> you the book because <u>he is fearful</u> <u>if</u> you will forget
                  (A)   (B)   (C)

<u>to return</u> it.
      (D)

〔1~2〕 다음〔 〕안에서 알맞은 말을 고르시오.

1 A scientific observer of wildlife must note every detail of how [do animals live / animals live] in their environment: their eating and sleeping habits, their social relationships, and their methods of self-protection.

2 No matter how [unimportant / unimportantly] your action may seem, it makes you start in the right direction. Continue taking action every day and you start to gain momentum.

3 수능맛보기 각 네모 안에서 어법에 맞는 표현을 골라 짝지은 것으로 적절한 것은?

Everybody wants to be in Professor Frazier's class. Many of the students sign up for his classes (A) [because / because of] his widespread reputation. He treats all students fairly, and they can always count on his help and encouragement. Small group discussions take place in his class. He recommends that every student in his class (B) [talk / talking] to one another in groups. All the discussions have a definite relationship to students' interests. Even the issues that cause arguments - race, politics and morality - (C) [bring up / are brought up] because he considers it useful to meet difficult topics openly and honestly.

	(A)		(B)		(C)
①	because	……	talk	……	are brought up
②	because	……	talking	……	bring up
③	because of	……	talk	……	bring up
④	because of	……	talk	……	are brought up
⑤	because of	……	talking	……	bring up

4 다음 밑줄 친 우리말을 영어로 가장 잘 옮긴 것을 고르시오.

A: The speed limit is 100 kilometers per hour on the highway, 40 kilometers per hour on residential streets, and 15 kilometers per hour in school zones.

B: Always?

A: Yes, 특별히 다른 표지가 없으면.

① if you see a traffic sign that says otherwise

② unless you don't see a sign for speed limit

③ unless you see a sign that says otherwise

④ if you see a special traffic sign for speed

5 수능맛보기 빈칸 (A)와 (B)에 들어갈 말로 가장 적절한 것끼리 짝지은 것은?

Eyeglasses were invented as long ago as the 1300s. Eyeglasses may seem out of place on a figure painted in the Middle Ages, (A) at that time glasses were considered the mark of a person of learning, of someone worthy of respect. In 1480 the Italian painter Domenico Ghirlandajo painted a portrait of St. Jerome in which he included eyeglasses hanging from the saint's desk. Such a detail is remarkable, since St. Jerome had died over a thousand years earlier! (B) St. Jerome could not possibly have worn glasses, the artist appended them as a symbol of special dignity.

*append: 덧붙이다

	(A)		(B)
①	but	……	Although
②	but	……	That
③	and	……	Although
④	and	……	That
⑤	so	……	Although

{

이 단원에서 중점을 두고 공부할 부분은?

_ 관계사절의 모양과 역할

_ 관계대명사의 종류, 격, 수

_ 관계사절의 내부 모양 – 동사 확인 & 관계사의 역할

_ 관계대명사와 관계부사의 차이

_ 명사절을 이끄는 what과 wh-ever

_ 비한정절과 한정절의 차이

}

*... I have depended on books not only for pleasure
and for the wisdom they bring to all who read,
but also for that knowledge which comes to others
through their eyes and their ears ...
books have meant so much more in my education
than in that of others ...*

By **Helen Keller**

... 내가 책을 읽은 것은 즐거움과 독자들에게 주는 지혜를 위해서뿐만 아니라,
남들의 눈과 귀를 통해 얻어진 지식을 위해서 이기도 했다 ...
책은 남들의 교육에서보다 나의 교육에서 더 많은 의미가 있었다 ...

1 관계사절의 모양과 역할

A 관계사절의 모양

모든 관계사절은 항상 〈관계사 + 절〉의 모양을 갖는다.

> Marianne is the girl **whom** *we met last night.*
> 우리가 어젯밤 만났던 여자가 Marianne이다.

B 관계사절의 역할

관계사절은 바로 그 앞에 있는 명사 즉, 선행사를 수식하는 형용사 역할을 한다.

- Have you found *the keys* **that you lost**?
  너는 잃어버린 그 열쇠를 찾았니?
- *The wallet* **which was on this table** has disappeared.
  테이블 위에 있었던 지갑이 사라져 버렸다.

C 관계사절과 의문사절

관계사와 의문사는 서로 비슷하여 그것이 이끄는 관계사절과 의문사절도 서로 비슷해 보인다. 그러나 이 둘은 모양이나 역할이 분명 다르기 때문에 반드시 구분해야 한다.

(1) 관계사와 의문사

의문대명사	who	(whose / whom)		which	what	
의문부사	where	when	why	how		
관계대명사	who	(whose / whom)		which	what	that
관계부사	where	when	why	that		

   ❍ how와 that을 제외하면 관계사와 의문사는 서로 같다.

(2) 관계사절과 의문사절의 비교

관계사절과 의문사절은 절 자체 모양은 같으나 그 외부 환경이 다르고, 역할도 다르다.

Marianne is the girl **whom we met** last night. 〈관계사절〉
They want to know **whom we met** last night. 〈의문사절〉

절 내부 모양은 같다.

절 외부 환경이 다르다.

역할이 서로 다르다.

따라서, 관계사절은 전체 문장에서 삭제되어도 나머지만으로도 완전한 절이 된다.

TEST 1

※ 다음 문장에서 틀린 곳이 있으면 고치시오.

1 We went to a beach that Jane had recommended to us.

2 The paintings which Mr. Flowers has in his house is worth around $100,000.

3 Lasers which are now used in the creation of three-demensional images.

※ 다음 문장에 쓰인 절이 관계사절인지 의문사절인지 구분하시오.

4 Mom wanted to know which I bought at the supermarket.

5 Mom cooked with the food which I bought at the supermarket.

TEST 2

※ 다음 빈칸에 들어갈 알맞은 말을 고르시오.

1 Thieves _____ paintings from Notford art gallery have been arrested in Paris.

(A) who stole   (B) stole   (C) steal   (D) they stole

2 The paintings that are marked with a small red dot _____ sold.

(A) already been   (B) having already

(C) have already been   (D) being already

※ 다음 밑줄 친 부분 중 어법상 가장 어색한 것을 고르시오.

3 A woman who teaches linguistics at the university she received an award
       (A)   (B)   (C)

for outstanding research.
      (D)

2 관계대명사

관계사절은 관계사와 절로 구성되어 있다. 절은 무수히 많은 다양한 형식이 쓰이지만, 관계사는 한정된 몇 개가 일정한 규칙에 의해 쓰인다. 관계사와 절은 별개의 두 개가 아니라, 협동하여 쓰이는 하나의 몸체이긴 하지만, 먼저 관계사, 그 중에서도 관계대명사에 대해 알아본다.

관계대명사의 종류와 격

	주 격	목 적 격	소 유 격
who	who	whom	whose
which	which	which	

A 관계대명사 종류의 결정

어떤 종류를 쓸 것인가는 선행사에 의해 결정된다. who는 선행사가 사람일 때 쓰고, which는 선행사가 사물일 때 쓴다.

> Marianne is *the girl* **who** invited us to the party.
> Marianne이 우리를 파티에 초대한 그 소녀이다.
>
> Have you seen *the book* **which** I put on this table?
> 테이블 위에 올려 놓은 그 책을 보았니?

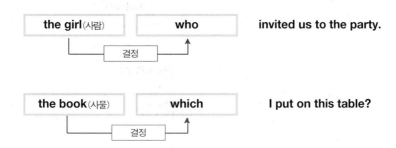

the girl(사람) — 결정 → who invited us to the party.

the book(사물) — 결정 → which I put on this table?

- What was the name of *the man* **who** lent you the money?
  너에게 돈을 빌려 준 그 사람의 이름이 무엇이었니?
- Natalie is *the student* **who** dropped out of college.
  대학을 그만 둔 저 학생이 바로 Natalie다.

선행사가 사람

- Where are *the eggs* **which** were in the fridge?
  냉장고 속에 있었던 계란들이 어디 갔니?
- She's working in *a shop* **which** sells very expensive clothes.
  그 여자는 매우 비싼 옷을 파는 가게에서 근무하고 있다.

선행사가 사람이 아님

B 관계대명사 격의 결정

관계대명사는 각 종류별로 '주격, 목적격, 소유격'이 있다. 어느 격을 쓸 것인지는 '관계사절 내부'에서 결정된다.

(1) 관계사절의 형성 과정

관계대명사의 격을 이해하기 위해 관계사절이 형성되는 과정을 이해하는 것이 중요하다. 아래 ①, ②번은 두 문장이 관계대명사를 통해 한 문장으로 변화되는 과정을 보여 준다.

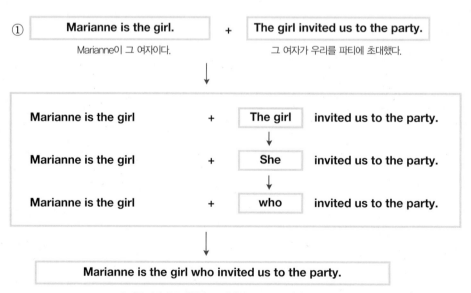

우리를 파티에 초대했던 그 여자가 Marianne이다.

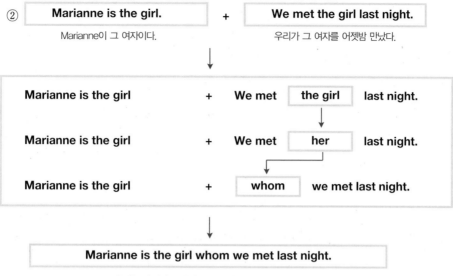

② **Marianne is the girl.** + **We met the girl last night.**

Marianne이 그 여자이다.　　　　　우리가 그 여자를 어젯밤 만났다.

Marianne is the girl	+	We met	the girl	last night.
Marianne is the girl	+	We met	her	last night.
Marianne is the girl	+	whom	we met last night.

Marianne is the girl whom we met last night.

우리를 파티에 초대했던 그 여자가 Marianne이다.

(2) 주격, 목적격

관계사절 속에서 관계대명사가 주어 역할을 하면 주격 관계대명사를 쓰고, 목적어 역할을 하면 목적격 관계대명사를 쓴다.

> Marianne is the girl **who** invited us to the party.
> Marianne is the girl **whom** we met last night.

- The man **who** *lives next door* is very friendly.
  옆집에 사는 그 사람은 매우 친절하다.
- The paintings **which** *are marked with a small red dot* have already been sold.
  작은 붉은 점으로 표시된 저 그림들은 이미 팔렸다.
- John Murray is the man **who** *owns the Grand Hotel.*
  저 그랜드 호텔을 소유한 사람이 John Murray이다.

- The man **whom** *I wanted to see* was away on holiday.
  내가 만나려고 했던 그 사람은 휴가차 집에 없었다.
- Dr. Jones is the professor **whom** *I told you about.*
  내가 너에게 말했던 그 교수가 Jones 박사야.
- The speech **which** *we listened to last night* was informative.
  우리가 어젯밤 들은 그 연설은 유익했다.

(3) 소유격

소유격은 독립적으로 쓰이지 못하고 항상 명사와 함께 쓰인다. 그리고 이 〈소유격 + 명사〉는 하나의 단위가 되어 관계사절 속에서 주어나 목적어 역할을 한다.

> I've got a friend **whose brother** is an actor. 나는 형이 배우인 한 친구가 있다.
>
> She is the woman **whose car** you borrowed. 저 여자가 네가 빌린 차의 주인이다.

- A widow is a woman **whose husband** is dead.
  과부란 남편이 죽은 여자이다.
- That's the man **whose house** has burned down.
  저 사람이 바로 집이 불타버린 그 사람이다.
- She's the woman **whose car** Tom crashed into.
  저 여자가 바로 Tom이 충돌한 차의 주인이다.
- The student **whose parents** you just met is in one of my classes.
  네가 방금 그 부모를 만났던 저 학생이 내가 담당하는 반 학생이야.

소유격 형성 과정

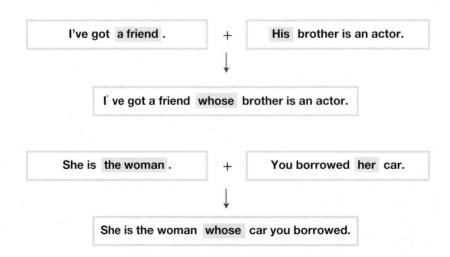

소유격의 특징

- 소유격은 다른 격과는 달리 항상 명사와 함께 쓰인다.
  - I've got a friend **whose brother** is an actor.
  - I've got a friend *whose* is an actor. (×)

- 그리고 그 〈소유격 + 명사〉는 관계사절 속에서 주어나 목적어 역할을 한다.
  - I've got a friend **whose brother** is an actor. 〈whose brother가 is의 주어〉
  - She is the woman **whose car** you borrowed. 〈whose car가 borrow의 목적어〉

| 심심 free |

★ '접속사 that'과 '의문사', '관계사'의 결정 과정

'that절'에서 '접속사 that'은 '항상' that만 쓰고, '의문사절'에서 '의문사'는 '의문사절 내부에서 결정'이 된다. 그리고 '관계사절'에서 '관계사'는 그 앞의 '선행사(the girl)와 관계사절 내부에 의해 결정'된다.

① that절 : that he passed the exam. (항상 that)
② 의문사절 : how we can find out. (의문사 / 영향을 끼침)
③ 관계사절 : the girl whom we met last night. (관계사 / 영향을 끼침 / 영향을 끼침)

C 관계대명사 that

관계대명사에는 who, which 이외에 이들을 대신할 수 있는 that이 하나 더 있다.

> John Murray is *the man* **that** owns the Grand Hotel.   〈that = who〉
> John Murray는 그랜드 호텔을 소유한 사람이다.
>
> Have you seen *the book* **that** I put on this table?   〈that = which〉
> 너는 내가 테이블 위에 올려 놓은 책을 보았니?

<that = who>

- *The woman* **that** Gerry is going to marry is American. Gerry가 결혼할 저 여자는 미국인이다.
- Jake is *the man* **that** plays the guitar. Jake는 기타를 치는 사람이다.
- *The woman* **that** lived here before us is a romantic novelist.
  우리에 앞서 이곳에서 살았던 그 여자는 낭만적 소설가이다.

<that = which>

- *The car* **that** won the race looked very futuristic, didn't it?
  그 경주에서 우승한 차는 미래 지향적이다.
- They've recaptured *all the animals* **that** escaped from the zoo.
  동물원에서 탈출한 모든 동물들을 다시 잡았다.

that의 특징

– 선행사에 all, any(thing), every(thing), little 등의 부정대명사나, 최상급, first, last, only 등의 제한적인 말이 올 때에는 that이 더 선호된다.

- I lent him *all the money* **that** I had yesterday. 내가 어제 갖고 있던 모든 돈을 그에게 빌려 주었다.
- You are *the only person* **that** can help me. 너는 나를 도울 수 있는 유일한 사람이다.

– 관계대명사 that은 전치사 뒤에서는 절대로 쓰일 수 없다.

- That's the town **in which** he was born. 저기가 그가 태어난 마을이다.
- That's the town **that** he was born **in**.
- That's the town **in that** he was born. (×)

– 관계대명사 that의 격변화는 다음과 같다.

	주 격	목 적 격	소 유 격
that	that	that	whose

D 관계대명사의 수

관계대명사는 단수형과 복수형이 따로 없으므로 그 수(數)는 선행사와 일치한다.

I spoke to **the woman** *who* **owns** the hotel. 〈who = the woman: 단수〉
나는 저 호텔의 주인인 여자에게 말을 걸었다.
I don't like **people** *who* **tell** jokes all the time. 〈who = people: 복수〉
나는 항상 농담만 하는 사람을 좋아하지 않는다.

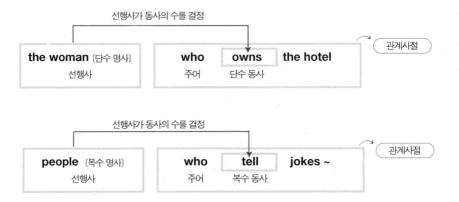

선행사가 동사의 수를 결정

| **the woman** [단수 명사] | | **who** | **owns** | **the hotel** | 관계사절 |
| 선행사 | | 주어 | 단수 동사 | | |

선행사가 동사의 수를 결정

| **people** [복수 명사] | | **who** | **tell** | **jokes ~** | 관계사절 |
| 선행사 | | 주어 | 복수 동사 | | |

- **The one** *who* never **does** any studying will not be successful.
  공부하지 않는 사람은 성공하지 못한다.
- There are **several restaurants** *which* **do** Sunday lunches.
  일요일 점심을 제공하는 음식점이 몇 개 있다.
- Is Zedco **the company** *which* **was** taken over last year?
  Zedco가 작년에 인수된 그 회사야?
- You are **one of those women** *who* **are** actively involved in politics.
  너는 정치에 적극적으로 관심이 있는 그런 여자들 중 한 명이다.

E 관계대명사의 생략

관계대명사의 목적격은 대개 생략한다. 주격이나 소유격은 생략하지 않는다.

Marianne is *the girl* (**whom**) we met last night. 〈목적격: 생략 가능〉
Marianne is *the girl* **who** invited us to the party. 〈주격: 생략 불가능〉

- *The man* (**whom**) I wanted to see was away on holiday.
  내가 보기 원했던 그 사람은 휴가차 떠나 있었다.
- Have you found *the keys* (**that**) you lost?
  너는 잃어버린 그 열쇠를 찾았니?

잠깐!!

★ 전치사와 같이 쓰이면 목적격일지라도 생략할 수 없다.

The people (**whom**) I stayed **with** were very kind.
내가 함께 머물렀던 그 사람들은 매우 친절했다.

The people **with whom** I stayed were very kind. 〈whom은 생략 불가〉

That's the town (**which**) he was born **in**.

That's the town **in which** he was born. 〈which는 생략 불가〉

※ 다음 주어진 두 문장을 보기와 같이 관계대명사를 이용하여 한 문장으로 만드시오.

> 보기 That's the woman. She works in the post office.
> → That's the woman who works in the post office.

1 He's the man. He painted my house.

→ _____ .

2 The fish was really delicious. We had it for dinner.

→ _____ .

3 Most of the people are very nice. They work in Peter's office.

→ _____ .

4 Who are Mr. and Mrs. Peters?
Their children were injured in the accident.

→ _____ ?

5 Rex Carter is the farmer. Colin bought his land.

→ _____ .

6 The jacket is really nice. Melanie wore it at the party.

→ _____ .

7 I took a picture of the rainbow.
It appeared in the sky after the rainshower.

→ _____ .

8 Sonia Coldman is the house guest.
His fingerprints were on the door handle.

→ _____ .

※ 다음 [ ] 안에서 알맞은 말을 고르시오.

9 The girl [who / whom / which] was injured in the accident is now in hospital.

10 The stories [whom / which / whose] Tom tells are usually very funny.

11 The keys which [was / were] on this table have disappeared.

12 What was the name of the girl [who / which / whose] passport was stolen?

13 Most of the people [which / whose / whom] I invited to the party couldn't come.

14 A dictionary is a book [which / whose / whom] gives you the meanings of words.

15 The other day I met a man [which / whose / whom] sister works in television.

16 A kitchen is the room in [φ / that / which] everyone cooks.

17 Is this the article [which / whose / whom] you were interested in?

18 In the rain I saw a man [who / whom / whose] I thought was a detective.

19 We must look up words [who / which / whose] meanings we do not know.

20 Electronics is a subject about [which / that / whom] I know very little.

21 There are three students in my class who [speak / speaks] French.

※ 다음 문장에서 틀린 곳이 있으면 고치시오.

22 The man paid for the meal was a friend of Tom's.

23 The valley in that the town lies is heavily polluted.

24 I'm afraid the numbers I chose didn't win a prize.

25 Mary tutors students who needs extra help in geometry.

※ 다음 빈칸에 들어갈 알맞은 말을 고르시오.

1 Let's go through the main points _____ he made in his lecture.

   (A) that   (B) who   (C) whom   (D) where

2 Friends are people _____ close to us.

   (A) who is   (B) who are   (C) which is   (D) which are

3 Thomas Raven is a physicist _____ book has been translated into a dozen languages.

   (A) who   (B) whose   (C) whom   (D) that

4 Many people lost their homes in the earthquake. The government needs to establish more shelters to care for those _____ have homes.

   (A) who doesn't   (B) who don't

   (C) which doesn't   (D) which don't

5 The blacks _____ were brought to America already possessed a rich musical tradition.

   (A) who   (B) which   (C) whom   (D) whose

6 People all around the country _____ unable to see him in person could enjoy his music on records.

   (A) which was   (B) who were

   (C) who was   (D) which were

7 The school principal walked down the hallway to find the boy _____ parents had been injured in an automobile accident.

   (A) who   (B) which   (C) what   (D) whose

8 My writing has improved a lot in this class. — Mine has, too. All the students _____ do well in writing.

   (A) whose Mr. Davis teaches   (B) that Mr. Davis teaches them

   (C) which Mr. Davis teaches   (D) Mr. Davis teaches

9 This is not a religion _____ tenets most people would find unusual.

   (A) which   (B) whose   (C) who   (D) that

10 They are watching a showing of the movie, 'Heidi', _____ one of the most exciting football games ever.

(A) which is interrupting

(B) who have been interrupting

(C) which have interrupted

(D) who interrupt

※　다음 밑줄 친 부분 중 어법상 가장 <u>어색한</u> 것을 고르시오.

11 Bangkok, Thailand, <u>who</u> is <u>nicknamed</u> the "Venice of Asia," <u>has</u> <u>many</u>
　　　　　　　　　(A)　　　(B)　　　　　　　　　　　　　(C)　(D)

canals.

12 His bank card will not <u>work</u> in <u>those banks</u> <u>whose</u> are not <u>in</u> the NYCE
　　　　　　　　　　　(A)　　(B)　　　(C)　　　　(D)

network.

13 John is <u>one</u> of <u>those</u> unusual persons who <u>works</u> hard all the <u>time</u>.
　　　　(A)　　(B)　　　　　　　　　(C)　　　　　(D)

14 In <u>such a large crowd</u> Alice had <u>considerable difficulty</u> <u>locating</u> the man
　　　(A)　　　　　　　　　　　　(B)　　　　　　　(C)

<u>which</u> had called for help.
　(D)

15 To <u>get</u> a university <u>identification card</u>, you <u>must have</u> a letter that
　　(A)　　　　　　　(B)　　　　　　(C)

<u>certify</u> that you are a full-time student.
　(D)

16 The <u>biggest</u> single hobby <u>on that</u> Americans spend most time, energy and
　　　(A)　　　　　　　(B)

<u>money</u> <u>is</u> gardening.
　(C)　(D)

17 We <u>talked about</u> the party Sarah <u>wants to organize</u> <u>it</u> <u>for</u> my birthday.
　　　(A)　　　　　　　　　　(B)　　　(C)　(D)

3 관계사절은 완전한 절

관계사절만 독립시켜 보면 그 관계사절은 항상 완전한 절이다. 왜냐하면 관계사절이란 원래 완전한 문장이 관계사절로 바뀐 것이기 때문이다.

A 동사 확인

관계사절은 절이므로 그 속에는 항상 〈동사〉가 들어 있어야 한다.

> Students *who* **live** on campus are close to their classrooms.
> Students *who* **living** on campus are close to their classrooms. (X)
> 캠퍼스에 거주하는 학생들은 교실이 가깝다.

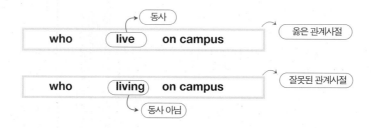

B 관계대명사의 역할

관계대명사도 관계사절의 일부이므로, 관계사절은 〈관계대명사를 포함〉해야 완전한 절이 된다.

> Marianne is the girl **who** invited us to the party.
> Marianne is the girl **whom** we met last night. ┐ 옳은 표현
> Marianne is the girl **who she** invited us to the party ┐ 틀린 표현
> Marianne is the girl **whom** we met **her** last night. ┘

C 전치사 + 관계대명사

관계대명사 앞에 전치사가 쓰이면 그 전치사도 관계사절에 포함된다. 관계사절은 전치사를 포함하여 완전한 절이 되어야 한다.

> This is the company. + I obtained the figures *from the company*.
> → This is the company **from which** I obtained the figures.
> 이곳이 내가 그 숫자들을 얻은 회사이다.

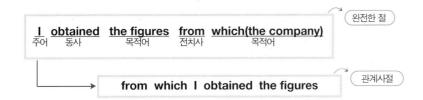

- The bus **for which** I'm waiting is late. 내가 기다리고 있는 버스가 늦었다.
- Is this the job **in which** you are interested? 이것이 네가 관심을 가졌던 그 일자리이니?
- Dams can be very beneficial to the areas **in which** they are built.
  댐은 그 댐이 지어진 지역에 대해 매우 도움이 될 수 있다.

| 👆 잠깐!! |

★ 〈전치사 + 관계대명사〉 + 거의 완전한 절

– 관계대명사가 전치사와 함께 쓰이면 〈전치사 + 관계대명사〉는 전치사구가 되어 대개 부사로 쓰인다. 따라서 나머지 부분은 〈주어+동사+(목적어/보어)〉 모양의 거의 완전한 절이다.

This is the company *from which* obtained the figures. (×)
from which를 빼면 obtained의 주어가 없다.

※ 주어진 두 문장을 관계대명사를 이용하여 한 문장으로 만드시오.

1 There are a number of safety procedures. You should be aware of them.

→ _____ .

2 The speech was informative. We listened to it last night.

→ _____ .

3 The subject was interesting. Dr. Gold spoke about it.

→ _____ .

4 The office was filled with books. Graham took us to the office.

→ _____ .

5 The other day I met someone. I went to school with his brother.

→ _____ .

※ 다음 문장에서 틀린 곳이 있으면 바르게 고치시오.

6 The museum that we wanted to visit it was shut when we got there.

7 The bed in which I slept last night wasn't very comfortable.

8 He ascended the few steps that leading to the veranda.

9 They're the people whose house caught fire.

10 The man whom I sat next to him on the plane talked all the time.

11 A hammer is a tool which you hit nails.

12 This is a plane on which is very crowded with passengers.

13 The post card that coming this morning was from Harriet.

※ 다음 빈칸에 들어갈 알맞은 말을 고르시오.

1 I miss seeing the old woman _____ flowers on that street corner.

(A) who sold   (B) who   (C) who selling   (D) that sell

2 The problem _____ never occurred.

(A) I hadn't expected it   (B) that I had expected it

(C) who I had expected   (D) I had expected

3 The people _____ the novelist wrote were factory workers and their families.

(A) who   (B) whom   (C) about who   (D) about whom

4 English has an alphabet _____ 26 letters.

(A) that consists of   (B) which consisting of

(C) consisting in   (D) which consists in

5 Lola's marriage has been arranged by her family. She is marrying a man _____ .

(A) that she hardly knows him

(B) whom she hardly knows him

(C) she hardly knows

(D) she hardly knows him

6 Excuse me, but there is something about _____ immediately. — Certainly.

(A) which I must speak to you

(B) that I must speak to you about

(C) which I must speak to you about it

(D) that I must speak to you

7 The subject _____ I excel in school is English.

(A) in that   (B) of which

(C) in which   (D) of that

※ 다음 밑줄 친 부분 중 어법상 가장 어색한 것을 고르시오.

8 The residents of this neighborhood want to change the law that permitting
            (A)   (B)   (C)

    parking on the street only in daylight.
                         (D)

9 The lady has something with her which she wishes to have it donated to the
                         (A)   (B)   (C)   (D)

    poor.

10 Recently, police officers and lawyers have paid more attention to crimes
                                    (A)

    associated with marital violence, and to the prevention of situations
            (B)   (C)

    in which tend to occur.
            (D)

11 We're going to sacrifice something that we should be passing it on to our
            (A)   (B)   (C)

    grandchildren as a national heritage.
                (D)

12 There are forty students in my class, of who about a third are female.
            (A)   (B)   (C)   (D)

13 According to the news report, the typhoon that threatening to strike
            (A)   (B)

    the Indonesian coast has moved away from land and toward open water.
            (C)   (D)

14 The standards on which the metric system are based have been found
            (A)   (B)   (C)

    to be slightly inaccurate.
            (D)

4 관계부사

관계부사도 관계사이므로 대부분 관계대명사와 동일한 역할을 한다. 중요한 것은 관계대명사와의 차이점을 익히는 것이다.

관계부사의 종류

관계부사	where	when	why	that

A 관계부사의 종류와 역할

관계부사의 종류는 where, when, why, that의 네 가지가 있고, 그 역할은 선행사를 수식하는 형용사절의 역할로서 관계대명사의 역할과 같다.

> This is *the place* **where** the accident happened. 이곳이 그 사고가 발생한 곳이다.
>
> Do you remember *the day* **when** we moved the piano upstairs?
> 너는 우리가 그 피아노를 이층으로 옮긴 날을 기억하니?
>
> *The reason* **why** Nick came was that he wanted to see Rita.
> Nick이 온 이유는 Rita를 보고 싶기 때문이었다.

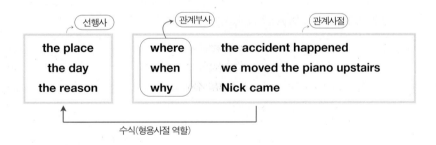

수식(형용사절 역할)

○ 관계부사 that : where보다는 when, why를 대신하며, 주로 생략된다.

- Do you remember *the day* (**when** / **that**) we moved the piano upstairs?

  〈when / that은 생략 가능〉

- *The reason* (**why** / **that**) Nick came was that he wanted to see Rita.

  〈why / that은 생략 가능〉

B 관계대명사와 다른 점

(1) 선행사가 다르다.

where의 선행사는 장소 명사, when의 선행사는 시간 명사, why의 선행사는 the reason이라는 명사가 온다.

> This is *the place* **where** the accident happened.
> Do you remember *the day* **when** we moved the piano upstairs?
> *The reason* **why** Nick came was that he wanted to see Rita.

선행사		관계부사
장소	→	where
시간	→	when
the reason	→	why

- I recently went back to *the town* **where** I was born.
  나는 내가 태어난 마을로 최근에 다시 갔다.
- Do you still remember *the day* (**when** / **that**) we first met?
  우리가 처음 만났던 날을 아직 기억하니?
- *The reason* (**why** / **that**) I'm phoning you is to invite you to a party.
  내가 너에게 전화한 이유는 너를 파티에 초대하기 위해서야.

(2) 관계사절 속에서의 역할이 다르다.

관계대명사는 관계사절 속에서 명사의 역할을 하고, 관계부사는 부사의 역할을 한다.

> The hotel **which** *we stayed at* was very small.
> The hotel **where** *we stayed* was very small.
> 우리가 머물렀던 그 호텔은 매우 작았다.

관계사		관계사절 속에서의 역할
관계대명사	→	명사 역할
관계부사	→	부사 역할

- The factory **where** *I work* is going to close down. 〈where는 '~에서'라는 부사 역할〉
- The factory **which** *I work at* is going to close down. 〈which는 'at의 목적어'로 명사 역할〉
  내가 근무하는 공장은 문을 닫을 것이다.
- This is the house **where** *I live*. 〈where는 '~에서'라는 부사 역할〉
- This is the house **which** *I live in*. 이곳이 내가 사는 집이다. 〈which는 'in의 목적어'로 명사 역할〉
- Is that the hospital **where** *you had your operation*?
  그곳이 네가 수술을 받았던 병원이니?

➲ 'which' or 'where'? : which를 쓸 것이냐 where를 쓸 것이냐는 '선행사'만으로는 구별할 수 없고 '관계사절 내부'까지 살펴보아야 한다. 이 둘을 구별하는 것은 중요하다.

| 👆 잠깐!! |

★ how는 관계부사?
  how는 그 앞에 선행사 즉, 명사를 쓰지 않는다. 따라서 how는 관계사가 아니라 의문사절을 이끄는 의문사로 보는 것이 옳다. how를 선행사와 함께 쓰면 절대 안 된다.

He explained **how** the system worked.
그는 시스템의 작동 방식을 설명했다.
We both used to work at the airport — that's **how** we met. | 옳은 표현 |
우리 모두는 공항에서 근무했었다. – 그것이 우리가 만나게 된 계기이다.

He explained *the way how* the system worked.
We both used to work at the airport — that's *the way how* we met. | 틀린 표현 |

TEST 1

※ 다음 [ ] 안에서 알맞은 말을 고르시오.

1 The week [where / when / why] Mike went camping was the wettest of the year.

2 I don't understand the reason [where / when / why] he was late.

3 This is the place [where / when / why] the accident happened.

4 That's the town [which / where] my brother was born.

5 That is the church at [which / where] Ken and Kate were married.

6 What's the name of the restaurant [which / where] you had lunch?

7 This is the train [which / where] she has lost her wallet.

8 Do you know the date [which / when] we have to hand in the essay?

TEST 2

※ 다음 빈칸에 들어갈 알맞은 말을 고르시오.

1 Have you seen the place _____ the graduation ceremony will be held? — Yes. It's big enough to hold 5,000 people.
(A) in that   (B) where   (C) is where that (D) which

2 Is April twenty-first the day _____? — No, the twenty-second.
(A) you'll arrive then   (B) on that you'll arrive
(C) when you'll arrive   (D) when you'll arrive on

3 That is the city _____ I lived in until I was ten years old.
(A) which   (B) where   (C) in which   (D) what

4 I'll see you near the post office _____ we met the other day.
(A) which   (B) where   (C) what   (D) who

5 명사 관계사절

관계대명사 what과 wh-ever가 이끄는 관계사절은 〈선행사가 없다〉는 점과 〈명사절의 역할〉을 한다는 점에서 who, which의 관계사절과 다르다.

A What절의 모양과 역할

what절의 모양은 다른 관계사절과 동일하나 선행사가 없다는 점만 다르다. 또한 그 역할도 다른 관계사절과는 달리 명사 역할을 한다.

> Do you hear *the words* **that** I said? 너는 내가 한 말이 들리니? 〈관계대명사 that〉
> Do you hear **what** I said? 〈관계대명사 what〉

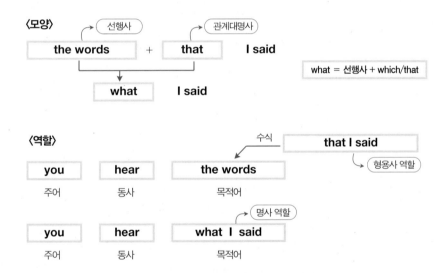

- **What** *happened yesterday* has nothing to do with Mary.
  어제 발생한 일은 Mary와 아무 상관이 없다.
  〈주어 역할〉
- **What** *we saw* gave us quite a shock.
  우리가 본 것이 우리에게 큰 충격을 주었다.
- I believe **what** *he told me.* 나는 그가 나에게 말한 것을 믿는다.
  〈목적어 역할〉
- Show me **what** *you bought.* 네가 산 것을 나에게 보여줘.
- I could get you a job here if that's **what** *you want.* — 보어 역할
  이곳의 일자리가 네가 원하는 것이라면 네게 마련해 줄 수 있는데.

what절도 관계사절이므로 그 내부 모습은 완전한 절이어야 한다. 즉, what도 하나의 품사 역할을 하여 what절의 일부로 쓰인다.

> **What** *kept me awake* was Rachel's stereo.
> 나를 깨운 것은 Rachel의 오디오였다.
>
> **What** *Vicky is looking for* is a job in television.
> Vicky가 찾고 있는 것은 방송국 직업이다.

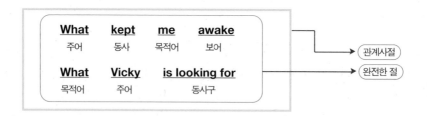

- She tasted **what** I bought. 그 여자는 내가 산 것을 맛보았다. 〈what I bought에서 what은 목적어〉
- **What** you say may well be true. 네가 말한 것은 사실일 수도 있다. 〈What you say에서 what은 목적어〉
- No one knows **what** will happen next. 무슨 일이 일어날 지는 아무도 모른다.〉

〈what will happen next에서 what은 주어〉

| ✋ 잠깐!!

★ 〈what + 명사〉
what절에서 what은 대부분 단독으로 쓰이지만 〈what+명사〉의 형태로 쓰이기도 한다.

She tasted **what** I had bought.

She tasted **what food** I had bought.

➡ 첫 번째 'what I had bought'는 '내가 산 것'이고, 두 번째 'what food I had bought'는 '내가 산 음식'이다. 'what food I had bought'는 '조금(a little, a few)'이라는 뜻과 '모두(all)'라는 뜻이 더 들어 있다. 따라서 '그 여자는 적지만 내가 산 모든 음식을 맛보았다' 가 된다.

What friends she has are out of the country. 그 여자의 친구들은 적지만 모두 시골에 없다.

He collected **what information** he could find. 그는 모을 수 있는 정보는 적지만 모두 다 모았다.

C Wh-ever절

(1) 모양

whatever, whoever, whichever절은 what절과 그 모양이 같다. 즉, 내부 모양은 완전한 관계사절이고, 외부에는 선행사가 없다.

> ## Lend the book to **whoever** wants it.
> 그 책을 원하는 사람 모두에게 빌려줘라.
>
> ⊙ 'whoever wants it'이 관계사절이다. 그 앞에 선행사가 없고, 'whoever wants it'은 자체로 완전하다.

∅	whoever	wants	it
명사 없음	주어	동사	목적어

└─ (완전한 절)

(2) 역할과 의미

wh-ever절은 명사 역할을 하고, 「~는 어느 것이든 모두」로 해석한다.

> ## Lend the book *to* **anyone who** wants it. 〈any-+관계사절〉
> ## Lend the book *to* **whoever** wants it. 〈-ever 관계사절〉
>
> ⊙ 'whoever wants it'은 명사절로서 문장 전체에서 to의 목적어로 쓰였다.

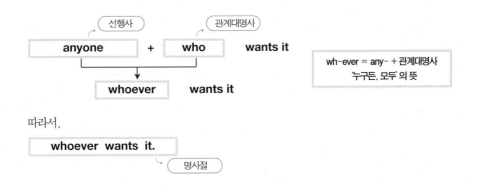

선행사		관계대명사
anyone	+	**who** wants it

whoever wants it

wh-ever = any- + 관계대명사
'누구든, 모두'의 뜻

따라서,

whoever wants it.

└─ (명사절)

- You should see **whoever** deals with complaints. 불평을 다룰 줄 아는 사람은 누구든 만나라.
- **Whoever** comes in first will receive a prize. 누구든 먼저 들어오는 사람이 일등이다.
- Give me back **whatever** you took from my desk. 내 책상에서 가져간 것은 어느 것이든 돌려줘.

(3) 〈의문사 + ever절〉의 두 가지 역할

〈의문사+ever절〉은 명사절로도 쓰이고, 부사절로도 쓰인다. 명사절로 쓰일 때에는 모두, 전부의 의미이고, 부사절로 쓰일 때에는 양보의 의미이다.

Whatever I say to them, I can't keep them quiet.　〈부사절〉
나는 그들에게 무슨 말을 해도 그들을 조용하게 유지시킬 수가 없다.

Whatever I say to them is taken seriously.　〈명사절〉
내가 그들에게 하는 말은 모두 진지하게 받아들여진다.

  ⭕ 첫번째 문장의 'whatever I say to them' 은 부사절이다. 뒤에 'I can't ~ quiet' 가 완전한 절로서 주절로 쓰였기 때문이다. 두번째 문장의 'whatever I say to them' 은 전체 문장에서 주어로 쓰였으므로 명사절이다. 부사절은 양보를 나타내어 '아무리 ~하더라도' 로 해석하고, 명사절은 모두, 전부의 의미를 갖는다.

---

* Don't let them in, **whoever** they are.　그들이 누구이든 간에 들여보내지 마라.　〈부사절〉
* I'll take **whoever** wants to go.　가고 싶은 사람은 누구든 데려갈 것이다.　〈명사절〉

| 👆 잠깐!!

★ whomever와 whoever의 구분

Lend the book to **whoever** wants it.
Lend the book to whomever wants it. (X)

  ➡ 관계대명사의 격은 관계사절 내부에서 결정된다. 'whoever wants it' 이 관계사절이고 이 속에서 'whoever' 는 wants의 주어이다. 그래서 주격인 whoever가 쓰였다. whoever가 전치사 to 뒤에 쓰였다고 해서 목적격인 whomever를 써서는 안 된다. to의 목적어는 whomever가 아니라 'whoever wants it' 전체이다.

※ 다음 두 문장이 같은 뜻이 되도록 빈칸에 알맞은 말을 넣으시오.

1 It's a question that I've been asking for many years.

= The question is _____ I've been asking for many years.

2 I won't tell anyone the thing _____ happened.

= I won't tell anyone what happened.

3 I don't envy anyone who buys that house. It's in a terrible condition.

= I don't envy _____ buys that house. It's in a terrible condition.

4 Why do you blame me for everything that goes wrong?

= Why do you blame me for _____ goes wrong?

5 I managed to get all the books that you asked for.

= I managed to get _____ books you asked for.

※ 다음 〔 〕 안에서 알맞은 말을 고르시오.

6 She gives her children everything [that / what] they want.

7 Tell me [that / what] you want and I'll try to help you.

8 I can't lend you any money. All [that / what] I've got is a pound.

9 She gave him [what / whose] money she had.

10 You can give it to [whomever / whoever] you like.

11 Do they really understand [that / what] they are doing?

12 I won't tell anyone [what / who / that] happened.

13 I don't agree with [which / what] you've just said.

14 [Whoever / Who] is responsible for this will be punished.

15 I know that Norman will succeed. He'll do that is required to succeed.

16 What he saw it upset him.

17 I gave my brother the little bookcase what I bought a few months ago.

18 I'm sure I'll enjoy eating whatever you cook.

19 He drinks what it is left in his glass as if it were water.

20 I took in that I found outside the door.

21 I earnestly hope that I learned will serve me well in my new job.

22 They had had to use what money they had.

23 What Bob recommended the restaurant was too expensive.

24 Now that I no longer have to wear a school uniform, I'll be able to wear which I want.

25 That rich woman offered a reward to whomever should restore her lost car.

Review TEST 2

※ 다음 빈칸에 들어갈 알맞은 말을 고르시오.

1 My father is looking for _____ he thinks is beautiful.
(A) which   (B) that   (C) what   (D) where

2 This restaurant is very expensive! — It is, but order _____ want. Your birthday is a very special occasion.
(A) what is it you   (B) whatever you
(C) what do you   (D) whatever you do

3 _____ saying was so important that I asked everyone to stop talking and listen.
(A) What the woman was   (B) The woman was
(C) That the woman was   (D) What was the woman

4 What are you going to buy in this store? — Nothing. _____ want is much too expensive.

(A) That I (B) What I

(C) That what I (D) What do I

5 High and low atmospheric pressure systems are _____ cause changing weather patterns.

(A) what (B) whose

(C) that (D) which

6 I want to speak to _____ answers the phone.

(A) whomever (B) whom

(C) whoever (D) who

7 It is hoped that all present-day communicable diseases will be conquered. However, _____ about certain diseases is still not sufficient to prevent them from spreading easily among the population.

(A) what we know

(B) what we know that

(C) what do we know

(D) that we know what

※ 다음 밑줄 친 부분 중 어법상 가장 어색한 것을 고르시오.

8 I had not grown so loyal to the beautiful Walkman what I bought a few
          (A)   (B)   (C)   (D)

months ago.

9 That really stimulates economic growth is whether you believe in
 (A)   (B)   (C)   (D)

an afterlife.

10 Water and petroleum are the only two liquids what occur in large quantities
                      (A)   (B)   (C)   (D)

in nature.

6 한정절과 비한정절

A 한정절과 비한정절의 모양

관계사절 앞에 콤마가 없으면 한정절(defining clause)이고, 콤마가 있으면 비한정절(non-defining clause)이다.

> The house **which** Sue has bought is over 100 years old.
> Sue가 산 그 집은 100년 이상 되었다.
>
> Sue's house, **which** is in the center of town, is over 100 years old.
> Sue의 집은 마을 중심에 있는데 100년이 넘었다.

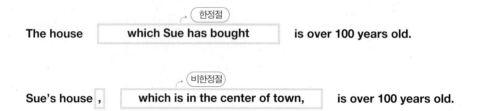

The house [한정절 which Sue has bought] is over 100 years old.

Sue's house, [비한정절 which is in the center of town,] is over 100 years old.

B 한정절과 비한정절의 의미

한정절은 선행사를 한정·제한하고, 비한정절은 선행사를 보충·설명한다.

> *The house* **which** Sue has bought is over 100 years old. 〈한정절〉
> *Sue's house*, **which** is in the center of town, is over 100 years old.
> 〈비한정절〉

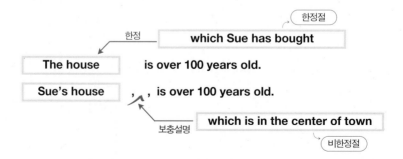

한정 → The house ← [한정절 which Sue has bought] is over 100 years old.

Sue's house , , is over 100 years old.

보충설명 → [비한정절 which is in the center of town]

- Tina Harris, **whose** brother is the actor Paul Harris, is a good friend of mine.
  Tina Harris는 형이 Paul Harris라는 배우인데, 나의 좋은 친구이다.
- Ken's mother, **who** is 69, has just passed her driving test.
  Ken의 어머니는 69살인데 운전 면허 시험에 통과했다.
- We're going on holiday in September, **when** the weather isn't so hot.
  우리는 9월에 휴가를 갈 것인데, 그때에는 날씨가 그렇게 덥지 않다.
- Mr. Hogg is going to Canada, **where** his son has been living for five years.
  Hogg 씨는 캐나다로 갈 것인데, 그 곳에는 그의 아들이 5년째 살고 있다.

잠깐!!

★ 비한정절에는 관계대명사 that을 사용할 수 없고 대신 which를 쓴다.

Sue's house, **which** is in the center of town, is ~.   (o)
Sue's house, *that* is in the center of town, is ~.   (x)

C 비한정절의 특징

(1) 특별한 선행사

비한정절의 선행사는 〈고유명사〉, 〈앞 절 전체〉 등의 특별한 것이 주로 쓰인다.

> Last weekend I met *Sue*, **who** told me she was going on holiday
> soon.   지난 주말에 나는 Sue를 만났는데 Sue가 자기는 곧 휴가를 갈 거라고 말했다.   〈고유명사〉
> *They are fond of snakes and lizards*, **which** surprises me.   〈앞절 전체〉
> 그들은 뱀과 도마뱀을 좋아하는데 그것에 대해 나는 깜짝 놀랐다.

고유명사

- *My uncle John*, **who** lives in Manchester, is coming to visit me next week.
  우리 삼촌 John은 맨체스터에 사시는데, 다음 주에 우리를 방문하러 오실 것이다.
- *Sarah*, **whom** you met yesterday, works in advertising.
  네가 어제 만난 Sarah는 광고계에서 근무한다.
- We went to *the Riverside Restaurant*, **where** I once had lunch with Henry.
  우리는 리버사이드 음식점에 갔는데, 그곳은 내가 전에 Henry와 점심을 함께 했던 곳이다.

절 전체

- *He lost his way*, **which** delayed him very much.
  그는 길을 잃었고 그래서 많이 늦었다.
- *Laura had to work late again*, **which** annoyed Mark.
  Laura는 또 야근을 해야 했고, 그래서 Mark는 화났다.
- *My phone is out of order*, **which** is a real nuisance.
  내 전화기는 고장 났어, 정말 짜증난다.

| 👆 잠깐!! |

★ 선행사가 앞 절 전체일 때에는 관계대명사는 which만 쓴다.

He lost his way, **which** delayed him very much.
He lost his way, *that* delayed him very much.
He lost his way, *what* delayed him very much. ⎤ 틀린 표현

---

(2) 관계사 = 접속사 + 대명사[부사]

비한정절에서는 관계사가 〈접속사 + 대명사[부사]〉와 같은 역할을 한다.

> Last weekend I met Sue, **who** told me she was going on holiday
> soon. 〈관계대명사〉
> Last weekend I met Sue, **and she** told me she was going on
> holiday soon. 〈접속사+대명사〉

- David helped me clear up, **which** was very kind of him. 〈which = and it〉
  David는 내가 청소하는 것을 도왔고, 그것은 매우 친절한 일이었다.
- We visited a town called Christchurch, **where** we had lunch. 〈where = and there〉
  우리는 크리스트처치라는 마을을 방문했고, 그곳에서 점심을 먹었다.

(3) Some of which 등의 표현

비한정절에는 some of whom, much of which, all of which, many of whom 등의 표현이 자주 쓰인다.

He gave me a lot of advice, **and it** was very useful.
= He gave me a lot of advice, **which** was very useful.
그는 나에게 많은 조언을 했고, 그것은 (모두) 매우 유용했다.

He gave me a lot of advice, **and much of it** was very useful.
= He gave me a lot of advice, **much of which** was very useful.
그는 나에게 많은 조언을 했고, 그것의 대부분은 매우 유용했다.

- A number of my friends, **some of whom** you've met before, will be at the party.
  나의 많은 친구들 – 그들 중 일부는 네가 전에 만난 적이 있다 – 이 파티에 올 것이다.

- Both players, **neither of whom** reached the final, played well.
  그 두 명의 선수들 – 아무도 결승에 진출하지 못했다 – 은 시합을 잘했다.

- He talks about his three lovely children, **all of whom** are as horrible as their father.
  그는 그의 세 명의 사랑스런 아이들에 대해 얘기하는데, 그들 모두는 그의 아빠만큼이나 끔찍하다.

| 👆 잠깐!! |

★ 접속사 없이 대명사 로만 연결하면 틀린다.

Last weekend I met Sue, **she** told me ~.
He gave me a lot of advice, **much of** it was ~. ⎤ 틀린 표현

※ 다음 주어진 두 문장을 보기와 같이 관계사를 이용하여 한 문장으로 만드시오.

> 보기 I received two job offers. I accepted neither of them.
> → I received two job offers, neither of which I accepted.

1 I have four brothers. Three of them are professional athletes.

→ _____ .

2 Norman won $30,000. He gave half of it to his parents.

→ _____ .

3 Ten people applied for the job. None of them were suitable.

→ _____ .

4 Tom made a number of suggestions. Most of them were very helpful.

→ _____ .

※ 다음 문장에서 틀린 부분이 있으면 고치시오.

5 Tom's father, who is 78, goes swimming every day.

6 She told me her address, that I wrote down on a piece of paper.

7 The strike at the car factory, it lasted ten days, is now over.

8 He tried on three jackets, none of them fitted him.

9 Simon Bolivar, who was a great South American general, led the fight for independence early in the 19th century.

10 She couldn't come to the party, what was a pity.

11 Tom has a lot of friends, many of whom he was at school with.

12 Jack has three brothers, and all of whom are married.

13 Fortunately we had a map, and without it we would have got lost.

※ 다음 빈칸에 들어갈 알맞은 말을 고르시오.

1 Jerry is engaged in a several business ventures, only _____ is profitable.
(A) one of them   (B) one of that
(C) one of which   (D) one

2 I have three brothers, _____ are businessmen.
(A) that all of them   (B) all of whom
(C) who they all   (D) who all of them

3 Ann quit her job at the advertising agency, _____ surprised everyone.
(A) which   (B) that
(C) who   (D) that it

4 He went up the mountain with a group of people, _____ were correctly equipped for such a climb.
(A) some of them   (B) few of whom
(C) those who   (D) many of those

5 He arrived half an hour late, _____ annoyed us very much.
(A) that   (B) as
(C) which   (D) what

6 How many people will come? — I sent invitations to 80 people, _____ have replied."
(A) of whom only 20 of these   (B) only 20 of these who
(C) of whom only 20   (D) only 20 who

※ 다음 밑줄 친 부분 중 어법상 가장 어색한 것을 고르시오.

7 The parade, its origin is unknown, has become a national event for
        (A)   (B)   (C)   (D)
our country.

8 Humus, a substance found in soil, enables plant roots to send out tiny hairs
        (A)   (B)
through that they absorb water and food.
    (C)   (D)

※   다음 빈칸에 들어갈 가장 알맞은 말을 고르시오.

1   I know a man _____ ran in the New York Marathon last year.
(A) to   (B) who   (C) is   (D) was

2   The severe drought _____ occurred last summer ruined the corn crop.
(A) that it   (B) which it   (C) it   (D) that

3   Brad told me about his new job, _____ very much.
(A) that he's enjoying   (B) he's enjoying
(C) which he's enjoying   (D) he's enjoying it

4   We need to learn from companies _____ trading is more healthy than our own.
(A) the   (B) their   (C) whose   (D) are

5   A protagonist of a play is _____ in tragedy as the suffering main character.
(A) what is known   (B) know as
(C) what it is known   (D) what known

6   That is the day _____ the space flight to Mars is scheduled to leave.
(A) which   (B) whose   (C) where   (D) when

7   The voters were overwhelmingly against the candidate _____ proposals called for higher taxes.
(A) who his   (B) whose
(C) whom he had   (D) that his

8   The college does not grant degrees simply to _____ pays the cost of tuition; the student must satisfy the academic requirements.
(A) whoever   (B) whom
(C) whomever   (D) whoever that

9 The author thoroughly understood the society _____.

(A) she had grown up

(B) which she had grown up

(C) where she had grown up

(D) she had grown up in it

10 People usually can get a sufficient amount of the calcium their bodies _____ from the food they consume.

(A) need   (B) needs

(C) to need   (D) needing

11 I also look to my brother for help, _____ I have done so many times in my life, when I'm faced with a difficult situation.

(A) which   (B) who   (C) whom   (D) that

12 Is this the address to _____ you want the package sent?

(A) where   (B) that

(C) which   (D) whom

13 Mary was obstinate enough to refuse to accept the idea _____.

(A) I suggested to her   (B) that I suggested her

(C) which to her I suggested   (D) by which I suggested to her

※ 다음 밑줄 친 부분 중 어법상 어색한 것을 고르시오.

14 Tom is <u>always</u> <u>interrupting</u> me <u>which</u> makes me <u>mad</u>.
          (A)   (B)   (C)   (D)

15 A <u>pedometer</u> is <u>an instrument</u> that <u>measure</u> the distance a person
   (A)   (B)   (C)

<u>walks</u>.
 (D)

16   I <u>was awakened by</u> the sound of laughter <u>which it came from</u> the room
              (A)   (B)

     <u>which</u> was next to <u>mine</u> at the motel.
     (C)   (D)

17   The company offered <u>the</u> position <u>to</u> John <u>whose</u> department
                             (A)   (B)   (C)

     performed <u>best</u> this year.
          (D)

18   Tom <u>is proud of</u> his success, <u>much of which</u> has been due to <u>hard work,</u>
               (A)   (B)   (C)

     but <u>some of it</u> has been due to good luck.
        (D)

19   <u>That</u> the WHO fears most is <u>that</u> the virus <u>could</u> mutate if it infected
          (A)   (B)   (C)

     a person <u>sick</u> with ordinary flue.
        (D)

20   The White House was <u>designed</u> by James Hobar, <u>an</u> Irishman <u>whom</u>
                        (A)   (B)   (C)

     <u>the</u> proposal in the design competitions <u>won</u> $500.
                   (D)

21   The people <u>whom</u> we met <u>them</u> on our trip <u>last May</u> are going <u>to visit</u>
                (A)   (B)   (C)   (D)

     us in October.

22   Every sound <u>what</u> occurs <u>in</u> human languages can be represented
                  (A)   (B)

     <u>by means of</u> the phonetic alphabets.
     (C)   (D)

23 Farmers provide crops <u>with</u> manure in areas <u>which</u> long <u>years of</u>
                                  (A)   (B)   (C)

cultivation has removed it <u>from</u> the soil.
                                  (D)

24 He was the author <u>whom</u> I believed was <u>most likely</u> to receive the
                                  (A)   (B)

<u>coveted</u> award, and everybody <u>agreed with</u> me.
  (C)   (D)

25 It <u>is true</u> that a lot of thousands of jobs <u>which</u> were lost
      (A)   (B)

<u>with the decline</u> of the northern <u>coal and steel</u> industries.
        (C)   (D)

26 Mr. Kim is one of those men who <u>appears</u> to be <u>kind</u>; however, it is
                                          (A)   (B)

very difficult <u>to deal</u> with <u>him</u>.
                    (C)   (D)

27 Planning family meals provides enjoyable <u>learning</u> experiences that
                                                    (A)

later <u>encouraging</u> children <u>to eat</u> the foods they <u>have prepared</u>.
          (B)   (C)   (D)

1 다음 밑줄 친 부분 중 쓰임이 <u>잘못된</u> 곳이 하나 있다. 찾아서 바르게 고치시오.

In America, there are lots of people ① <u>who</u> don't get enough food to eat. Some of these people are children. There are over 3 million kids in the Unites States ② <u>whose</u> families don't have enough food. Children ③ <u>who dealing</u> with hunger pains have trouble paying attention in school.

2 다음 〔 〕안의 단어를 문맥에 맞도록 알맞은 어순으로 배열하시오.

Those who enjoyed Bruce Lee's movies got interested in karate and other martial arts. The term "martial arts" popularly refers to a large variety of fighting sports, [of / most / which] originated in the Far East.

*martial art: 무술

〔3~4〕 다음 〔 〕안에서 알맞은 말을 고르시오.

3 The Mayan Indians were intelligent, culturally rich people [who achieved / whose achievements] were many. They had farms, beautiful palaces, and cities with many buildings.

4 Like most of William Shakespeare's plays, "Romeo and Juliet" is based on earlier sources, [that / which] in this case go back to some stories popular in Italy in the late 1400s. These stories were transformed into a poem in English by a poet named Brooke. Today Brooke's poem has been forgotten, but Shakespeare's play lives on. [What / That] makes Shakespeare's play live is its dramatic power and its remarkable language.

5 수능맛보기 다음 글에서 밑줄 친 부분 중, 어법상 틀린 것은?

When winter arrives, some people get sad. Doctors have recently started to study the cause of a medical disorder ① that they have appropriately named SAD, or seasonal affective disorder. People who suffer from SAD become very ② depressed during the winter months. Their depression appears to be a result of a decrease in the amount of sunlight ③ they are exposed to . Doctors theorized that decreased sunlight affects the production of melatonin, a hormone manufactured in the brain, and serotonin, a chemical that ④ help transmit nerve impulses. Depression may ⑤ result from the imbalance of two substances in the body.

6 수능맛보기 각 네모 안에서 어법에 맞는 표현을 골라 짝지은 것으로 가장 적절한 것은?

Modern artists want to show people a different way of seeing things. They want to say something about the society (A) which / in which they live. Modern paintings disturb some people because they do not understand what the artist is trying to say. It often takes many years before an artist's work (B) accepted / is accepted by the public. For instance, Vincent Van Gogh belonged to a group called the impressionists. They started to paint in France about 1870. Their work was very different from (C) that / what people were familiar with. They used strong, bright colors, and their pictures weren't always very realistic.

	(A)		(B)		(C)
①	which	⋯⋯	is accepted	⋯⋯	that
②	which	⋯⋯	accepted	⋯⋯	that
③	in which	⋯⋯	is accepted	⋯⋯	that
④	in which	⋯⋯	accepted	⋯⋯	what
⑤	in which	⋯⋯	is accepted	⋯⋯	what

{ 이 단원에서 중점을 두고 공부할 부분은?

_동명사 모양의 특징 – 명사가 아니라 변형된 절
_동명사의 역할 – 주어 · 목적어 · 보어
_동명사를 목적어로 취하는 타동사
_동명사를 목적어로 취하는 전치사 to
_동명사의 주어, 부정, 수동
_동명사와 관련된 유용한 표현들

*Every man ought to be inquisitive
through every hour of his great adventure down to the day
when he shall no longer cast a shadow in the sun.
For if he dies without a question in his heart,
what excuse is there for his continuance?*

By Frank Moore Colby

모든 사람은 위대한 모험(삶)의 매 시간마다
더 이상 자신의 그림자를 드리우지 않는 그날(죽음)까지 탐구적이어야 한다.
사람이 마음 속에 탐구적인 질문하나 간직하지 않고 죽는다면
그 삶의 존재가 무슨 소용이 있겠는가?

1 동명사의 모양과 그 특징

A 동명사의 모양

⟨동사＋-ing⟩부터 그 동사가 지배하는 범위까지 전체가 동명사이다.

> ## He enjoys **taking long walks in the evening.**
> 그는 오후에 오래 걷는 것을 좋아한다.
> ## Are you interested in **playing tennis tomorrow?**
> 내일 테니스 치는 것에 관심 있니?
>
> ❖ taking과 playing만이 동명사가 아니라, 'take와 play가 지배하는 범위, 즉 그 의미와 형식이 일단락되는 곳'인 taking ~ evening 전체와 playing ~ tomorrow 전체가 동명사이다.

B 동명사 만들기

하나의 절에서 동사만 ⟨원형＋-ing⟩로 바꾸면 동명사가 된다. 주어는 소유격으로 바뀌지만 생략되는 경우가 많다.

❶ 동사 takes가 taking ⟨원형＋-ing⟩으로 바뀐다.
❷ 주어 he가 his (소유격)로 바뀐다(대개 생략된다).

- **Walking backward sometimes** is good for health. 가끔 뒤로 걷는 것은 건강에 좋다.
  └ (people) walk backward sometimes

C 특징

동명사는 변형된 절이므로 주어 부분만 예외로 하면 절과 완전히 일치한다. 다시 말해, 동명사 자체는 완전한 절의 형식을 취한다.

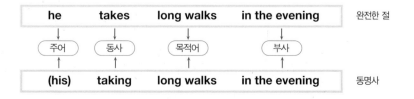

※ 다음 〔 〕 안에 있는 절을 보기처럼 동명사로 바꿔 빈칸을 채우시오.

> 보기 Alice was tired of [she washed the dishes every night].
> → Alice was tired of <u>washing the dishes every night</u> .

1 When I finished [I did the housework], I took a break.

2 I hope you don't mind [I call in like this, without an appointment].

3 I thanked my classmate for [he helped me with my homework].

4 Marie is responsible for [she locks all the doors and windows].

※ 다음 빈칸에 들어갈 말로 가장 알맞은 것을 고르시오.

1 The policeman didn't notice their _____ of marihuana.
(A) possess
(B) possession
(C) possessing
(D) to possess

2 Joyce thanked us for _____ them to dinner and said that they wanted to have us over for dinner next week.
(A) invite
(B) invitation
(C) inviting
(D) inviting of

3 _____ is a good exercise in English composition.
(A) The written letters
(B) Writing of letters
(C) To write of letters
(D) Writing letters

※ 다음 밑줄 친 부분 중 어법상 가장 어색한 것을 고르시오.

4 A major issue <u>at</u> the Constitutional Convention was <u>the decision</u>
         (A)   (B)

concerning the <u>manner</u> of <u>election</u> the President.
               (C)   (D)

2 동명사의 역할

A 기본 역할

동명사는 타동사의 목적어, 전치사의 목적어, 주어, 보어로 쓰인다.

Andrew doesn't mind **having lots of work**. He quite likes it. 〈동사의 목적어〉
Andrew는 일을 많이 하는 것을 꺼려하지 않는다. 오히려 좋아한다.

Vicky is excited about **going to America**. 〈전치사의 목적어〉
Vicky는 미국에 가는 것에 들떠 있다.

Knowing how to drive is useful. 〈주어〉
운전하는 법을 아는 것은 유용하다.

Her first job had been **selling computers**. 〈보어〉
그 여자의 첫 번째 직업은 컴퓨터 파는 일이 었었다.

Andrew doesn't	mind	having lots of work.
	타동사	목적어

Vicky is excited	about	going to America.
	전치사	목적어

Knowing how to drive	is	useful.
주어	동사	

Her first job	had been	selling computers.
	be 동사	보어

타동사의 목적어

특정한 타동사만이 동명사를 목적어로 취한다. 그러한 동사는 다음과 같다.

동명사를 목적어로 취하는 타동사						
admit	appreciate	avoid	cannot help	consider	deny	dislike
enjoy	give up	finish	imagine	involve	mind	postpone
put off	practice	quit	resist	risk	stop	suggest

- I *enjoy* **running**. 나는 달리기를 좋아한다.
- I usually *avoid* **driving in rush hour**. 나는 출퇴근 시간의 운전은 대개 피한다.
- Have you *finished* **typing that letter**? 너는 그 편지를 타이프 치는 것을 끝냈니?
- I seriously *considered* **resigning**. 나는 사임하는 것을 진지하게 고려했었다.
- I *couldn't help* **laughing at the funny sight**. 나는 그 재미있는 모습을 보고 웃지 않을 수 없었다.

전치사의 목적어
동명사는 명사와 거의 같은 역할을 하므로 모든 전치사의 목적어로 자유롭게 쓰인다.

- How *about* **going to the cinema this evening**? 오늘 저녁 극장에 가는 거 어때?
- John went to work *in spite of* **feeling ill**. John은 아픈데도 불구하고 일하러 갔다.
- Are you interested *in* **travelling around**? 너는 여행하는 것이 좋으니?
- I'm thinking *of* **changing my job**. 나는 이직을 고려하고 있다.
- They accused me *of* **telling lies**. 그들은 내가 거짓말했다고 비난했다.

주어
동명사는 문장에서 주어로 자유롭게 쓰인다. 동명사는 단수 취급한다.

- **Sunbathing** *can be* dangerous, especially at midday. 일광욕은 특히 한낮에는 위험할 수 있다.
- **Tuning the piano** *took* three hours. 피아노 조율하는 데 세 시간 걸렸다.
- **Reading English** *is* much easier than speaking it.
  영어를 읽는 것은 영어를 말하는 것보다 훨씬 쉽다.
- **Driving to work** usually *takes* thirty minutes. 자동차로 출근하는 데 대개 30분 걸린다.

보어
동명사는 be 동사의 보어로 쓰이지만 자주 쓰이지는 않는다.

- My hobby *is* **swimming**. 나의 취미는 수영이다.
- One of his bad habits *is* **biting his nails**. 그의 나쁜 습관 중 하나는 손톱을 깨무는 일이다.

B 주의할 역할

(1) 전치사 to의 목적어
전치사 중 to는 부정사 표시어 to와 모양이 같다. to가 전치사로 쓰이면 그 뒤에는 동명사(또는 명사)를 쓰고, 부정사로 쓰이면 그 뒤에는 동사원형을 쓴다.

I object **to smoking** in restaurants. 나는 음식점에서 담배 피는 것에 반대한다.

She refused **to accept** his offer. 그 여자는 그의 제안을 받아들이는 것을 거절했다.

❍ object 뒤의 to는 전치사이므로 smoking(동명사)을 썼고, refuse 뒤의 to는 부정사 표시어이므로 accept(원형)를 썼다. to accept 전체가 부정사이다.

〈전치사 to + -ing〉의 예

〈to + -ing〉의 경우들	
be used to -ing ~에 익숙하다	look forward to -ing ~를 학수고대하다
object to -ing ~에 반대하다	devote oneself to -ing ~에 전념하다
be dedicated to -ing ~에 전념하다	with a view to -ing ~할 목적으로

- My mother says she's *looking forward to* **meeting you**.
  우리 엄마가 너를 만나고 싶다고 하셔.
- He wanted to *devote his energies to* **writing films**.
  그는 시나리오 쓰는 일에 전념하고 싶어 했다.
- The Woodland Trust *is dedicated to* **preserving our native woodland.**
  우드랜드 트러스트는 우리의 고향 삼림을 보존하는 일에 전념하고 있다.

(2) used to 원형과 be used to -ing

used to는 과거를 뜻하는 조동사이므로 그 뒤에는 원형이 오고, be used to -ing는 to가 전치사이므로 그 뒤에는 동명사가 온다.

I *used to* **drive a Mercedes**, but now I drive a Citroen.
나는 전에는 벤츠를 탔었지만 지금은 씨트로엥을 탄다.

I'm *used to* **driving my new car now**.
나는 이제 새 차를 운전하는 일에 익숙해졌다.

- My parents *used to* **live in London**, but now they live in Bristol.
  우리 부모님은 런던에 살았었는데 지금은 브리스톨에 사신다.
- When I was a child, I *used to* **suck my thumb**.
  나는 어렸을 때 엄지를 빨곤 했었다.
- I normally go to bed at about 10 o'clock. I'*m not used to* **staying up late**.
  나는 대개 10시쯤에는 잠자리에 든다. 늦게 자는 것에 익숙하지 않다.
- You'*ve got used to* **working with your new word processor**.
  너는 새 워드 프로세서에 익숙해졌다.

※ 다음 〔 〕안에서 알맞은 말을 고르시오.

1 Is your car working now? — No, they have not yet finished [repair / to repair / repairing] it.

2 Mike found Africa strange at first. He wasn't used to [live / living] in such a hot climate.

3 [Examine / Examining / Examination] patients carefully requires much time.

4 There is a good film on TV tonight. I'm really looking forward to [see / seeing] it.

5 The bus journey is too complicated. It involves [to change / changing] buses in the center.

6 Do you like football? — Well, I enjoy [watch / to watch / watching] it on TV.

7 [Invite / Inviting / Invitation] all these people to the party was Susan's idea.

8 Almost everyone fails [pass / to pass / passing] the driver's test on the first try.

9 I'm not sure. Someone suggested [have / to have / having] a party.

10 I objected to [have / having] to rewrite the article.

11 I'm not used to [eat / eating] such spicy food.

12 I've decided [have / to have / having] a round of golf.

※ 다음 빈칸에 들어갈 알맞은 말을 고르시오.

1 Excuse _____, but there is a thing I feel I've got to say.

(A) to interrupt   (B) me to interrupt

(C) my interrupting   (D) my interrupt

2 I look forward to _____ you next time I'm in town. I'll be sure to let you know ahead of time so that we can plan to get together.

(A) see   (B) of seeing   (C) have seen   (D) seeing

3 I would appreciate _____ it a secret.

(A) you to keep
(B) that you kept

(C) your keeping
(D) that you would keep

4 A teacher _____ students' questions.

(A) is used to answering
(B) is use to answer

(C) used to answering
(D) is used answering

5 _____ accurate records has never been questioned by anyone.

(A) His keeping
(B) If he keeps

(C) He keeps
(D) Because he keeps

6 I have gotten used _____.

(A) being alone
(B) to been alone

(C) to being alone
(D) for being alone

7 If people could avoid _____ inside, they wouldn't buy the coffee, cigarettes, and gum that are key to the profits of many stations.

(A) to go to
(B) going to
(C) going
(D) to go

8 Ancient civilizations such as the Phoenicians _____ goods rather than use money.

(A) used to trade
(B) use to trade

(C) is used to trade
(D) was used to trade

9 We considered _____ after work.

(A) to go shop
(B) to go shopping

(C) going shop
(D) going shopping

※ 밑줄 친 부분 중 어법상 가장 어색한 것을 고르시오.

10 The thief undoubtedly waited for Mr. Smith to go out, entered
$\underset{\text{(A)}}{\text{}}$

by the back window and removed the silver without ever been seen.
(B)　　　　　　　　　(C)　　　　　　　　　　　　　　　　　(D)

11 The judges objected to delay three months on the part of Gandhi to file
　　(A)　　　　　　　　　(B)　　　　　　(C)　　　　　　　(D)

the complaint.

3 동명사 절의 성격

A 동명사의 주어

동명사의 주어는 대개 생략되지만 필요한 경우에는 주로 소유격으로 표시한다.

> I really don't mind *doing the housework.*
> 나는 집안 일 하는 것을 꺼려하지 않는다.
>
> I really don't mind **your** *doing the housework.*
> 나는 네가 집안 일 하는 것을 반대하지 않는다.

> ➲ 첫 문장처럼 doing 앞에 아무런 표시가 없으면 doing의 주어는 전체 주어인 'I'와 일치한다. 두 번째 문장처럼 doing 앞에 소유격 you가 있으면 그 소유격이 동명사 doing의 주어이다.

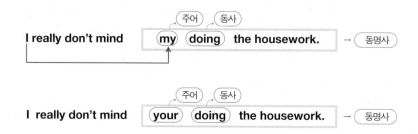

- They insisted on **our** *staying for dinner with them.*
  그들은 우리에게 저녁을 함께 하자고 권했다.
- Annie's parents don't like **her** *going to bed late.*
  Annie의 부모는 Annie가 늦게 자는 것을 좋아하지 않는다.
- I was surprised about **Sue's** *forgetting to come to the meeting.*
  나는 Sue가 회의에 오는 것을 잊은 것에 놀랐다.

| 🖐 잠깐!! |

★ 소유격과 목적격
– 동명사의 주어는 소유격이 원칙이나 목적격으로 표시되는 경우도 있다.

I didn't know about **the weather** *being so awful in this area.*
나는 이 지역의 날씨가 그렇게 끔찍하다는 것을 알지 못했다.

I look forward to **it** *getting warmer in spring.* 나는 봄에는 더 따뜻해지기를 고대한다.

Do you remember **the students and teachers** *protesting against the new rule?*
너는 학생과 교사들이 그 새 규칙에 반대했던 것을 기억하니?

B 〈Not + -ing〉의 동명사

-ing 앞에 not이 붙으면 동명사 전체의 부정이 된다.

> ### Imagine **not** *having anywhere to live.* 살 곳이 없다고 상상해 보라.
>
> ❍ 위의 'not having anywhere to live' 전체가 동명사이고, 이는 'having anywhere to live'의 부정이 된다. 이는 '(you) do not have anywhere to live'라는 부정문이 동명사로 변한 것이다.

- I enjoy **not** *having to get up early.*
  나는 일찍 일어나지 않아도 되는 것이 좋다.
- He repents of **not** *having worked hard in his youth.*
  그는 젊었을 때 열심히 노력하지 않은 것을 후회한다.
- I can't imagine your **not** *knowing how to do it.*
  나는 네가 그것의 사용 방법을 모른다는 것을 상상할 수도 없다.

C 〈being + p.p.〉의 동명사

동명사의 모양이 〈being + p.p.〉이면 능동이 아닌 수동의 의미이다.

> ### The postman complained about **being attacked** *by Nick's dog.*
> 그 우체부는 Nick의 개에게 공격받은 것을 항의했다.

- I object to **being treated** *like a child.* 나는 어린이처럼 취급받는 것에 반대한다.
- I don't enjoy **being laughed at**. 나는 비웃음 받는 것을 좋아하지 않는다.
- I don't appreciate **being interrupted** *when I'm speaking.*
  나는 말할 때 방해받는 것을 좋아하지 않는다.

▪ **need + -ing**

My car *needs* **servicing**.
My car *needs* **to be serviced**. 내 차는 수리를 요한다.

⊙ need 뒤에는 동명사도 오고, 부정사도 온다. 동명사를 쓸 때에는 수동의 의미일지라도 능동을 쓴다. my car가 서비스를 받는 것이므로 수동의 의미이다. 그러나 'being serviced'로 쓰지 않는다. 부정사의 경우는 수동을 쓴다. need 대신에 want를 쓰기도 한다.

- These trousers *need* **cleaning**.
- These trousers *need* **to be cleaned**. 이 바지는 세탁을 요한다.

D 완료동명사

〈having + p.p.〉를 완료동명사라 하는데 한 시제 앞선 과거일 때 사용한다.

I admit **knowing** him. 나는 그를 알고 있다고 인정했다. 〈단순 동명사〉
I admit **having known** him. 나는 그를 알고 있었다고 인정했다. 〈완료 동명사〉

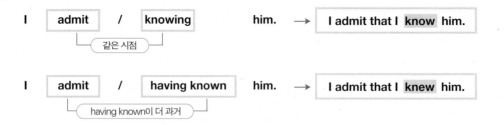

- They now regret **having got married**. 그들은 결혼한 것을 후회하고 있다.
- He denied **having stolen the money**. 그는 돈을 훔친 것을 부인했다.

| 👆 잠깐!! |

★ 완료동명사는 매우 제한적으로 쓰인다.
완료동명사는 그 사용이 매우 제한적이어서 다음과 같은 특정한 동사의 목적어로 주로 쓰이고 그 외에는 잘 사용되지 않는다.

regret   admit   confess   deny   forget   recall   remember   try

TEST 1

※ 다음 [ ] 안에서 알맞은 말을 고르시오.

1 Have you finished [washing / being washed] your hair yet?

2 I regret [being / having been] idle in my youth.

3 I can't imagine [his / he] failing in an examination.

4 This batteries in this radio need [changing / being changed].

※ 다음 두 문장이 같은 뜻이 되도록 빈칸을 알맞은 말로 채우시오.

5 He complained that he didn't have time to study.

He complained of _____ _____ time to study.

6 Are you sorry you didn't take the job?

Do you regret not _____ _____ the job?

7 The garden needs to be watered.

The garden needs _____.

TEST 2

※ 다음 빈칸에 들어갈 알맞은 말을 고르시오.

1 You'd better save some money for a rainy day. You can't count on _____ by your parents every time you get into financial difficulty.

(A) rescuing   (B) being rescued

(C) to rescue   (D) to be rescued

2 The brakes on my car aren't working very well. I think they need _____.

(A) renewing   (B) being renewed

(C) to renew   (D) renew

3 I don't understand _____ your job so suddenly. Why did you do that?

(A) your quitting   (B) your have quit

(C) you to have quit   (D) to quit

4 I'm sorry I never graduated. I've always regretted _____ college.

(A) not to finish   (B) having finished not

(C) having not finished   (D) not having finished

4 동명사 관련 유용한 표현들

• **worth -ing** 「~할 가치가 있다」

- Do you think this book is **worth reading**? 너는 이 책이 읽을 가치가 있다고 생각하니?
- Life wouldn't be **worth living** without friendship. 인생은 우정이 없다면 살 가치가 없을 것이다.
- My house is only a short walk from here. It's not **worth taking** a taxi.
  우리 집은 이곳에서 조금만 걸어가면 된다. 택시를 탈 필요가 없다.

  cf. This restaurant is well worth a visit. 이 음식점은 가 볼 만한 가치가 있다.

> 주의 ⓐ It wouldn't be **worth living** *life* without friendship. | 옳은 표현 |
>
> ⓑ *Life* wouldn't be **worth living** without friendship. | 옳은 표현 |
>
> ⓐ **It wouldn't be worth living (life) without friendship.**
>
> 이동
>
> ⓑ **(Life) wouldn't be worth living** 목적어 없음 **without friendship.**
>
> 〈worth -ing〉 구문에서 '-ing'의 목적어는 문장 앞으로 이동할 수 있다. 그러면 ⓑ의 모양이 되는데 주의할 점은 '-ing'가 비록 타동사(또는 자동사＋전치사)이나 그 목적어가 없다는 점이다.

• **spend** ＋ 목적어(시간/돈) **-ing** 「시간 / 돈을 ~ 하는 데 쓰다」

- I **spent** *hours* **trying** to repair the clock. 나는 그 시계를 수리하려고 몇 시간을 소비했다.
- Don't **spend** *any money* **buying** things you don't need.
  필요하지 않은 물건을 사는 데 돈을 낭비하지 마라.
- We **spent** *a pleasant hour or two* **talking** with our friends.
  우리는 친구들과 이야기를 나누면서 유쾌한 한두 시간을 보냈다.

• **have difficulty〔trouble / a hard time〕(in) -ing** 「~ 하는 데 어려움을 겪다」

- Did you **have** *any difficulty* **getting** a visa?
  너는 비자를 얻는 데 어려움이 있었니?
- People often **have** *great difficulty* **reading** my writing.
  사람들은 내 글을 읽는 데 어려움을 자주 겪는다.
- I'm sure you'll **have** *no trouble* **passing** the examination.
  나는 네가 그 시험을 별 어려움 없이 통과하리라 확신한다.

- **feel like -ing** 「〜 하고 싶다」

  - I don't **feel like eating** a big meal now. 나는 지금은 많이 먹고 싶지 않다.
  - I **feel like taking** a walk. 나는 지금 걷고 싶다.
  - Neither of them **felt like going** back to sleep. 그들 중 누구도 다시 잠들고 싶지 않았다.

- **be busy -ing** 「〜 하느라고 바쁘다」

  - They **are busy preparing** for a party on Saturday. 그들은 토요일 파티 준비에 바쁘다.
  - Companies **are** so **busy analyzing** their financial reports.
    회사들은 재무 보고를 분석하느라고 매우 바쁘다.
  - *cf.* Most people **are** too **busy with** their own troubles.
    대부분의 사람들은 자신들의 어려움으로 인해 매우 바쁘다.

- **It is no use -ing** 〔=There is no use -ing〕 「〜 해 봐야 소용없다」

  - **It is no use** your **complaining**. 네가 불평(항의)해 봐야 소용없다.
  - **It's no use worrying** about it. There's nothing you can do.
    그것에 대해 걱정해봐야 소용없다. 네가 할 수 있는 일이 없어.
  - **There's no use** your **asking** me any more questions.
    네가 나에게 더 이상 질문해 봐도 아무 소용없다.
  - *cf.* What's the use of complaining? 불평해 봐야 무슨 소용이 있니?

- **There is no -ing** 「〜 하는 것은 불가능하다」

  - **There is no accounting** for tastes. 취향을 설명하는 것은 불가능하다.
  - **There's no knowing** what will happen in the future.
    앞으로 무슨 일이 일어날지는 아무도 모른다.
  - **There is no going** back to the life she had. 그 여자의 과거 삶으로 돌아갈 수는 없다.

- **what do you say to -ing** 「〜 에 대해 어때?」

  - **What do you say to playing** tennis with me? 나와 함께 테니스 치는 것, 어때?
  - **What do you say to going** into business together? 함께 사업하는 것, 어때?
  - *cf.* Let's go into business together; what do you say?
    함께 사업하는 것이 어때?

- **there is no point in -ing** 「〜 할 필요(이유)가 없다」

  - **There was no point in waiting,** so we went. 기다릴 필요가 없어서 우리는 갔다.
  - **There's no point in buying** a car if you don't want to drive it.
    네가 운전하고 싶지 않은 차를 살 필요는 없다.
  - **There was no point in staying** any longer. 더 이상 머물 필요는 없다.
  - *cf.* What was the point of thinking about him? 그에 대해 생각해봐야 무슨 소용이니?

Review
TEST 1

※ 다음 〔 〕 안에서 알맞은 말을 고르시오.

1 It's no use [try / to try / trying] to persuade me. You won't succeed.

2 It was so late when we got home, it wasn't worth [go / to go / going] to bed.

3 He found a job. This wasn't difficult. He had no difficulty [to find / finding] a job.

4 Don't study if you're feeling tired. There's no point in [study / studying].

5 He spent half his life [to write / writing] this book.

6 I'd visit the museum if I were you. The museum is worth [visiting / visiting it].

7 Don't smoke. It's a waste of money [smoke / smoking].

Review
TEST 2

※ 다음 빈칸에 들어갈 말로 알맞은 것을 고르시오.

1 What do you feel _____ for dinner? Does chicken and rice sound good?
(A) to have   (B) like having
(C) have   (D) of having

2 Do you think the film is really worth _____?
(A) seeing   (B) seeing it
(C) to see   (D) seeing of it

3 It is no good _____ me about your lost money.
(A) tell   (B) to tell
(C) telling   (D) have told

4 We spent all yesterday afternoon _____ soccer.
(A) play   (B) to play
(C) playing   (D) to playing

※ 다음 빈칸에 들어갈 말로 알맞은 것을 고르시오.

1 I just heard that there's been a major accident that has all of the traffic tied up. If we want to get to the play on time, we'd better avoid _____ the highway.

(A) having taken   (B) take

(C) to take   (D) taking

2 Sometimes very young children have trouble _____ fact from fiction and may believe that dragons actually exist.

(A) to separate   (B) separating

(C) to be separated   (D) for separating

3 I hope _____ my autobiography before I die. Do you think anyone would read it?

(A) to writing   (B) write

(C) to write   (D) for write

4 The owner of the building supply store doesn't mind _____ his customers discounts when they buy in large quantities.

(A) giving   (B) being given

(C) to give   (D) to be given

5 The teacher was pleased with _____ all of the exam questions correctly.

(A) us answer   (B) our answer

(C) us to answer   (D) our answering

6 _____ television to the exclusion of all other activities is not a healthy habit for a growing child.

(A) Watch   (B) Being watched

(C) Watching   (D) To be watched

7 Do you have an excuse _____ late to class two days in a row?

(A) for to be   (B) for being

(C) to being   (D) being

8 Did you ever finish _____ an office for that new client of yours?

(A) to design   (B) designing

(C) designed   (D) being designed

9 The stockbroker denied _____ of the secret business deal.

(A) having informed   (B) to have informed

(C) having been informed   (D) to have been informed

10 No one can understand _____ the economics test even though he studied hard.

(A) Tony's failure   (B) Tony's failing

(C) Tony's failing of   (D) Tony failing of

11 What's the difference between 'burn up' and 'burn down'? — Hmmm. That's an interesting question. I don't recall ever _____ that question before.

(A) asking   (B) having asked

(C) asked   (D) having been asked

12 We were shocked to hear the news of your _____.

(A) having fired   (B) having been fired

(C) to be fired   (D) to have been fired

13 The vice-chancellor left before the meeting was closed, for he thought the issue on the table was not worth _____.

(A) to consider   (B) to discuss about

(C) talking   (D) talking about

14 Some dogs wag their tails as _____ high spirits.

(A) an expressing of   (B) an expression of

(C) an expression   (D) an expressing

※ 다음 밑줄 친 부분 중 어법상 가장 <u>어색한</u> 것을 고르시오.

15 The <u>committee</u> suggested <u>to hire</u> an outside <u>consultant</u> as an <u>advisor to</u>
     (A)   (B)   (C)   (D)
the project.

16 Most students <u>have trouble</u> <u>make up</u> their minds <u>about</u> a major <u>in college</u>.
         (A)   (B)   (C)   (D)

17 By <u>using of</u> laser beams, <u>physicians</u> can <u>perform</u> surgery <u>inside the body</u>.
      (A)   (B)   (C)   (D)

18 I do not understand <u>why</u> Mother <u>should object</u> to <u>me playing</u> the piano
               (A)   (B)   (C)
<u>at</u> the party.
(D)

19 After her husband died, <u>the old</u> woman had to get used to <u>live</u>
   (A)   (B)   (C)
on her own.
   (D)

20 <u>Had he not believed</u> every individual <u>belongs to</u> history, his story
       (A)   (B)
<u>would not have been</u> <u>worth of</u> telling.
      (C)   (D)

21 ASL <u>is</u> a system of <u>communicating</u> thoughts <u>silent</u> by <u>gestures</u> and signs.
     (A)   (B)   (C)   (D)

1 다음 빈칸 (A)와 (B)에 들어갈 말로 바르게 짝지어진 것은?

The wartime use of penicillin contributed to __(A)__ thousands of lives. In the first World War, pneumonia was responsible for eighteen percent of all the deaths in the United States army. In the Second World War, the rate went down to less than one percent. In addition, penicillin was instrumental in keeping wounds from __(B)__.

(A)	(B)		(A)	(B)
① save	— infecting		② save	— getting infected
③ saving	— infecting		④ saving	— getting infected

2 밑줄 친 <u>require</u>를 문맥에 맞도록 알맞은 형태로 고치시오.

Working as a janitor in an office building is not much different from keeping a single apartment in proper condition. Both the janitor and the apartment dweller must fix leaky faucets, repair furniture, and sometimes do painting. Although the size of the job and the location differ, keeping a whole building and a single apartment clean and in good condition <u>require</u> the same kind of work.

3 수능맛보기 각 네모 안에서 어법에 맞는 표현을 골라 바르게 짝지은 것으로 가장 적절한 것은?

Have you ever gone (A) | shop / shopping | for your mother? If you have, you probably enjoyed (B) | wheeling / to wheel | the grocery cart up and down the aisles of the supermarket as you collected the things on your mother's list. You probably came home with such things as canned vegetables, (C) | frozen / freezing | foods, meat, and fresh fruits.

(A)		(B)		(C)
① shop	······	to wheel	······	frozen
② shop	······	wheeling	······	freezing
③ shop	······	to wheel	······	freezing
④ shopping	······	wheeling	······	frozen
⑤ shopping	······	to wheel	······	freezing

13
to부정사(Infinitive)

{

이 단원에서 중점을 두고 공부할 부분은?

_ to부정사만을 목적어로 취하는 동사
_ 명사 역할, 부사 역할과는 다른 형용사 역할만의 특징
_ 부사 역할 중 목적과 〈형용사 + to부정사〉의 유형
_ 〈동사 + 목적어 + (to) 부정사〉의 유형과 그 수동태
_ to부정사의 완료, 부정, 수동, 대부정사
_ 동명사와 to부정사의 차이

}

In this age,
which believes that there is a short cut to everything
the greatest lesson to be learned is
that the most difficult way is, in the long run, the easiest.

By Henry Miller

모든 것에는 지름길(쉬운 방법)이
있다고 믿는 이 시대에,
잊지 말아야 할 가장 큰 교훈은
가장 힘든 길이 결국에는 가장 쉬운 길이라는 것이다.

1 to부정사의 모양과 그 특징

A 모양

〈to + 동사원형〉부터 그 동사가 지배하는 범위까지 전체가 to부정사이다.

> ### He has decided **to take long walks in the evening**.
> 그는 저녁에 오랫동안 산책을 하려 했다.
>
> ### They agreed **to lend me some money**.
> 그들은 나에게 돈을 빌려 주기로 했다.
>
> ➡ to take와 to lend만이 부정사가 아니라 'take와 lend가 지배하는 범위, 즉 그 의미와 형식이 일단락 되는 곳' 인 to take~evening 전체와 to lend~money 전체가 to부정사이다.

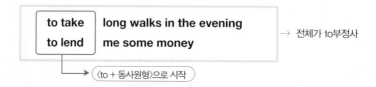

B 부정사 만들기

하나의 '절' 에서 동사만 〈to + 원형〉으로 바꾸면 부정사가 된다. 주어는 〈for + 목적격〉으로 바뀌지만 대개 생략된다. 부정사는 '절이 변형된 형태'이다. 'to take long walks in the evening'은 '(he) takes long walks in the evening' 이라는 절이 변형된 것이고, 'to lend me some money'는 '(they) lend me money'라는 절이 변형된 것이다.

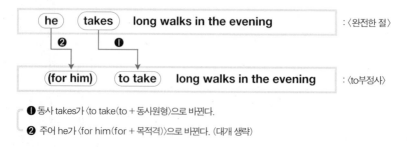

┌ ❶ 동사 takes가 〈to take(to + 동사원형)으로 바뀐다.
└ ❷ 주어 he가 〈for him(for + 목적격)〉으로 바뀐다. (대개 생략)

- As it was late, we decided **to take a taxi home**. 너무 늦어서 우리는 택시타고 집으로 가기로 했다.
  (←we took a taxi home)
- She telephoned me **to invite me to a party**. 그 여자는 나를 파티에 초대하려고 전화했다.
  (←she invited me to a party)
- There is no reason **to believe that the earth will end in 500 years**.
  지구가 500년 후에 끝날 것이다라고 믿을 근거는 없다. (←we believe that the earth ~ years)

C 특징

부정사는 '변형된 절'이므로 주어 부분만 예외로 하면 '절'과 완전히 일치한다. 다시 말해, 부정사 자체는 '완전한 절'의 형식을 취한다.

> he **takes** long walks in the evening 〈완전한 절〉
> (for him) **to take** long walks in the evening 〈to부정사〉

위의 he takes ~ the evening은 절이고, (for him) to take ~ the evening은 부정사이다. 이 둘을 비교하면 'he와 for him', 'takes와 to take'만 다르고 나머지는 모두 동일하다. 부정사도 동명사와 마찬가지로 그 내부가 항상 '완전한 절'이다.

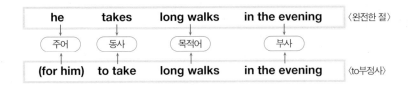

D to부정사의 주어 표시

to부정사 앞에 '주어 표시가 없는 경우'는 대개 '전체 문장의 주어와 일치'할 때이다. 그렇지 않은 경우에는 주어 표시를 해 주어야 한다.

> I worked hard **to live** in comfort. 나는 편안하게 살려고 열심히 일했다.
> I worked hard **for my family to live** in comfort.
> 나는 우리 가족이 편하게 살도록 열심히 일했다.

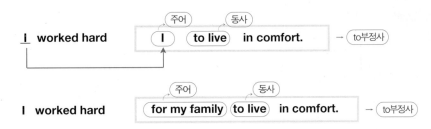

- It's difficult **for unskilled people to find** work these days.
  요즘 비숙련공들이 일자리 찾기는 어렵다.
- The road is too busy **for the children to cross** safely.
  도로에는 교통량이 너무 많아서 아이들이 안전하게 건널 수 없다.
- Fortunately the table was big enough **for all of us to sit** round.
  다행히도 식탁이 우리 모두가 둘러앉을 만큼 충분히 컸다.

※ 다음 문장에서 to부정사를 고르시오.

1 She advised me to tell the police about the accident.

2 The shop provides baskets for the customers to put their purchases in.

※ 다음 ( ) 안을 to부정사로 바꿔 빈칸에 쓰시오.

> 보기 I can't afford to go on holiday this summer.
> (I go on holiday this summer)

3 When I got to the garage, I managed _____.
(I had a quick look at the car)

4 My mother has arranged _____.
(Someone looks after her dog next week)

※ 다음 절을 동명사와 to부정사로 각각 바꾸어 쓰시오.

5 Jane answered the question briefly.

동명사　　 : _____

to부정사 : _____

※ 다음 밑줄 친 부분 중 어법상 가장 어색한 것을 고르시오.

1 I'd like to <u>recommendation</u> a <u>company</u> we do <u>business</u> with <u>there</u>.
　　　　　　(A)　　　　(B)　　　　　　(C)　 (D)

2 There are a great many <u>stars</u> which <u>are</u> too far away <u>of</u> any instrument
　　　　　　　　　　(A)　　　　(B)　　　　　　(C)

to <u>detect</u>.
　　(D)

2 to부정사의 명사 역할

A 기본 개념

to부정사는 문장 속에서 목적어, 주어, 보어로 쓰인다. 이를 명사 역할이라 한다.

> I have decided **to stay at home tonight**. 〈목적어〉
> 나는 오늘 밤 집에 있기로 했다.
>
> **To see yourself on video** is very strange. 〈주어〉
> 화면 속의 자신의 모습을 보는 것은 매우 이상하다.
>
> All I wanted was **to help him**. 〈보어〉
> 내가 원한 것은 그를 돕는 것뿐이었다.

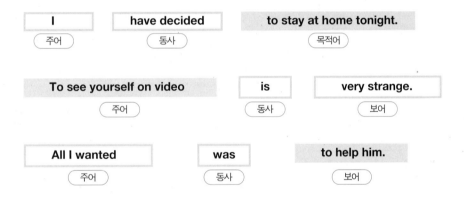

| I | have decided | to stay at home tonight. |
| 주어 | 동사 | 목적어 |

| To see yourself on video | is | very strange. |
| 주어 | 동사 | 보어 |

| All I wanted | was | to help him. |
| 주어 | 동사 | 보어 |

- I expect **to get my money back**.
  나는 돈을 돌려받기를 기대한다.
- **To play tennis in England** isn't expensive.
  영국에서 테니스 치는 것은 돈이 많이 들지 않는다.
- The best thing would be **for you to tell everybody**.
  가장 좋은 것은 네가 모두에게 말하는 것이다.

(1) 목적어

to부정사는 특정한 동사 뒤에서만 목적어로 쓰인다.

to부정사를 목적어로 취하는 동사					
cannot afford	agree	arrange	attempt	decide	expect
fail	hope	manage	offer	plan	promise
pretend	refuse	threaten	tend		

- Luckily I **managed to find** my way here all right.
  다행히 이곳으로 오는 길을 무사히 찾을 수 있었다.
- We **can't afford to go** to Australia.
  우리는 호주에 갈 경제적 여유가 없다.

(2) 가주어 it

to부정사가 주어로 쓰인 경우는 대개 it 대체를 한다.

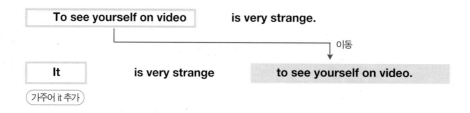

- **It** isn't expensive **to play tennis in England.**
  =**To play tennis in England** isn't expensive.

| 🖐 잠깐!! |

★ to부정사의 한계

➜ to부정사는 동명사와는 달리 전치사의 목적어로는 쓰이지 못한다.

The thief broke into the building **without being seen**.　　|옳은 표현|
그 도둑은 들키지 않고 건물로 침입했다.

The thief broke into the building *without to be seen*.　　|틀린 표현|

➜ to부정사는 5형식의 목적어로는 쓰이지 못한다.

The facilities make **living here** convenient.　　|옳은 표현|

The facilities make **it** convenient **to live here.**　　|옳은 표현|
그 시설들은 이곳에서의 생활을 편리하게 만든다.

The facilities make *to live here* convenient.　　|틀린 표현|

(3) 의문사 + to부정사

명사 역할을 하며 주로 목적어로 쓰인다.

what to부정사	무엇을 ~해야 할지	how to부정사	어떻게 ~해야 할지
when to부정사	언제 ~해야 할지	where to부정사	어디로[어디에서] ~해야 할지

- I don't know **what to wear** to this party.
  = I don't know **what I should wear** to this party.
  이 파티에서 무엇을 입어야 할지를 모르겠다.

- Matthew wants to know **how to work** the computer.
  Matthew는 컴퓨터를 어떻게 작동해야 하는지를 알고 싶어한다.

- Melanie wasn't sure **whether to ring** the doctor or not.
  Melanie는 의사에게 전화해야 할지 말아야 할지에 대해 확신이 없었다.

  cf. 〈if + to부정사〉와 〈why + to부정사〉의 표현은 없다.

3 to부정사의 형용사 역할

A 기본 모양

〈명사 + to부정사〉의 형태로 쓰인다. to부정사가 뒤에서 앞의 명사를 수식하는 형용사 역할을 한다.

> I've got **some letters to write**.
> 나는 써야 할 몇 장의 편지가 있다.
>
> I want **a machine to answer the phone**.
> 나는 전화에 응답하는 기계가 필요하다.

B 특징

(1) 〈명사 + to부정사〉 → 완전한 절

to부정사가 형용사 역할을 할 때에는 앞의 '명사와 to부정사가 함께해야 완전한 절'이 된다. 명사나 부사 역할의 to부정사는 그 자체로 완전한 절이다.

> I have decided **to stay at home tonight**. 　　　　〈명사 역할〉
> I've got **some letters to write**. 　　　　〈형용사 역할〉

○ 명사 역할이나 부사 역할의 부정사는 그 자체로 완전한 절이 된다. 그러나 형용사 역할의 부정사는 앞의 명사를 포함해야 완전한 절이 된다. to stay at home tonight는 생략된 주어 'I'만 추가되면 'I stay at home tonight'의 형태가 되어 완전한 절이 되지만 'to write'는 생략된 주어 'I'와 앞의 명사 'some letters'를 포함해야 'I write some letters'의 형태가 되어 완전한 절이 된다.

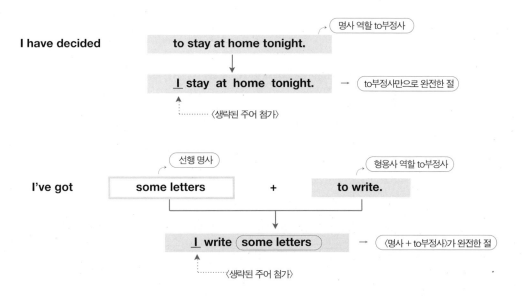

(2) 명사와 to부정사의 관계

to부정사 앞의 명사는 대개 그 to부정사의 주어나 목적어 역할을 한다.

> I've got **some letters to write.**
> I want **a machine to answer the phone.**
> **Our decision to wait** was wise. 기다리겠다는 우리의 결정은 현명했다.

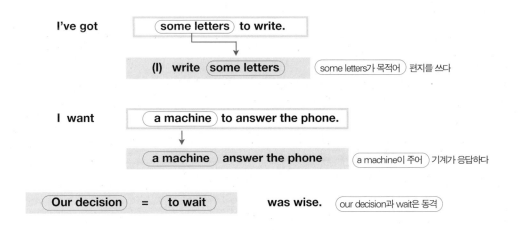

- We need **some scissors to cut the paper**. 우리는 종이를 자를 가위가 필요하다. 〈some scissors가 주어〉
- Would you like **something to read**? 너는 읽을 것을 원하니? 〈something이 목적어〉
- He has **one aim to succeed** in life. 〈aim이 동격〉
  그는 인생에서 성공한다는 단 하나의 목적을 가지고 있다.

(3) to부정사로 수식을 받는 명사들

> She has got a remarkable **ability to get things done.** | 옳은 표현 |
> 그 여자는 일을 처리하는 놀라운 능력을 갖고 있다.
>
> She has got a remarkable *ability of getting things done*. | 틀린 표현 |

to부정사로 수식을 받는 명사들							
ability	ambition	anxiety	attempt	decision	desire	effort	failure
intention	need	plan	promise	refusal	wish	first/second 등의 서수	

- The Prime Minister's **decision to resign** was welcomed by the opposition.
  사임하겠다는 수상의 결정은 반대당에 의해 환영을 받았다.
- Amelia Earhart is the **first** woman **to fly** across the Atlantic.
  Amelia Earhart는 대서양을 횡단 비행한 최초의 여성이다.

| 👆 잠깐!! |

★ to로 수식을 받지 못하는 명사
– effect, fear, habit, hope, likelihood, possibility, problem, risk, sign, thought 등의 명사들은 to부정사로 수식하면 틀린 표현이다.

He's got into **the habit of biting** his nails when he's nervous.　　| 옳은 표현 |
그는 초조할 때 손톱을 물어뜯는 습관이 있다.

He's got into *the habit to bite* his nails when he's nervous.　　| 틀린 표현 |

---

(4) 전치사 + 관계대명사 + to부정사

형용사 역할의 to부정사가 전치사로 끝날 경우 그 전치사는 관계사와 함께 to부정사 앞으로 나갈 수 있다.

> This is a house **to live in**. 　이것이 살 집이다.
>
> This is a house **in which to live**.
>
> ◯ to live in은 a house를 수식하는 형용사 역할의 to부정사이다. to부정사가 전치사 in으로 끝나고 앞의 a house는 in의 목적어이다. 이런 경우는 in을 관계대명사와 함께 to부정사 앞으로 보낼 수 있다.

- I need a pencil to write **with**. 　나는 쓸 연필이 하나 필요하다.
  = I need a pencil **with which** to write.
- John is the only man to depend **on**. 　John은 믿을 수 있는 유일한 사람이다.
  = John is the only man **on whom** to depend.

※ 다음 문장의 to부정사를 찾고, to부정사가 주어, 목적어, 보어 중 어느 것으로 쓰였는지 쓰시오.

1 I told the salesman that I couldn't afford to pay more than $1,000.

2 It isn't necessary to have your car serviced every month.

3 The salesman expected to get at least $1,750 for the car.

4 The purpose of the organization is to produce valuable goods and sell them.

5 We were wondering where to park the car.

※ 다음 밑줄 친 부분을 바르게 고쳐 쓰시오.

6 I managed <u>look</u> at the car quickly before the salesman came out of his office.

7 I seriously considered <u>resign</u>.

8 Instead of <u>be</u> excited about the good news, Tom seemed to be indifferent.

9 Their cooperation made <u>work</u> together easy.

10 Then I decided <u>try</u> something different.

11 She hopes <u>go</u> to university next year.

12 Have you got a key <u>lock</u> this door?

13 He has no ability <u>solve</u> the problem.

14 The salesman, of course, refused <u>accept</u> such a miserable little offer.

15 My parents appreciated <u>receive</u> the thank-you note you sent them.

16 He couldn't avoid <u>hit</u> the small dog that suddenly darted out in front of his car.

※ 다음 빈칸에 들어갈 알맞은 말을 고르시오.

1 The office staff decided _____ a retirement party for Dolores.

(A) having had　　　　　　(B) to have had

(C) to have　　　　　　　(D) having

2 Did the teacher explain how _____ this problem?

(A) do we solve　　　　　(B) can we solve

(C) to solve　　　　　　　(D) solve

3 Jack offered _____ care of my garden while I was out of town.

(A) take　　　　　　　　(B) taking

(C) to have taking　　　　(D) to take

4 It is important _____ care of your health.

(A) to take　　　　　　　(B) to being taken

(C) take　　　　　　　　(D) taken

5 M. Byrne became the first woman _____ elected mayor of Chicago.

(A) who she　　　　　　(B) she was

(C) was to　　　　　　　(D) to be

6 She realized that there were few chances for independent artists _____ their works.

(A) which exhibit or sell　　(B) to exhibit or sell

(C) exhibit or sell　　　　　(D) exhibited or sold

※ 다음 밑줄 친 부분 중 어법상 가장 어색한 것을 고르시오.

7 It is extremely important for an engineer to know to use a computer.
　　　(A)　　　　　(B)　　　　　　　　(C)　　　　　(D)

8 Women were at the center of efforts expanding and improve educational
　　　　　(A)　　　(B)　　　　　　(C)　　　　　　　　(D)

opportunities.

4 to부정사의 부사 역할

A 목적

부사의 역할 중 가장 기본적인 역할이 '동사/문장 수식'이다. to부정사도 이 역할을 하는데 이때에는 「~하기 위하여」라는 목적의 의미를 갖는다. to부정사 앞에 in order나 so as를 추가해서 많이 쓴다.

> ### I'm going out **to do some shopping**.
> 나는 쇼핑하기 위해 외출할 것이다.

- She's saving up **to buy** a motor bike.
  그녀는 오토바이를 사기 위해 저축하고 있다.
- I went to a restaurant **to have** some lunch.
  나는 점심을 먹기 위해 음식점으로 갔다.
- I went to Paris **in order to learn** French.
  나는 불어를 배우기 위해 파리로 갔다.
- We left early **so as to have** plenty of time.
  우리는 충분한 시간을 갖기 위해 일찍 떠났다.
- **To make** bricks, workers press clay into blocks and bake them.
  벽돌을 만들기 위해 일꾼들은 점토를 판 안에 넣어 그것을 굽는다.

➡ 결과: to부정사가 앞 뒤 문맥상 '결과'를 나타낼 때는 「그래서 ~하다」로 해석한다.

- The drunken man awoke **to find** himself in a ditch.
  그 술 취한 사람은 깨어나서 자기가 도랑에 있음을 발견했다.
- His son grew up **to become** a doctor.
  그의 아들은 성장하여 의사가 되었다.
- She left home, **never to return** again.
  그녀는 고향을 떠났고 다시는 돌아오지 못했다.

B 감정 형용사 + to부정사

to부정사가 감정형용사 뒤에서 그 '감정 형용사의 원인을 설명' 하는 역할을 한다.

I'm very **pleased to see** you.
나는 너를 만나서 매우 기쁘다.

to부정사와 잘 어울리는 감정 형용사들						
alarmed	angry	disappointed	delighted	glad	happy	lucky
surprised	sorry	sad	upset			

- I was **disappointed to hear** that you didn't pass the exam.
  나는 네가 시험에 떨어졌다는 소리를 듣고 낙담하였다.
- He'll be **surprised to get** your letter.
  그가 너의 편지를 받으면 놀랄 것이다.
- I'm **sorry to say** that our efforts have failed.
  우리의 노력이 결실을 거두지 못했다고 말하게 되어 유감이다.

C difficult / hard / easy … + to부정사

easy 등의 형용사 뒤에 to부정사가 쓰여서 그 '형용사의 실제적 주어 역할' 을 한다.

It was **difficult to find the house**.
그 집을 찾는 것은 어려웠다.
The house was **difficult** to find.

●과 ❷의 조건이 갖춰진 문장은 다음 문장처럼 바꿔 쓴다.

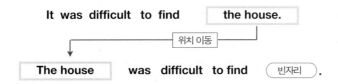

difficult 유형의 형용사들							
difficult	hard	easy	impossible	dangerous	pleasant	amusing	nice

- **He** is **easy** *to please.*

  = It is easy to please him.

  그를 즐겁게 하는 것은 쉽다.

- **The problem** is **impossible** *for you to solve.*

  = It is impossible for you to solve the problem.

  네가 그 문제를 푸는 것은 불가능하다.

- **The girl** is **pleasant** *to talk to.*

  = It is pleasant to talk to the girl.

  그 여자애와 대화하는 것은 유쾌하다.

이 유형의 특징

to부정사에는 반드시 타동사(또는 자동사 + 전치사)가 쓰여야 하고, 그 타동사에는 '목적어'가 없어야 한다. 왜냐하면 목적어가 이미 문장 전체의 주어로 쓰였기 때문이다.

The house was difficult	to find ∮.	목적어 없는 타동사
He is easy	to please ∮.	

to부정사가 성품 형용사 뒤에서 그 성품에 대한 근거를 나타내며 「~하다니」로 해석한다. 이 구문도 It을 주어로 하는 문장으로 전환할 수 있다.

He was **kind to help** us. 우리를 도와주다니 그는 친절했다.
It was **kind of him to help** us.

❶, ❷, ❸의 조건이 갖춰진 문장은 다음처럼 바꿔 쓴다.

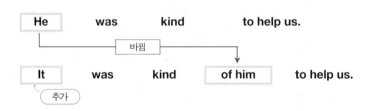

성품 형용사							
brave	careless	clever	foolish	generous	good	kind	nice
polite	right	wrong	rude	selfish	silly	stupid	unkind
unselfish	wicked						

- It was **foolish of Joan not to accept** their offer.
  = Joan was foolish not to accept their offer.
  그들의 제안을 받아들이지 않다니 Joan은 어리석었다.

- It was **stupid of me to say** that.
  = I was stupid to say that.
  그렇게 말하다니 나는 바보였다.

- It was very **careless of you to lose** the documents.
  = You were very careless to lose the documents.
  그 서류를 잃어버리다니 너는 매우 부주의했다.

★ 〈of 목적격〉과 〈for 목적격〉의 구별

It was difficult **for Joan** to find the house. Joan이 그 집을 발견하는 것은 어려웠다.
It was foolish **of Joan** not to accept their offer.
Joan이 그들의 제안을 받아들이지 않다니 어리석었다.

→ 결과적으로만 보면 첫 번째 문장처럼 일반형용사(difficult)가 오면 for Joan으로 쓰고, 두 번째 문장처럼 성품 형용사
   (foolish)가 오면 of Joan으로 쓴다.

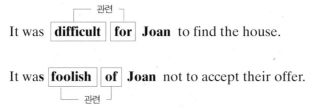

E 〈be + able + to부정사〉 유형

특정한 형용사 뒤에 to부정사가 와서 〈형용사 + to부정사〉가 관용적 표현으로 굳어진다.

David **is able to read** Chinese. David은 중국어를 읽을 수 있다.

◐ be able 뒤에 to read Chinese라는 to부정사가 쓰였지만 이를 〈be able + to부정사〉로 보지 않고 〈be able to + 동
사원형〉으로 간주한다. be able to가 조동사처럼 굳어진 표현으로 쓰인다.

be able	+	to read	➡	be able to	+	read
be + 형용사		to부정사		조동사		동사원형

be about to	be afraid to	be anxious to	be careful to	be determined to
be due to	be eager to	be free to	be going to	be keen to
be likely to	be ready to	be reluctant to	be sorry to	be sure to
be willing to				

- They **are willing to help**. 그들은 기꺼이 돕는다.
- He's **(un)likely to arrive** a bit late. 그는 조금 늦게 도착할 것 같다/같지 않다.
- He **is eager to please**. 그는 남을 즐겁게 하고 싶어 한다.
- The president **is anxious** not **to have** another crisis. 사장은 또 다른 위기를 겪고 싶지 않다.

to부정사와 함께 관용적으로 쓰이는 부사들이 있다.

> He is **too** weak **to lift the stone**. 그는 그 돌을 들기에는 너무 약하다.
> He's strong **enough to lift the stone**. 그는 그 돌을 들어 올릴 만큼 튼튼하다.

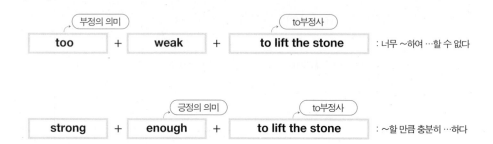

| 부정의 의미 | | to부정사 | |
| **too** + | **weak** + | **to lift the stone** | : 너무 ~하여 …할 수 없다 |

| | 긍정의 의미 | to부정사 | |
| **strong** + | **enough** + | **to lift the stone** | : ~할 만큼 충분히 …하다 |

- The race was almost **too** exciting **to watch**.
  그 경주는 너무 흥분되어 지켜볼 수가 없었다.
- I'm **too** tired **to stay** up longer.
  나는 너무 피곤하여 더 이상 앉아 있을 수 없다.
- The pear is ripe **enough** (for me) **to eat**.
  그 배는 (내가) 먹을 수 있을 만큼 충분히 익었다.
- There's not **enough** work for me **to do**.
  내가 할 일이 충분히 있지 않다.

| 👆 잠깐!! |

★ too ~ to 구문에서 to부정사의 목적어가 전체 주어와 일치할 때에는 그 목적어를 생략한다.

He is too weak to lift **the stone**. |옳은 표현| – the stone과 He는 다른 단어
He is too heavy (for me) to lift *him*. |틀린 표현| – him이 전체 주어 He와 일치하므로 him을 삭제
그는 너무 무거워 (내가) 들어 올릴 수 없다.

★ too ~ to 구문을 so ~ that 구문으로 바꿀 때에는 목적어를 반드시 써야 한다.

He is **so** weak **that** he can't lift **the stone**.
He is **so** heavy **that** I can't lift **him**.   ⎤ |옳은 표현| – him을 생략해서는 안 됨

※ 다음 밑줄 친 부분을 바르게 고치고, 문장 전체를 우리말로 옮겨 쓰시오.

1 He isn't old enough <u>drive</u> a car.

2 We turned down the music <u>not disturb</u> the neighbors.

3 I was pleased <u>hear</u> that you had passed your exam.

4 It's too early for us <u>have</u> dinner.

5 It was silly of me <u>forget</u> the tickets.

※ 다음 틀린 부분을 찾아 바르게 고쳐 쓰시오.

6 John is too heavy for me to lift him.

7 He is not enough intelligent to pass the exam.

※ 다음 두 문장의 의미가 같도록 빈칸에 알맞은 말을 쓰시오.

8 You were kind to lend me the money.

= _____ was kind _____ you to lend me the money.

9 It is easy to drive the car.

= _____ _____ is easy to drive.

※ 다음 to부정사를 찾고, 문장 속에서 명사, 형용사, 부사 중 어떤 역할을 하는지 밝혀 쓰시오.

10 I need some new clothes to wear to the party.

11 May I change the TV channel, or do you want to watch more of this program?

12 It is quite difficult to live on your own if you are used to being with a lot of people.

13 I went to the hairdresser's to have a haircut.

14 The choice of where to build the nest is based on the branch itself.

※   다음 빈칸에 들어갈 알맞은 말을 고르시오.

1   It has become necessary _____ water in the metropolitan area because of the severe drought.

(A) rationing   (B) ration

(C) to have rationed   (D) to ration

2   Do you have _____ a vacation right now?

(A) enough money for taking   (B) enough money to take

(C) money enough for taking   (D) too money to take

3   I think it's _____ late to get tickets to the concert. I heard they were all sold.

(A) very   (B) enough

(C) too   (D) so

4   The shower is easy _____.

(A) of installing   (B) to install

(C) to install it   (D) to installed

5   It was stupid _____ to forget my keys.

(A) me   (B) for me

(C) of me   (D) my

※   다음 밑줄 친 부분 중 어법상 가장 어색한 것을 고르시오.

6   A stunt man is often able for working only two weeks a month because of
                            ___(A)___   ___(B)___   ___(C)___

the injuries he suffers on the job.
                      ___(D)___

7   The boys were very busy to help me clean out the garage, so I did it myself.
                  ___(A)___   ___(B)___   ___(C)___   ___(D)___

126_ Chapter 13

5 동사＋목적어＋(to)부정사

A 기본형

〈동사 + 목적어 + (to)부정사〉의 중요한 형식이 있다. 이 형식은 동사에 의해 결정된다.

> They **allow** their children **to stay up** late at weekends.
> They **let** their children **stay up** late at weekends.
> 그들은 자녀들이 주말에는 늦게 자도록 허용한다.

They ┌ 특별동사 I ┐ allow their children ┌ to부정사 ┐ to stay up late at weekends.

They let their children stay up late at weekends.
       └ 특별동사 II ┘   └ 원형부정사 ┘

〈목적어＋to부정사〉를 취하는 특별동사 I						
ask	allow	advise	cause	expect	enable	encourage
forbid	force	get	help	lead	order	persuade
permit	remind	recommend	require	teach	tell	warn want

- I **asked** Tom **to help** me. 나는 Tom에게 나를 도와달라고 부탁했다.
- **Remind** me **to phone** Ann tomorrow. 내일 Ann에게 전화하도록 나에게 상기시켜 줘.
- He **warned** me **not to touch** anything. 그는 나에게 아무 것도 만지지 말라고 경고했다.

〈목적어＋원형부정사〉를 취하는 특별동사 II						
사역동사	make	let	have			
지각동사	see	watch	observe	notice	hear	feel
기타 동사	help (help는 to부정사나 원형부정사 모두 다 쓸 수 있음)					

- Will you **let** me **use** your camera? 내가 너의 카메라를 사용하도록 허락해 줄래?
- They **saw** the lights **come** on. 그들은 빛이 켜진 것을 보았다.
- Vicky **helped** me **(to) choose** a present. Vicky는 내가 선물 고르는 것을 도와주었다.

〈동사 + 목적어 + to부정사〉에서 목적어와 to부정사와의 관계
– to부정사 앞의 '목적어'는 to부정사의 '주어' 역할을 한다.

- I **expect to be late**.   동사＋to부정사   형식   ➡ 나는 (내가) 늦을 거라고 예상한다.
- I **expect him to be late**.   동사＋목적어＋to부정사   형식 ➡ 나는 그가 늦을 거라고 예상한다.

- I **asked to see** the manager.   ➡ 나는 관리자를 면담하기를 요청했다.
- I **asked Tom to help** me.   ➡ 나는 Tom이 나를 도와주기를 요청했다.

B   수동형

〈동사 + 목적어 + (to)부정사〉의 수동형은 〈be p.p. + to부정사〉가 된다.

I was encouraged to work hard at school.
↑——They **encouraged me to work** hard at school. 〈동사＋목적어＋to부정사〉
나는 학교 다닐 때 공부를 열심히 하라고 격려 받았다.

He **was watched to climb** through the window.
↑——I **watched him climb** through the window.   〈동사＋목적어＋원형부정사〉
그가 창문을 통해 올라가는 것이 목격되었다.

➲ 첫 번째 문장은 to부정사를 취하는 특별동사 I (encourage)의 수동형이고, 두 번째 문장은 '원형부정사'를 취하는 특별동사 II (watch)의 수동형이다. 능동형은 to부정사와 원형부정사 두 가지가 있지만 수동형은 모두 〈be＋특별동사의 과거분사 + to부정사〉로 하나이다.

They encouraged me | to work | hard at school.

➡ I was encouraged | to work | hard at school.   to부정사 ➡ to부정사

I watched him | climb | through the window.

➡ He was watched | to climb | through the window.   원형부정사 ➡ to부정사

6 원형부정사

A 원형부정사의 모양

to부정사에서 to를 뺀 동사원형만을 원형부정사(bare infinitive)라고 한다.

- Your jokes always make me **laugh**. 너의 농담은 항상 나를 웃게 만든다.

B 원형부정사의 쓰임

① 조동사 뒤(조동사에서 언급), ② 사역·지각동사 뒤(앞에서 이미 언급), ③ 관용표현에서 쓰인다.

> I **must speak** to the manager. 나는 그 관리자에게 말을 해야 한다.
> They **let** their children **stay up** late at weekends.
> 그들은 주말에는 자녀들이 늦게 자는 것을 허용한다.
> I **could not but admire** her. 나는 그녀를 존경할 수밖에 없었다.

to부정사와 원형부정사를 구분해서 써야 하는 관용표현	
cannot (help) but + 원형부정사	: ∼할 수 밖에 없다
do nothing but + 원형부정사	: ∼하기만 하다
have no choice/alternative but + to부정사	: ∼외에 다른 대안이 없다
know better than + to부정사	: ∼할 만큼 어리석지 않다
(All he did) was + to부정사/원형부정사	: (그가 한 것은) ∼뿐이었다

- She **did nothing but complain**. 그녀는 불평만 했다.
- We **had no choice but to destroy** the animal. 우리는 저 동물을 죽일 수밖에 없었다.
- Eva **knew better than to interrupt** one of Mark's jokes.
  Eva는 Mark의 농담을 중단시킬 만큼 바보는 아니었다.
- **All she can do is (to) bake** a cake. 그녀가 할 수 있는 일이란 빵을 굽는 일 뿐이다.

※ 다음 밑줄 친 부분을 바르게 고쳐 쓰시오.

1 The sudden noise caused me <u>jump</u>.

2 He doesn't allow <u>smoke</u> in his house.

3 She wouldn't let me <u>read</u> the letter.

4 We all heard the bomb <u>go</u> off.

5 Annie's parents told her <u>go</u> to bed at 9 o'clock.

※ 다음 주어진 말로 시작하는 수동태로 바꾸어 쓰시오.

6 They expected Mary to sing an aria.
   → Mary _____ .

7 I saw him smash the bottle.
   → He _____ .

※ 다음 〔　〕안에서 알맞은 말을 고르시오.

8 Having a car enables you [travel / to travel] around more easily.

9 She could not but [laugh / to laugh].

10 Peter has been taught [sing / to sing] for many years.

11 We had no choice but [accept / to accept] the majority decision.

12 The public must be made [take / to take] notice of us.

13 I saw Tom get into his car and [drive / to drive] away.

14 Jack and Martha could be heard [argue / to argue] in the next room.

※ 다음 빈칸에 들어갈 알맞은 말을 고르시오.

1 I expect Mary _____ here early tonight. She should arrive in the next half hour.

(A) to come (B) coming

(C) having come (D) to have come

2 It seeks to enable them _____ between a career and the home.

(A) choose (B) choosing

(C) to choose (D) be chosen

3 Children should be encouraged _____ their individual interests.

(A) develop (B) to be developed

(C) to develop (D) developing

4 They _____ to visit Janet in hospital.

(A) allowed (B) offered

(C) let (D) avoid

※ 다음 문장의 밑줄 친 부분 중 어법상 가장 <u>어색한</u> 것을 고르시오.

5 The desire to make a profit motivates business executives organizing and
　　　　　　　(A)　　　　　　(B)　　　　　　　　　　　　(C)

operate their firms efficiently.
　　　　(D)

6 The landowners threw free peasants off their farms, causing them wandered
　　　　　　(A)　　　　　　　　　　　　(B)　　　　　　　　　(C)

the countryside as day laborers.
　　　　　　(D)

7 After killing his victim, the suspect was seen hurry away from the scene
　　　　(A)　　　　　　　　　　(B)　　　　　(C)

of the crime.
　(D)

A to부정사의 완료형

to부정사의 시제가 본동사의 시제보다 '앞선 과거'일 때, 그래서 두 시제의 차이를 꼭 구분해야 할 필요가 있을 때에는 제한적이긴 하지만 to부정사를 완료형인 〈to have p.p.〉로 쓴다.

> He seems **to be** ill. 그는 아픈 것 같다.
> He seems **to have been** ill. 그는 아팠던 것 같다.

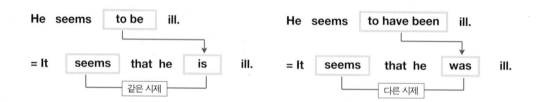

- She *is* believed **to have gone** to the USA.
  = It *is* believed that she **has gone/went** to the USA.
  사람들은 그녀가 미국으로 갔다고 생각한다.
- Simon *is* alleged **to have assaulted** a police officer.
  = It *is* alleged that Simon **assaulted** a police officer.
  Simon이 경찰관을 폭행했다고 그들이 주장했다.

hoped + 완료부정사

희망·의도를 나타내는 동사(hope, intend, mean, (would) like to)가 과거형으로 쓰이고, 그 뒤에 완료부정사가 오면 '과거의 이루지 못한 소망'을 나타내며 「~하려고 했었는데」로 해석된다.

- I **hoped to have called** on you. 나는 너를 방문하려고 했었는데. – 실제로는 그러지 못함
  = I **had hoped to call** on you.
- I **would like to have seen** it. 그것을 보기를 바랐었는데. – 실제로는 보지 못함

B 부정(否定)

to부정사의 부정은 to부정사 / 원형부정사 앞에 not을 추가하면 된다.

> ### It is my principle **not to tell** lies.
> 거짓말하지 않는 것이 나의 신조이다.

- I was warned **not to touch** anything.
  아무 것도 만지지 말라는 주의를 들었다.
- He hurried so as **not to be** late for school.
  그는 학교에 지각하지 않으려고 서둘렀다.

C 수동

to부정사가 수동의 의미일 때에는 수동태를 쓴다.

> ### When I told Tim the news, he seemed **to be surprised**.
> 내가 Tim에게 그 소식을 말했을 때 그는 놀란 것 같았다.

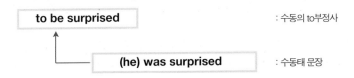

to be surprised : 수동의 to부정사

(he) was surprised : 수동태 문장

- The mail is supposed **to be delivered** at noon.
  그 우편은 정오에 배달될 예정이다.
- The new students hope **to be included** in many of the school's social activities.
  신입생들은 학교 여러 사회 활동에 가입되기를 희망한다.

D 대부정사

to부정사가 반복될 때 전체를 반복하지 않고 to만 반복한다.

> ### You can stay here if you want **to**. 네가 원한다면 이곳에 머물러도 좋다. 〈to = to stay here〉

- Would you like to come to a party? — I'd love **to**. 〈to = to come to a party〉
  파티에 오실래요? – 그러고 싶습니다.

- Don't go there unless you want **to**. 〈to = to go there〉
  가고 싶지 않다면 그곳에 가지마라.

- There are more cars than there used **to be**. 전에 보다 지금 자동차가 더 많다.

  ● to 뒤의 동사가 be동사이면 그 be동사는 생략하지 않는다.

E Be to 용법

〈be + to부정사〉가 〈be to + 동사원형〉의 형식으로 될 때 be to 용법이라고 한다. 이때 be to는 '조동사 역할' 을 한다.

> Their daughter **is to be** married soon.
> 그들의 딸이 곧 결혼할 것이다.

Their daughter │ is to │ be married soon.   〔조동사 역할〕

be to용법의 다양한 의미

용법	예문
미래, 예정	He **is to leave** today. 그는 오늘 떠날 예정이다. He introduced me to the woman who **was to be** his wife. 그는 나를 아내가 될 여자에게 소개했다.
강제 (should보다 온건)	You **are to be** back by 10 o'clock. 너는 10시까지 돌아와야 한다. You **are** not **to smoke** here. 여기서는 담배를 펴서는 안 된다.
의도	If he's **to succeed** in his new profession, he must try harder. 그가 새 직업에서 성공하려면 더 열심히 노력해야 한다.
운명 (주로 과거시제)	He **was** never **to see** his son again. 그는 아들을 만날 수 없는 운명이었다. He **was** eventually **to end** up in bankruptcy court. 그는 결국 파산 법정에서 인생을 마감하게 되었다.
가능 (보통 부정문에서, 수동태와 함께)	No one **was to be** seen on the street. 도로에서는 아무도 볼 수가 없었다. The watch **was** not **to be** found anywhere. 그 시계는 어디에서도 찾을 수 없었다.

Review TEST 1

※ 다음 〔 〕 안에서 알맞은 말을 고르시오.

1 He entered the hall though I ordered him [not to / to not / not].

2 She seems to [be / have been] pretty when young.

3 The children appear [to excite / to be excited] about the trip.

4 He hurried to the station [not in order to / in order not to] miss the train.

5 The accident seems to [happen / have happened] at around 1.00 p.m. yesterday.

6 Jack got into trouble when he refused [to open / to be opened] his briefcase for the customs officer.

7 You [had better not / had not better] go out with such a man.

8 The meeting was [to / to be] held the following week.

Review TEST 2

※ 다음 빈칸에 들어갈 알맞은 말을 고르시오.

1 Can you hear that strange noise? It seems _____ every time I turn on the tap.
(A) to happen   (B) to have happened
(C) be happened   (D) have happened

2 The Etruscans are believed _____ in Italy in the 8th or 9th century B.C.
(A) to arrive   (B) to have arrived
(C) be arrived   (D) have arrived

3 I admit that I took her watch, but I didn't mean _____.
(A) took it   (B) to take
(C) taking it   (D) to

8 동명사 or to부정사

동명사와 to부정사는 각각 그 고유의 의미가 있고, 이들은 특정한 동사 뒤에서 그 차이가 더욱 두드러진다.

동명사와 to부정사의 기본적 차이

동명사의 고유 의미	to 부정사의 고유 의미
이루어진 발생 (performance)	발생 가능성 (potentiality)
과거나 현재, 그리고 이에 바탕을 둔 일반적 사실 등을 나타낸다.	미래, 미실현, 상상 등을 나타낸다.

특정한 동사들

동명사와 to부정사를 목적어로 취하되 각각의 경우 뜻이 다른 동사	
remember, forget, regret	+ to부정사 : 앞으로 발생할 미래
	+ 동명사 : 이미 발생한 과거

A   Remember, Forget

I **remember going** to the 1972 Olympics.   나는 1972년 올림픽에 갔었던 것을 기억한다.

I **remember to post** this letter today. It's important.
나는 오늘 이 편지를 부칠 것을 기억해야 한다. 중요한 편지이다.

remember〔forget〕+ 동명사	➡	과거 : ~한 것을 기억하다(잊다)
remember〔forget〕+ to부정사	➡	미래 : ~할 것을 기억하다(잊다)

- I'll never **forget flying** over the Grand Canyon. It was wonderful.
  나는 비행기로 그랜드 캐니언 위를 날았던 것을 결코 잊을 수 없다. 너무 멋졌다.
- The clothes are still dirty because I **forget to switch** on the machine.
  내가 세탁기의 스위치 켜는 것을 잊었기 때문에 그 옷들은 아직도 더럽다.

B   Stop

They **stopped showing** films there.   그들은 그곳에서 영화 상영하는 것을 중단했다.

He **stopped to tie up** his shoelaces.   그는 신발 끈을 묶기 위해 하던 일을 중단했다.

| stop + 동명사 | ➡ | stop은 타동사, 동명사는 목적어 | : ~를 멈추다 |
| stop + to부정사 | ➡ | stop은 자동사, to부정사는 부사적 용법 | : ~하기 위해 하던 일을 멈추다 |

- There's too much noise. Can you all **stop talking**, please?
  너무 시끄럽다. 너희들 모두 대화를 중단해 줄래?
- An old man walking along the road **stopped to talk** to us.
  길을 따라 걷던 한 할아버지가 우리에게 말을 걸기 위해 발걸음을 멈추었다.

C Try

I **tried to run** this computer program.   나는 이 컴퓨터 프로그램을 실행시키려 했다.
I **tried clicking** on the box, but it didn't work.
나는 그 박스에서 마우스를 눌러보았으나 소용이 없었다.

| try + 동명사 | ➡ | ~를 시험 삼아 해보다 | : 동명사의 내용이 실제로 이루어졌음 |
| try + to부정사 | ➡ | ~를 하려고 애쓰다 | : to부정사의 내용은 아직 이루어지지 않았음 |

- I've got a terrible headache. I **tried taking** an aspirin, but it didn't help.
  나는 두통이 너무 심하다. 아스피린을 먹어보았으나 도움이 되지 않았다.
- I was very tired. I **tried to keep** my eyes open, but I couldn't.
  나는 매우 피곤했다. 눈을 뜨려고 했으나 그럴 수 없었다.

D 그 밖의 동사

- I **regret telling** you that John stole it.
  John이 그것을 훔쳤다고 너에게 말한 것을 후회한다.   〈regret + 동명사 : ~을 후회하다〉
- I **regret to tell** you that John stole it.
  John이 그것을 훔쳤다고 너에게 말하게 되어 유감이다.   〈regret + to부정사 : ~하게 되어 유감이다〉
- I'm applying for visa. It **means filling** in this form.
  나는 비자를 신청할 것이다. 그것은 이 서식을 채워야 한다는 뜻이다.   〈mean + 동명사 : ~을 뜻하다〉
- I think Nick **meant to break** that glass.
  나는 Nick이 그 유리창을 깨뜨릴 의도였다고 생각한다.   〈mean + to부정사 : ~을 의도하다〉

Review
TEST 1

※   다음 밑줄 친 부분을 바르게 고쳐 쓰시오.

1   You said Ken was stupid. — I don't remember <u>say</u> that.

2   When I go shopping I must remember <u>buy</u> some bread.

3   I'll try <u>come</u> to the meeting, but I'm not sure if I'll be able to.

4   I'm a vegetarian. I stopped <u>eat</u> meat 5 years ago.

5   I'll never forget <u>visit</u> Istanbul in 1983.

6   I tried <u>push</u> the car up the hill, but I couldn't move it.

7   If you want to develop inner tranquility, you have to stop <u>bother</u> by every little thing that happens.

8   I don't mean <u>disappoint</u> you, but I'm afraid we can't show you the end of the film.

Review
TEST 2

※   다음 빈칸에 들어갈 알맞은 말을 고르시오.

1   I always try _____ my bills on time, but sometimes I'm a little late.
   (A) paying   (B) to paying
   (C) to pay   (D) pay

2   If we leave now for our trip, we can drive half the distance before we stop _____ lunch.
   (A) having   (B) to have
   (C) having had   (D) for having

3   The letter said, "I regret _____ you that your application has been denied."
   (A) informing   (B) to informing
   (C) to inform   (D) inform

※   다음 빈칸에 들어갈 알맞은 말을 고르시오.

1   Shelley sent me an e-mail in order _____ me that the meeting had been canceled.

(A) informing   (B) to inform

(C) for inform   (D) that inform

2   I don't blame you for not _____ outside in this awful weather.

(A) wanting to go   (B) wanting go

(C) want to go   (D) to want go

3   I absolutely refuse _____ part in anything that's illegal.

(A) to take   (B) taking   (C) take   (D) took

4   Could you please come over? I need you _____ the refrigerator.

(A) to help me moving   (B) to help me move

(C) helping me to move   (D) help me to move

5   Tommy admitted _____ the rock through the window.

(A) throwing   (B) to throw

(C) being thrown   (D) to be thrown

6   I got Barbara _____ her car for the weekend.

(A) to let me to borrow   (B) to let me borrow

(C) let me borrow   (D) let me to borrow

7   Missing the train means _____ for an hour.

(A) waiting   (B) to wait   (C) waited   (D) wait

8   I don't know _____ the meat for the lamb stew.

(A) where buy I   (B) I buy where

(C) where to buy   (D) to buy

9 The municipal authorities advised _____ all drinking water during the emergency.

    (A) to boil   (B) to be boiled

    (C) boiling   (D) boil

10 The prisoners are thought _____ through a broken window last night.

    (A) to have escaped   (B) to have been escaped

    (C) of having escaped   (D) to escape

11 He has no house _____.

    (A) in which to live   (B) which to live in it

    (C) to live   (D) which he can live

12 The new machinery was introduced in an effort _____ labor costs.

    (A) cutting   (B) to cut

    (C) of cutting   (D) be cut

13 He asked _____ as the person who donated the money.

    (A) not to name

    (B) not to be named

    (C) to not name

    (D) to not be named

14 Alex will never forget _____ his first helicopter ride.

    (A) taking   (B) to take

    (C) to taking   (D) take

15 We dislike _____ dinner at 9:00 p.m.

    (A) eat   (B) to eat

    (C) eating   (D) to eating

16 My roommate says I have a terrible voice, so I stopped _____ in the shower.

(A) sing   (B) to sing   (C) singing   (D) to singing

17 I am glad that my company sent me to another country to study. I am very pleased _____ the opportunity to learn about another culture.

(A) to give   (B) to be given

(C) to have given   (D) to have been given

18 Once in a chat room, others can contact you by e-mail. Some online services monitor their chat rooms and encourage children _____ the offensive chatter.

(A) report   (B) to report

(C) reporting   (D) have reported

19 Peter _____ by Mr. Price for many years.

(A) has been taught to sing   (B) has taught to sing

(C) taught to be sung   (D) was taught to be sung

20 Amoebas are _____ small to be seen without a microscope.

(A) as far as   (B) far and

(C) far too   (D) so far

21 It was careless _____ you not to lock the door.

(A) for   (B) with

(C) by   (D) of

22 He _____ it was a noisy metaphor for the relative profiles of the movies and literature.

(A) could help but thinking   (B) could help think which

(C) couldn't help think that   (D) couldn't help but think

23 Almost everyone fails _____ the driver's test on the first try.

    (A) passing   (B) to have passed

    (C) to pass   (D) in passing

24 I _____ away my old toys.

    (A) told to throw   (B) told to be thrown

    (C) was told throwing   (D) was told to throw

25 John Stobbard has written his first new play for 15 years. Its first performance _____ at the New Victoria Theater.

    (A) is stage   (B) to stage

    (C) is to stage   (D) is to be staged

※   다음 밑줄 친 부분 중 어법상 가장 적절한 것을 고르시오.

26 (A) Someone must have taken my bag, I distinctly remember <u>to leave</u> it by the window, and now it's gone.

    (B) I have to go now. I promised <u>not being late</u>.

    (C) The windows are dirty. They need <u>washing</u>.

    (D) It might rain. We'd better <u>to take an umbrella</u>.

27 (A) The book was so good <u>that I couldn't put down</u>.

    (B) I believe that what I said was fair. I don't regret <u>to say</u> it.

    (C) We tried <u>putting</u> the fire out, but we were unsuccessful. We had to call the fire department.

    (D) The wallet was too big <u>to put in my pocket</u>.

1 다음 글의 [ ] 안에서 알맞은 것을 고르시오.

If you were indeed to build a house, you [would find / would find it] helpful to have a set of directions to guide you in its construction. You would need to know, for example, where the walls and support beams should be placed.

2 다음 글의 빈칸에 알맞은 말을 바르게 짝지어진 것은?

One of the best ways to learn about maps is to make one of your own. You will need _____ the area which you want to map out. Be sure to include symbols, like a picnic table to represent a park or a flag to represent a school. Don't forget _____ other important information in your legend.

① to choose — to include   ② to choose — including
③ choosing — to include   ④ choosing — including

3 다음 글의 [ ] 안에서 알맞은 것을 고르시오.

In a national poll, 62 percent of Americans surveyed admitted being [so / too] busy to sit down for a meal. Many reported eating lunch while working at their desks or eating while driving. But this practice is unhealthy. It tends to make us fat.

4 다음 글에서 잘못된 곳을 찾아서 바르게 고쳐 쓰시오.

Good conversation means sharing ideas and feelings. This means everyone should have a turn to say something. If you usually talk more than half the time, that may be too much. Ask a question of another person. Then stop to talk and listen.

5 수능맛보기 다음 글의 흐름으로 보아, 밑줄 친 부분 중 어법상 가장 어색한 것은?

Imagine your brain as a house filled with lights. Now imagine someone ① turning off the lights one by one. That's ② what Alzheimer's disease does. It turns off the lights, so that the flow of ideas, emotions and memories from one room to the next ③ slows and eventually ceases. And sadly, as anyone who has ever watched a parent or a spouse ④ to yield to the spreading darkness knows, there is no way to stop the lights ⑤ from going off, no way to switch them back on once they've grown dim.

* Alzheimer's disease 노인성 치매

6 수능맛보기 (A), (B), (C) 각 네모 안에서 어법에 맞는 표현을 골라 바르게 짝지은 것은?

On most subway trains, the doors open automatically at each station. But when you are on the Metro, the subway in Paris, things are different. I watched a man on the Metro (A) try / tried to get off the train and fail. When the train came to his station, he got up and stood patiently in front of the door, waiting for it (B) opened / to open. It never opened. The train simply started up again and went on to the next station. In the Metro, you have to open the doors yourself by pushing a button, depressing a lever or (C) slide / sliding them.

	(A)		(B)		(C)
①	try	......	opened	......	sliding
②	try	......	opened	......	slide
③	try	......	to open	......	sliding
④	tried	......	to open	......	slide
⑤	tried	......	opened	......	sliding

14
분사(Participles) &
분사구문(Participle Structures)

이 단원에서 중점을 두고 공부할 부분은?

_ 분사의 모양과 역할
_ -ing와 -ed의 구분
_ 분사구문의 모양과 역할
_ 분사구문의 주어 찾기
_ 분사구문에서 -ing와 -ed의 구분
_ 분사구문의 기타 특징

If one advances confidently in the directions of his dreams,
and endeavors to live the life which he has imagined,
he will meet with a success unexpected in common hours.

By **Henry David Thoreau**

자기의 꿈이 있는 방향으로 소신 있게 앞으로 나아가면,
그리고 자기가 꿈꾼 삶을 살도록 애써 노력하면,
머지않아 자기도 모르게 성공과 만나게 될 것이다.

1 분사란?

A 모양

동사원형에 '-ing'나 '-ed'를 붙여 형용사처럼 쓰는 말이다.

The person **writing reports** is my colleague. 보고서를 쓰는 저 사람이 내 동료이다.
A report written by Tom appeared last week. Tom이 쓴 보고서 하나가 지난 주에 나타났다.

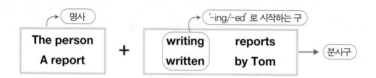

B 역할

분사는 '명사와 함께' 쓰여 그 명사를 수식하는 '형용사 역할'을 한다.

: (보고서를 쓰는) 저 사람
: (Tom에 의해 쓰여 진) 보고서

- The man **carrying a suitcase** came into the room. 가방을 들고 있는 그 사람이 방으로 들어갔다.
- The dog **barking next door** sounded like a terrier. 옆집에서 짖고 있는 저 개는 테리어 같다.

'분사'와 '동명사'의 차이

분사와 동명사는 '모양'은 같으나 '역할'이 다르다. 분사는 명사를 수식하는 「형용사」 역할을 하고 동명사는 그 자체가 「명사」 역할을 한다.

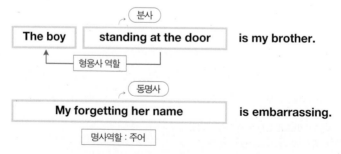

Review TEST 1

※ 다음 문장 속에서 분사구를 가려내고 그 분사구의 역할을 밝히시오.

1 This is the path leading to the church.

2 The weapon used in the murder has now been found.

3 A truck carrying concrete pipes overturned in the center of town.

4 The book published last week is his first novel.

5 There are delays this morning for people travelling to work.

6 The accident happening in Alfred Road caused many fatalities.

7 I went to a reunion for students educated in the physics department during the 1980s.

※ 다음 문장 속에서 '분사' 로 바뀌어야 할 부분을 찾아서 분사로 바꾸시오.

8 The people live next door come from Italy.

9 There is a sign on the gate says 'Entry forbidden'.

10 We live in a house was built in 1906.

Review TEST 2

※ 빈칸에 들어갈 알맞은 말을 고르시오.

1 Have you ever met the man _____ over there? — No. Who is he?
(A) stands　　(B) is standing　(C) standing　　(D) who standing

2 The couple _____ in the house next door are both college professors.
(A) lived　　　(B) living　　　(C) to living　　(D) be living

3 You have to learn English _____ in many countries.
(A) speak　　(B) speaks　　(C) spoken　　(D) spoke

2 현재분사(-ing) & 과거분사(-ed)

A 분사의 형성

완전한 절에서 '주어를 제외' 하고 '동사' 에 '-ing/-ed' 를 붙이면 분사가 된다.

① the person **writing reports**　　　　　　　　　　　　　〈현재분사〉
　└── *the person writes reports*　　　　　　　　　　　　〈능동〉
② a report **written by Tom**　　　　　　　　　　　　　　〈과거분사〉
　└── *a report was written by Tom*　　　　　　　　　　　〈수동〉

❍ 분사도 변형된 절이므로 '절' 에서 만들어진다. 'the person writes reports / a report was written by Tom' 은 완전한 절이고, 이 완전한 절에서 분사가 만들어진다. 완전한 절에서 '주어' 를 삭제하고 나머지 동사로 분사를 만들되 '능동태' 의 동사는 '-ing' 로 만들고 '수동태' 의 동사는 '-ed' 로 만든다.

　　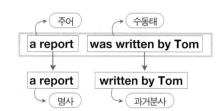

B 의미 '능동'과 '수동'

'현재분사(-ing)' 는 명사와의 관계가 '능동' 이고, '과거분사(-ed)' 는 '수동' 이다.

The girl **talking** to Tom　Tom에게 이야기 하고 있는 여자
The money **stolen** in the robbery　절도 사건에서 도난당한 돈

❍ '현재분사 talking' 은 'the girl talks to Tom'이라는 '능동' 의 절이 바뀐 것이고, '과거분사 stolen' 은 'the money was stolen in the robbery'라는 '수동' 의 절이 바뀐 것이다.

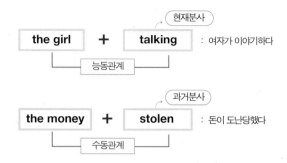

- **The man injured** in the accident was taken to hospital.
  그 사고에서 다친 사람이 병원으로 호송되었다.

- **None of the people invited** to the party can come.
  이 파티에 초대된 사람들은 누구도 올 수 없다.

- There was **a big red car parked** outside the house.
  큰 빨간 차 한대가 집 밖에 주차되어 있다.

- Who was **that man standing outside.**
  밖에 서 있는 저 사람은 누구니?

- A spectator is **someone watching** a game or an event.
  구경꾼이란 시합이나 행사를 구경하는 사람이다.

- There were **some children swimming** in the river.
  몇 명의 아이들이 강에서 수영하고 있다.

✋ 잠깐!!

★ '-ing/-ed'는 '능동/수동'의 연장

- 분사 자리에 '-ing(현재분사)'를 쓸 것이냐 '-ed(과거분사)'를 쓸 것이냐는 명사와의 관계가 '능동'이냐 '수동'이냐와 같아요. 분사는 '능동태/수동태'의 연장이라고 볼 수 있어요. 따라서 '-ing를 쓸 것이냐 -ed를 쓸 것이냐'는 〈Chapter 6. 수동태〉에서 배운 '수동의 특징'을 잘 활용해야 합니다.

① 자동사는 수동태가 될 수 없으므로 분사로 연결될 때도 '-ing'로만 된다.

    Who is that man **standing outside?** 바깥에 서 있는 저 사람은 누구니?   〈stand는 자동사〉

② 분사 뒤에 '명사(목적어)'가 있으면 대개 '능동'이므로 '-ing'로 연결한다.

    A spectator is someone **watching a game or an event.** 〈a game or an event가 명사(목적어)〉
    구경꾼이란 시합이나 행사를 구경하는 사람이다.

③ 분사 뒤에 명사가 없거나, 'by ~'가 있으면 '수동'이므로 '-ed'로 연결한다.

    Most of the goods **made in this factory** are exported.   〈made 뒤에 명사(목적어)가 없음〉
    이 공장에서 생산된 제품의 대부분은 수출된다.

    The traffic chaos **caused by the accident** meant long delays.   〈뒤에 by가 있음〉
    그 사고로 야기된 교통 혼잡은 오랜 지체를 의미했다.

※ 다음 보기처럼 〈명사 + 분사〉로 바꾸어 쓰시오.

> 보기 A man stands at the door. → A man **standing** at the door.

1 A lot of people danced at the party.

→ _____

2 Flour is made by grinding wheat or other grains.

→ _____

3 The Indians lived in Peru before the discovery of the New World by Europeans.

→ _____

4 A girl is working in the library.

→ _____

※ 다음 〔 〕안에서 알맞은 말을 고르시오.

5 A latecomer is a person [arriving / arrived] late.

6 Most of the automobiles [producing / produced] by American industry in the 1960's had   some defect.

7 Some weapons [finding / found] at a flat in Bristol belong to the IRA.

8 A chemical company [employing / employed] 3,000 people has gone bankrupt.

9 A bridge [building / built] only two years ago has proved unsafe.

10 An instruction is a statement [telling / told] you what to do.

11 In the waiting-room there was only a young man [waiting / waited] by the window.

12 When I was walking home, there was a man [following / followed] me.

13 Somebody [calling / called] Jack phoned while you were out.

14 I have a message for people [delaying / delayed] by the traffic chaos.

15 Rivers [flowing / flowed] into the Baltic Sea are much cleaner now than ten years ago.

※ 다음 빈칸에 알맞은 말을 고르시오.

1 The children attended a special movie program _____ cartoons that featured Donald Duck and Mickey Mouse.

(A) consisting of   (B) consisted of

(C) consists of   (D) to consisting

2 Only a few of the movies _____ at the Gray Theater are suitable for children.

(A) showing   (B) shows   (C) show   (D) shown

3 Only a small fraction of the eggs _____ by a fish actually hatch and survive to adulthood.

(A) lying   (B) laying   (C) laid   (D) lain

4 Animals _____ in a zoo generally adjust to captivity better than those that are captured in the wild.

(A) are born   (B) born   (C) borne   (D) bearing

5 Today people throughout the world are aware that they depend on something _____ "the economy."

(A) calls   (B) called   (C) calling   (D) call

※ 밑줄 친 부분 중 어법상 가장 어색한 것을 고르시오.

6 A chart <u>listed</u> the employees' wages <u>was</u> <u>found</u> <u>posted</u> on the bulletin board.
           (A)   (B) (C)   (D)

7 Markets <u>sold</u> second-hand <u>goods</u> were <u>known</u> as flea markets because old
           (A)   (B)   (C)

items were thought <u>to be</u> full of fleas.
                (D)

8 When we <u>walked</u> past the theater, <u>there</u> were a lot of people <u>waited</u> in a
             (A)   (B)   (C)

long line <u>outside</u> the box office.
          (D)

3 분사 역할의 확장

분사가 '명사 앞'에서도 수식한다. 즉, 〈분사 + 명사〉의 순서가 된다.

① The paintings **stolen from the museum** haven't been found yet.
박물관에서 도난당한 그림들은 아직도 발견되지 않았다.

② The **stolen** paintings should be returned to their owners.
도난당한 그림들은 원래 주인에게 돌아가야 한다.

③ Do you see the bird **singing on the tree**? 나무에서 노래하는 저 새가 보이니?

④ Do you see the **singing** bird? 노래하는 저 새가 보이니?

❂ 분사는 명사 뒤에 위치하는 것이 일반적이다. 그러나 대개 짧은 분사 중에는 명사 앞에 위치하는 것도 있다. ②번과
④는 'stolen'과 'singing'의 분사가 각각 명사 '앞에서' 수식한다.

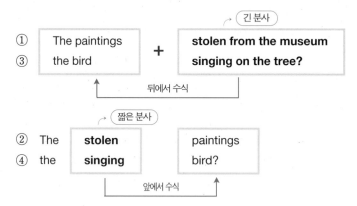

- I was wakened **by a barking dog**. 나는 짖는 개에 의해 잠에서 깼다.
- **A found purse** was returned to its owner. 발견된 지갑이 주인에게 돌아갔다.
- **The wanted man** was last seen in Cambridge. 그 수배범은 캠브릿지에서 마지막으로 목격되었다.

| 🖐 잠깐!! |

★ a beautifully dressed girl 유형

– 분사는 동사의 변형이므로 '부사'의 수식을 받는다. 분사가 '명사 앞에서 수식'할 때에도 마찬가지이다. 그러면 이 때의
어순은 〈관사〉+부사+분사+명사〉가 된다.

a	**beautifully**	**dressed**	**girl**
〈관사〉	〈부사〉	〈-ed 분사〉	〈명사〉

a **recently sold** car 최근에 팔린 차   **mentally retarded** children 정신 지체 아동들
beautifully manicured nails 매니큐어가 아름답게 칠해진 손톱들

앞에서 명사를 수식하는 동사의 p.p.는 수동이 아닌 '완료'를 의미한다.

| a **retired** teacher | : retire는 '은퇴하다'라는 자동사이다. 자동사는 수동이 없으므로 '자동사의 -ed는 완료'를 뜻한다. |

- the **vanished** treasure 사라진 보물
- **increased** prices 오른 물가
- our **recently-departed** friend 최근에 떠난 우리 친구

B 분사 형용사

분사의 모습을 하고 있지만 형용사로 굳어진 말들을 '분사 형용사'라고 하며 '형용사'와 거의 동일하게 쓰인다.

> The old lady is **annoyed**. 그 할머니는 화가 났다.
> The noise is **annoying**. 그 소음은 화나게 만든다.
>
> ❶ ①번의 annoyed와 ②번의 annoying은 annoy(화나게 하다)에서 만들어진 분사이지만 형용사로 굳어진 말들이다. annoyed는 '수동'의 의미이고, annoying은 '능동'의 의미이다.

능동과 수동의 의미를 갖는 분사 형용사

능동의 분사		수동의 분사	
amusing 재미있게 하는	boring 지루하게 하는	amused 재미있게 된	bored 지루한
confusing 혼란케 하는	disappointing 실망시키는	confused 혼란스런	disappointed 실망한
exciting 재미있게 하는	frightening 무섭게 하는	excited 재미있어진	frightened 무서운
interesting 흥미를 주는	surprising 놀라게 하는	interested 흥미로워진	surprised 놀란
relaxing 긴장을 풀어주는	tiring 피곤케 하는	relaxed 긴장이 풀어진	tired 피곤해진

- I think photography is **interesting**. 나는 사진이 흥미롭다고 생각한다. 〈사진과 interesting이 능동〉
- I'm **interested** in photography. 나는 사진에 관심이 있다. 〈나와 interested는 수동〉
- It was an **exciting** tennis match. 그것은 재미있는 테니스 시합이었다. 〈테니스 시합과 exciting은 능동〉
- Everyone was **excited**. 모두가 재미있어 했다. 〈모든 사람과 excited는 수동〉
- We're having a **relaxing** holiday. 우리는 편안한 휴가를 보내고 있다. 〈휴가와 relaxing은 능동〉
- We all feel **relaxed**. 우리 모두는 편안함을 느낀다. 〈'우리'와 relaxed는 수동〉

-ing는 사물, -ed는 사람에 대해 주로 쓰인다.

photography tennis match	➡	interesting exciting		I everyone	➡	interested excited
〈사물〉		〈-ing〉		〈사람〉		〈p.p.〉

C 주격보어와 목적격보어

분사는 형용사 역할을 하므로 '주격보어, 목적격보어'로도 쓰인다. -ing는 주어/목적어와의 관계가 '능동'일 때 쓰이고, p.p.는 '수동'일 때 쓰인다.

> She looked **delighted**. 그녀는 기뻐 보였다.
> The children came **running to meet us**.
> 그 아이들은 우리를 만나러 뛰어왔다.   〈주격보어〉
>
> Did you see the mountains **covered in snow**?
> 저 산맥이 눈으로 덮인 것을 보았니?
> They saw the thief **running away**.   〈목적격보어〉
> 그들은 도둑이 뛰어서 달아나는 것을 보았다.
>
> ❍ 주격보어는 주어와의 관계, 목적격보어는 목적어와의 관계를 나타낸다. ①의 'delighted'는 'she'에 대해 '수동', ②의 'running ~'은 'the children'에 대해 '능동'을 나타내고, ③의 'covered'는 'the mountains'에 대해 '수동', ④의 'running ~'은 'the thief'에 대해 '능동'을 나타낸다.

	수동 관계	
① She	looked	delighted.
② The children (주어)	came	running to meet us.
	능동 관계	

	수동 관계	
③ Did you see	the mountains	covered in snow?
④ They saw	the thief (목적어)	running away.
	능동 관계	

- How did they become **acquainted**? 그들은 어떻게 서로 알게 되었니?
- She lay **smiling** at me. 그 여자는 나를 향해 웃으며 앉아 있었다.
- Have you ever heard a pop song **sung** in Japanese? 너는 팝송이 일본어로 불리어진 것을 들어보았니?
- We want the work **finished** by Saturday. 우리는 그 일이 토요일까지는 끝내지기를 원한다.
- I found him **dozing** under a tree. 나는 그가 나무 밑에서 졸고 있는 것을 발견했다.
- They heard voices **calling** for help. 그들은 도움을 요청하는 소리들을 들었다.

※ 다음 밑줄 친 부분을 바르게 고쳐 쓰시오.

1 The poor people who live in shacks south of the city don't have <u>run</u> water.

2 No one may attend the lecture except <u>invite</u> guests.

3 After an <u>exhaust</u> trip of twelve hours, Jason fell asleep at the dinner table.

4 The anthropologist recorded the tribe's <u>speak</u> language with a small tape recorder.

5 Brenda heard the news of the <u>approach</u> hurricane.

6 The hotel had a <u>welcome</u> atmosphere.

7 <u>Freeze</u> fish is as nutritious as fresh fish, but it doesn't taste quite as good.

8 Its economy depends on the export of various <u>manufacture</u> goods.

9 The <u>suggest</u> remedy for the common cold is to rest and to drink plenty fluids.

※ 다음 [ ]안에서 알맞은 것을 고르시오.

10 It was [annoying / annoyed] to lose my ticket. — You looked really [annoying / annoyed] when you had to buy another one.

11 I'm [fascinating / fascinated] by these old photos. — I always find it [fascinating / fascinated] to see what people looked like when they were children.

12 He couldn't make himself [hearing / heard].

13 The news left me [wondering / wondered] what would happen next.

※ 다음 문장에서 어법상 가장 어색한 부분을 찾아 바르게 고쳐 쓰시오.

14 This is a careful prepared plan.

15 According to a new study, a racially balancing school is good for education.

※　다음 빈칸에 들어갈 알맞은 말을 고르시오.

1　Anna has a noise in her car. It is a _____ noise.

　　(A) disturbed　　(B) disturbing　　(C) disturbs　　(D) to disturb

2　Waste from the factory poured into the river and contaminated it. Some of the villagers got sick from eating _____ fish.

　　(A) to contaminate　　　　　　(B) contaminated

　　(C) being contaminated　　　　(D) contaminating

3　The audience felt _____ by the tender love story.

　　(A) moving　　(B) move　　(C) moves　　(D) moved

4　There are many _____ activities in a large city.

　　(A) stimulate　　　　　　(B) stimulating

　　(C) stimulated　　　　　(D) having stimulated

5　Because we have a _____ agreement, our landlord won't be able to raise our rent for two years.

　　(A) writing　　(B) written　　(C) write　　(D) wrote

6　It is a _____ company.

　　(A) careful organizing　　　　(B) carefully organized

　　(C) careful organized　　　　(D) carefully organizing

※　밑줄 친 부분 중 어법상 가장 어색한 것을 고르시오.

7　Paul is <u>interesting</u> in <u>buying</u> a small <u>printing</u> company <u>soon</u>.
　　　　　　(A)　　　　(B)　　　　　(C)　　　　　　(D)

8　The <u>elephants</u> in <u>the circus</u> <u>performed</u> some <u>amused</u> tricks.
　　　　(A)　　　　(B)　　　(C)　　　　(D)

9　She was <u>able to</u> rouse a <u>crowd</u> or charm a citizen. She had <u>flattering portraits</u>
　　　　　　(A)　　　　　　(B)　　　　　　　　　　　　　　　(C)

　　painted and <u>copies widely distributing</u>.
　　　　　　　　(D)

4 분사구문(Participle Structure)

분사가 명사를 수식하지 않고 독립된 절로 쓰이는 것을 분사구문(participle structure)이라고 한다.

1. 분사구문의 모양과 역할

A 모양

분사구문의 모양은 분사의 모양과 같다.

> **Wanting to ask a question**, the little girl raised her hand.
> 질문을 하고 싶어서 그 여자 아이는 손을 들었다.
>
> **Hunted close to extinction**, the rhino is once again common in this area.
> 코뿔소는 비록 멸종 상태까지 사냥되었었지만 이 지역에서는 또 다시 번성하고 있다.
>
> ❍ 위의 'wanting to ask a question' 과 'exhausted after washing the windows' 는 분사구문인데 그 모양은 분사와 동일하다.

분사구문의 모양	=	분사의 모양

B 역할

분사구문은 주절에 대해 독립된 절의 역할을 한다. 이 독립된 절은 대개 부사절의 역할을 한다.

- I walked out of the room **smiling to myself**.
  나는 혼자 웃으면서 방을 걸어 나왔다.
- I had an accident **driving to work**.
  나는 출근하다가 사고를 당했다.
- She lay awake all night, **recalling the events of the day**.
  그녀는 밤새 앉아서 그날의 일들을 회상했다.
- **Thinking they might be hungry**, I offered them something to eat.
  그들이 배고플지도 모른다고 생각해서 나는 그들에게 먹을 것을 제공했다.
- **Taking a key out of his pocket**, he opened the door.
  그는 주머니에서 열쇠를 꺼낸 후에 문을 열었다.

분사구문의 또 다른 이름 : '분사절(participle clause)'

분사구문에 해당하는 영문 용어는 participle phrase와 participle clause의 두 가지가 있다. participle phrase는 '분사구문'으로 번역되고, participle clause는 '분사절'로 번역된다. 대부분의 한국의 문법서는 '분사구문'이라는 용어를 사용하고 있는데 이는 participle phrase를 번역한 것이다. 그러나 분사절이라는 또 다른 이름으로부터 우리는 분사구문의 역할이 '분사로서 절의 역할'을 한다는 것을 알 수 있다.

👆 잠깐!!

★ 부사절과 분사구문의 상호 전환

When she opened her eyes, the baby began to cry.　　　　　〈부사절〉

➡ **Opening** her eyes, the baby began to cry.　　　　　〈분사구문〉
  아기는 눈을 뜨자 울기 시작했다.
➡ 이 과정은 '분사 만들기'와 동일하다.
  ❶ 접속사(When)를 삭제한다.
  ❷ 주절의 주어와 일치하는 부사절의 주어(she)를 삭제한다.
  ❸ 동사(opened)를 동사원형으로 한 다음 -ing를 붙여 분사의 모양(opening)으로 만든다.

---

2. 분사구문의 의미

'분사구문'의 의미는 주절과의 관계에서 동시상황, 연속(순서), ③ 이유, 가정, 양보 등을 나타낸다.

Matthew injured his knee **doing gymnastics**.　　　　　〈동시상황〉
Matthew는 체조를 하다가 무릎을 다쳤다.

Opening the bottle, Mike poured the drinks.　　　　　〈연속〉
Mike는 병을 따고 몇 잔 따랐다.

Being unemployed, he hasn't got much money.　　　　　〈이유〉
그는 실직해서 돈이 많지 않다.

Being kept in the refrigerator, the drug should remain effective for months.
이 약은 냉장고에 보관되면 몇 달 동안은 유효할 것이다.　　　　　〈가정〉

Although (being) always helpful, he was not liked much.　　　　　〈양보〉
그는 항상 도움이 되었지만 인기는 많지 않았다.

3. 분사구문의 주어

분사구문의 주어는 주절의 주어와 일치한다.

> **Driving to work in the rain**, Sam had a flat tire.
> Sam은 빗길에 운전하다 타이어가 펑크 났다.
>
> *Driving to work in the rain*, Sam's car got a flat tire. (×)
>
> ❍ 분사구문의 주어는 주절의 주어와 일치한다. 따라서 첫 번째 문장의 'driving' 의 주어가 'Sam' 이고 두 번째 문장은 'driving' 의 주어가 'Sam's car' 이다. 'Sam was driving' 은 논리적으로 옳으나 'Sam's car was driving' 은 논리적으로 옳지 않다.

- **Having just eaten**, I wasn't hungry.　　　　　〈Having eaten의 주어는 I〉
  나는 방금 식사를 해서 배고프지 않다.
- **Reading my newspaper**, I heard the doorbell ring.　〈Reading의 주어는 I〉
  나는 신문을 읽다가 초인종 소리를 들었다.
- **Not knowing his address**, Susan couldn't contact him.　〈Not knowing의 주어는 Susan〉
  Susan은 그의 주소를 알지 못해서 그에게 연락할 수가 없었다.

분사구문과 주절의 주어가 다를 경우, 대개는 접속사가 포함된 부사절로 표현하지만 드물게는 분사구문으로 만들기도 한다. 이때에는 분사구문 앞에 '다른 주어' 를 주격으로 반드시 표시해야한다.

- As **it** was a bank holiday, **all the shops** were shut.　　　〈it ≠ all the shops〉
  → **It** being a bank holiday, **all the shops** were shut.
  은행 휴일이어서 모든 상점이 문을 닫았다.
- **There** being no further business, **I** declare the meeting closed.　〈there ≠ I〉
  → As **there** is no further business, **I** declare the meeting closed.
  더 이상의 비스니스가 없어서 나는 폐회를 선언합니다.

※ 다음 두 문장이 같은 뜻이 되도록, 빈칸에 알맞은 분사구문을 쓰시오.

1 When we arrived at the party, we saw Ruth standing alone.

= _____, we saw Ruth standing alone.

2 As I was anxious to please him, I bought him a nice present.

= _____, I bought him a nice present.

3 He had spent his childhood in Oslo so he knew the city well.

= _____, he knew the city well.

4 Because I didn't know the way, I had to ask for directions.

= _____, I had to ask for directions.

※ 다음 문장이 옳으면 T, 틀리면 F로 표기하시오.

5 Picking up the phone, Mitchell dialed a number.

6 Having been ill for a very long time, more time to recover is needed.

7 Running down the street, a letter fell out of my pocket.

8 Leaving on his trip, Nick gave his itinerary to his secretary.

9 Taking a trip across Europe this summer, Jane's camera suddenly quit working.

10 There being low sales, companies decided to develop new products.

※ 다음 문장을 분사구문에 주의하여 우리말로 옮겨 쓰시오.

11 All afternoon, Vicky lay on the sofa thinking about life.

12 Having finished our work, we went home.

13 While trying to open the can, I cut my hand.

※ 다음 빈칸에 들어갈 알맞은 말을 고르시오.

1 Not wanting to be late for my first day of class, _____ to school after I had missed my bus.

(A) so I ran   (B) because I ran

(C) I ran   (D) therefore, I ran

2 _____ by the swimming pool, I realized I was getting sunburned.

(A) Because   (B) While I am lying

(C) Lying   (D) Even though I was lying

3 The painting was beautiful. I stood there _____ it for a long time.

(A) for admiring   (B) being admired

(C) admire   (D) admiring

4 Watching the children fly their kites in the park, _____ .

(A) suddenly a gust of wind blew my hat off my head

(B) one of the kites got stuck in a tree

(C) I thought of the times long ago when I did the same thing

(D) it looked like a lot of fun

5 The government is going to increase taxes _____ more money.

(A) raising   (B) raised

(C) to raise   (D) raises

6 _____ , I hugged her tightly in my arms.

(A) Hardly know what I was doing

(B) Hardly to know what I was doing

(C) Hardly knowing what I was doing

(D) Hardly knew what I doing

※ 다음 문장의 밑줄 친 부분 중 어법상 가장 <u>어색한</u> 것을 고르시오.

7 As he stood in the sweltering sun <u>listen</u> to the President's address,
　　　　　　　　　　　　　　　　　　　　(A)

the <u>customarily</u> crisp Powell <u>turned</u> damp and <u>rumpled</u>.
　　　(B)　　　　　　　　　　(C)　　　　　　(D)

5 분사구문의 능동(-ing)과 수동(p.p.)

분사구문도 분사와 마찬가지로 -ing 모양과 p.p. 모양의 두 가지가 있다.

Feeling tired, I went to bed early.
파곤해서 일찍 자러 갔다.

Viewed from a distance, the island looked like a cloud.
멀리서 보면 그 섬은 하나의 구름처럼 보였다.

➊ Feeling은 주어 'I'와의 관계가 'I felt ~'로 능동이고, viewed는 주어 the island와의 관계가 'the island was viewed ~'로 수동이다.

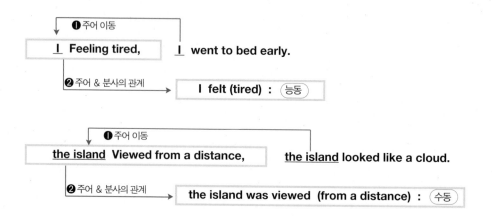

- **Built** before the war, **the engine** is still in perfect order.   〈the engine과 build가 수동〉
이 엔진은 전쟁 전에 지어 졌지만 아직도 완벽한 상태이다.

- **If unchanged, this law** will make life difficult for farmers.   〈this law와 unchange가 수동〉
이 법이 바뀌지 않으면 농부들의 삶이 어려워 질 것이다.

- **Kept** in the refrigerator, **the drug** should remain effective for months.
이 약은 냉장고에 보관되면 몇 달 동안은 유효할 것이다.   〈the drug과 keep이 수동〉

※ 다음 부사절을 보기처럼 분사구문으로 바꾸어 쓰시오.

> 보기
>
> <u>As she was dressed all in black</u>, she couldn't be seen in the starless night.
> → <u>Dressed all in black</u>, she couldn't be seen in the starless night.

1 When it is taken in excessive amounts, aspirin can be poisonous.

→ _____, aspirin can be poisonous.

2 When you take aspirin, you should be sure to follow the directions on the bottle.

→ _____, you should be sure to follow the directions on the bottle.

※ 다음 〔 〕안에서 알맞은 것을 고르시오.

3 [Going / Gone] to bed so late last night, they feel quite tired now.

4 [Using / Used] in this school, the system is very successful.

5 [Painting / Painted] white, the house is beautiful.

6 I phoned you this morning, [changing / changed] my plans.

7 Not [knowing / known] his address, I couldn't contact him.

8 [Spending / Spent] nearly all our money, we couldn't afford to stay in a hotel.

9 [Writing / Written] in plain English, the book is fit for the beginners.

10 [Unemploying / Being unemployed], Keith spent a lot of time filling in job application forms.

11 [Finding / Found] only in the Andes, the plant is used to treat skin diseases.

※   다음 빈칸에 들어갈 알맞은 말을 고르시오.

1   _____ that cigarettes cause cancer, many people have stopped smoking.

(A) Learns   (B) Since   (C) Learned   (D) Learning

2   _____ the light bulb, Thomas Edison went on to create many other useful inventions.

(A) Invented   (B) Invents

(C) Having invented   (D) Invent

3   _____ as a gospel singer, Andrew Shredder expanded his singing style to include elements of rhythm and blues.

(A) Training   (B) Trained

(C) Her training   (D) Was trained

4   _____ the dog coming towards her, she quickly crossed the road.

(A) Seeing   (B) See   (C) Seen   (D) To see

※   다음 문장의 밑줄 친 부분 중 어법상 가장 <u>어색한</u> 것을 고르시오.

5   Jane works <u>for</u> *People* magazine <u>as a journalist</u>, <u>being written</u> about all
         (A)   (B)   (C)

the <u>celebrities</u> she meets.
      (D)

6   <u>Noted</u> the nervousness of the speaker, the director broke the ice <u>by telling</u>
         (A)   (B)

a joke <u>before introducing</u> <u>her</u>.
              (C)   (D)

7   High-quality <u>proteins</u>, typically <u>finding</u> in animal meats, are those <u>that</u> have
                      (A)   (B)   (C)

ample amounts of the essential amino <u>acids</u>.
                                        (D)

164_ Chapter 14

A 접속사 + 분사구문

분사구문 앞에 때로는 접속사가 붙어 의미를 분명하게 하는 역할을 한다.

When ordering a vehicle, you have to pay a deposit.
자동차를 주문할 때에는 계약금을 내야 한다.

When	+	ordering a vehicle,	you have to pay a deposit.
접속사		분사구문	

분사구문과 함께 쓰이는 접속사들
when / while / once (시간)
as / as if / as though (방식)
if / unless (조건)
although / though / even though (양보)
after / before / since (시간)

☑ after, before, since 뒤에는 -ing형태만 가능하고 p.p. 형태는 불가능하다

- He slept **while stretched** out on the floor.
  그는 바닥에 큰대자로 누워서 잠을 잤다.
- Fill in the application form **as instructed**.
  지시대로 지원서를 작성하시오.
- He took a shower **after returning** home.
  그는 집에 돌아온 후에 샤워를 했다.
- **Unless** paying by credit card, please pay in cash.
  카드 결제가 아니라면 현금으로 내세요.

B 완료 분사구문: Having p.p.

분사구문이 주절의 시제보다 앞선 과거일 때 완료 형태인 having p.p.를 쓴다.

> **Having repaired** the car, Tom took it out for a road test.
> Tom은 자동차를 수리한 후 도로 테스트를 위해 몰고 나갔다.
>
> **Repairing** the car, Tom hurt his hand.
> Tom은 자동차를 수리하다가 손을 다쳤다.

Having repaired the car,	Tom took it out for a road test.
자동차 수리 : 먼저	시험주행 : 나중

Repairing the car,	Tom hurt his hand.
자동차 수리 · 같은 시점	손을 다침

- **Having** already **seen** the film twice, I didn't want to go to the cinema.
  나는 그 영화를 이미 두 번 보았으므로 또 보러가고 싶지 않았다.

C Being의 생략

분사구문이 being으로 시작하면 그 being은 보통 생략한다.

> **Being** too nervous to reply, he stared at the floor.
> = Too nervous to reply, he stared at the floor.
> 그는 너무 긴장하여 대답을 못하고 바닥만 응시했다.

Being too nervous to reply,	—— 같은 표현 ——	Too nervous to reply,

- Although **just two feet apart**, they didn't speak.
  그들은 비록 2피트만 떨어져 있었지만 말을 하지 않았다.
- When **questioned**, she denied being a member of the group.
  그녀는 심문을 받았을 때 그 단체의 일원이라는 것을 부인했다.

D   with + 목적어 + 분사

〈with+목적어+분사〉의 형식이 있다. ① 전체는 부사절의 역할을 하고, ② 이 중 with는 동시상황(while)이나 이유 (because)의 접속사 역할을 한다. ③ 목적어와 분사의 관계가 능동이면 -ing를, 수동이면 p.p.를 쓴다.

> **With** the mortgage **paid**, they could go abroad for their vacation.
> 그들은 융자금을 다 갚았으므로 휴가를 해외로 갈 수 있었다.
>
> **With** the crowds **cheering**, the royal party drove to the palace.
> 군중들이 환호하는 가운데 그 왕이 탄 차량들은 왕궁으로 들어갔다.

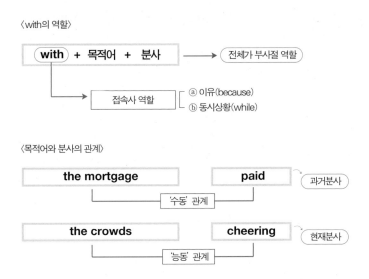

〈with의 역할〉

〈목적어와 분사의 관계〉

- Don't walk around **with** your shirt **hanging** out.
  셔츠를 겉으로 드러낸 채로 걸어 다니지 마라.

- **With** Louis **living** in Spain, we don't see him often.
  Louis가 스페인에 살아서 우리는 자주 만나지 못한다.

- **With** him **being so bad-tempered**, I was reluctant to tell him of the car accident.
  그는 성질이 너무 까다로워서, 나는 그에게 자동차 사고를 말하는 것이 꺼려졌다.

- **With** the children (being) **at school**, we can't take our vacations when we want to.
  아이들이 학교에 다니므로 우리는 휴가를 원할 때에 갈 수가 없다.

※ 다음 밑줄 친 부분을 바르게 고쳐 쓰시오.

1 I took a wrong turn while I <u>drive</u> to my uncle's house and ended up back where I started.

2 I took a wrong turn while <u>drive</u> to my uncle's house and ended up back where I started.

3 After <u>study</u> the stars, the ancient Mayans in Central America developed a very accurate solar calendar.

4 Before an astronaut <u>fly</u> on a space mission, he will have undergone thousands of hours of training.

5 Since we <u>move</u> to London, we haven't had time to go to the theater.

6 Since <u>move</u> to London, we haven't had time to go to the theater.

※ 다음 두 문장이 같은 뜻이 되도록 빈칸에 알맞은 말을 쓰시오.

7 We bought our tickets. Then we went into the theater.

= _____ _____ our tickets, we went into the theater.

8 As he has traveled a lot, he knows a lot about other countries.

= _____ _____ a lot, he knows a lot about other countries.

※ 다음 문장의 〔 〕 안에서 알맞은 것을 고르시오.

9 He sat quietly for a while with his eyes [closed / closing].

10 She stood there with her hair [waved / waving] in the wind.

※ 다음 문장이 옳으면 T, 틀리면 F를 표기하시오.

11 Although not yet six months old, she was able to walk without support.

12 Whether right or wrong, he always comes off worst in argument.

13 James relaxed, pleased with his day's work.

※ 다음 빈칸에 들어갈 알맞은 말을 고르시오.

1 All gases and most liquids and solids expand _____ heated.

(A) in　　　　　　　　　　　　(B) how

(C) when　　　　　　　　　　　(D) about

2 Before _____ a promotion and transfer to another city, I will discuss it at length with my whole family.

(A) accept　　　　　　　　　　(B) having been accepted

(C) accepted　　　　　　　　　(D) accepting

3 _____, glasses can correct most sight defects.

(A) Fitting well　　　　　　　　(B) Well fitted when

(C) When well fitted　　　　　　(D) If well fitting

4 _____ unprepared for the exam, I felt sure I would get a low score.

(A) Having　　　　　　　　　　(B) Being

(C) It being　　　　　　　　　　(D) Upon

5 When _____ a dictionary, you need to be able to understand the symbols and abbreviations it contains.

(A) having used　　　　　　　　(B) used

(C) to use　　　　　　　　　　(D) using

6 Come on, Lisa. How can I feel relaxed with _____ me like that?

(A) his watching　　　　　　　　(B) him to watch

(C) him watching　　　　　　　(D) him to be watching

※ 다음 문장의 밑줄 친 부분 중 어법상 가장 어색한 것을 고르시오.

7 Having eaten the cherry pie, I struck several pits and nearly broke a tooth.
　　　(A)　　　　　　　　　(B)　　　　　　　　(C)　　(D)

※　다음 밑줄 친 부분 중 어법상 가장 어색한 곳을 고르시오.

1　I'm not <u>very</u> fit. I was <u>pretty</u> <u>tiring</u> after <u>climbing</u> mountain.
　　　　　　(A)　　　　　　　　(B)　　(C)　　　　　　　　(D)

2　*Ms.* magazine, <u>which began</u> in 1972, <u>has long been</u> considered one of
　　　　　　　　　　　(A)　　　　　　　　　　　(B)

　the <u>led</u> publications of the <u>feminist</u> movement.
　　　　(C)　　　　　　　　　　　　(D)

3　Olga and Ivan weren't <u>paying</u> attention, <u>so</u> they didn't see the sign
　　　　　　　　　　　　　(A)　　　　　　　(B)

　<u>marked</u> their exit <u>from</u> the highway.
　　(C)　　　　　　(D)

4　<u>There is</u> an old legend <u>telling</u> among people in my country about
　　　(A)　　　　　　　　　　(B)

　a man <u>who lived</u> in the <u>seventeenth</u> century.
　　　　　(C)　　　　　　(D)

5　<u>For the first time</u> he had to <u>pay attention to</u> his appearance, and <u>in fact</u>
　　　　(A)　　　　　　　　　　　(B)　　　　　　　　　　　　　(C)

　he became very <u>well-dressing</u> from then on.
　　　　　　　　(D)

6　<u>Seriously burned</u> in a <u>terrible</u> car accident, the doctor was <u>not sure that</u>
　　　　(A)　　　　　　(B)　　　　　　　　　　　　　　　(C)

　John <u>could be protected</u> from infection.
　　　　　(D)

7 <u>Comparing</u> with life in the country, life in the city is <u>much more</u>
      (A)   (B)

complicated and more <u>likely</u> to entail <u>stress-related</u> diseases such
                      (C)   (D)

as heart disease.

8 Once, when he <u>was caught in a heavy rain</u>, Albert Einstein
                         (A)

<u>took off his hat</u> and held it under his coat. <u>Asking why</u>, he explained
    (B)   (C)

slowly that the rain <u>would damage</u> his hat, but not his hair.
                    (D)

9 According <u>to</u> a new study, efforts to <u>keep</u> schools <u>racially balancing</u> are
          (A)   (B)   (C)

<u>becoming futile</u>.
   (D)

10 <u>Having studied</u> Greek <u>for</u> several years, <u>Sarah's</u> pronunciation was
      (A)   (B)   (C)

<u>easy</u> to understand.
 (D)

11 Last Saturday I <u>attended</u> a party <u>giving</u> by one of my friends.
             (A)   (B)

My friend, <u>whose apartment</u> is in another town, <u>was</u> very glad
           (C)   (D)

I could come.

12 My <u>favorite</u> place in the world is a <u>small</u> city <u>is located</u> on the <u>southern</u>
     (A)   (B)   (C)   (D)

coast of Brazil.

13   This liquid medicine removes deeply embedding dirt and grease,
                                            (A)

allowing your horse's skin to breathe more easily.
   (B)   (C)   (D)

14   Some filmmakers are more concerning with what is being shown than
            (A)   (B)   (C)

how it is made.
         (D)

15   The winning submission will advance to the semi-final round of
         (A)   (B)

E-Chron's annual business competition, with that winner walks away
                                                        (C)

with up to $1,000,000 in prize awards.
                    (D)

16   While over half a billion dollars of aid has been pouring into the region,
            (A)   (B)

much of it has been slow to reach the affect areas.
         (C)   (D)

※   다음 문장 중 어법상 알맞은 것은?

17   (A) She has learned really fast. She has made astonished progress.

(B) My job makes me depressed.

(C) The lecture was bored. I fell asleep.

(D) It's sometimes embarrassed when you have to ask people for money.

1 다음 글의 밑줄 친 부분을 바르게 고쳐 쓰시오.

The general was determined not to allow the enemy's forces a return voyage, but to send them to the bottom of the sea. <u>Stand</u> high on his flagship, he engaged his entire fleet in a battle with several hundred enemy ships.

2 다음 글에서 쓰임이 <u>잘못된</u> 단어를 찾아 바르게 고쳐 쓰시오.

The event, often calling "the Great Chicago Fire," began in a barn belonging to a woman named Mrs. O'Leary. Within minutes, buildings all over the city were on fire.

3 다음 글의 빈칸에 알맞은 말이 바르게 짝지어진 것은?

For Westerners, Asia is an object of curiosity, with filmmakers often ___(A)___ to the Orient for inspiration. Disney is no exception. "*Legends of the Ring of Fire*," an animated film ___(B)___ on Asian legends, is being aired by the Disney Channel.

	(A)		(B)
①	turning	······	basing
②	turning	······	based
③	turned	······	basing
④	turned	······	based

4 다음 글에서 쓰임이 <u>잘못된</u> 단어를 찾아 바르게 고쳐 쓰시오.

Typically, when the subject of homelessness comes up, most people conjure an image of the single man on the street corner asked for spare change.

5 각 네모 안에서 어법에 맞는 표현을 골라 짝지은 것으로 가장 적절한 것은?

Those who are good at music are good at languages as well. That should not be (A) surprised / surprising , since the study of music and the study of language have a lot in common. Both (B) require / requires you to have a "good ear." They also ask you to reproduce sounds you have heard. Finally, when you learn music or language, you have to learn complex sets of rules. With language, the rules are about grammar and meaning. With music, the rules are about sounds and rhythm. According to a study (C) done / doing in Germany, you use the same part of the brain for both subjects.

	(A)		(B)		(C)
①	surprised	⋯⋯	require	⋯⋯	done
②	surprised	⋯⋯	requires	⋯⋯	doing
③	surprising	⋯⋯	require	⋯⋯	done
④	surprising	⋯⋯	requires	⋯⋯	doing
⑤	surprising	⋯⋯	require	⋯⋯	doing

6 (A)와 (B)에 들어갈 말을 바르게 짝지은 것은?

Genes are tiny units of heredity ___(A)___ within every living thing. In 1953, scientists discovered the structure of DNA, the acid that contains genes in a pattern. However, scientists were not able to isolate and change individual genes, a process called genetic engineering, until the 1970s. The first genetically ___(B)___ to be approved by the Food and Drug Administration(FDA) was insulin. People with diabetes use insulin to help their bodies process sugars normally.

	(A)		(B)
①	located	⋯⋯	engineered product
②	located	⋯⋯	engineered products
③	located	⋯⋯	engineering product
④	locating	⋯⋯	engineered product
⑤	locating	⋯⋯	engineering products

15

비교표현 (Comparison)

이 단원에서 중점을 두고 공부할 부분은?

_ 형용사/부사의 급 변화와 비교급의 기본 형식
_ 비교대상의 일치
_ the 비교급의 형식
_ 원급의 기본 형식
_ 최상급의 기본 형식과 비교급/원급과의 차이
_ more / most의 용법

The truth that many people never understand,
until it is too late, is
that the more you try to avoid suffering, the more you suffer, because smaller and
more insignificant things
begin to torture you in proportion to your fear of being hurt.

By **Thomas Merton**

많은 사람들이 때가 지나서야 비로소 깨닫게 되는 사실은
어려움을 피하려고 하면 할수록 그만큼 더 어려움을 겪는다는 것이다,
왜냐하면 보다 작은일, 보다 사소한 일들이
우리의 그 작은 두려움에 비례하여 우리를(단번에가 아니라 조금씩) 괴롭히기 때문이다.

1 비교급의 모양과 의미

A 기본 모양

문장 속에 -er than이나 more ~ than이 들어 있으면 비교급 문장이다.

> Anna is clever**er than** Susan. Anna는 Susan보다 더 영리하다.
> Good health is **more** important **than** money. 건강은 돈보다 더 중요하다.

Anna is clever**er than** Susan.

비교급임을 나타내 주는 핵심 단어

Good health is **more** important **than** money.

- Swimming is cheap**er** exercise **than** skiing. 수영은 스키보다 돈이 덜 드는 운동이다.
- Detective stories are **more** interesting **than** algebra. 탐정소설은 수학보다 더 재미있다.

B 의미

비교급은 공통의 '비교요소'를 기준으로 두 개의 비교대상을 서로 비교하는 표현이다.

> **Anna** is **cleverer** than **Susan.**
>
> ❶ 위 문장은 Anna와 Susan을 비교하는 비교급 문장이다. 좀 더 정확하게는 Anna의 영리함과 Susan의 영리함을 비교하고 있다. Anna와 Susan을 비교대상이라고 하고, 영리함을 비교요소라 한다.

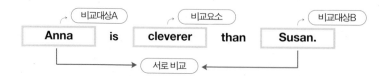

비교요소는 반드시 형용사나 부사에만 붙여야지 다른 품사인 명사나 동사 등에 붙이지 않는다.

- I had a **bigger** meal than you. 〈big은 형용사〉 | 옳은 표현 |
- I had a big *mealer* than you. 〈meal은 명사〉 | 틀린 표현 |

C -er/more 붙이기

비교급으로 만들려는 비교요소(형용사/부사)를 찾아 그것에 -er이나 more를 붙인다. 짧은 단어는 뒤에 -er를 붙이고, 긴 단어는 앞에 more를 붙인다.

> Anna is clever**er** than Susan.
> Good health is **more** important than money.

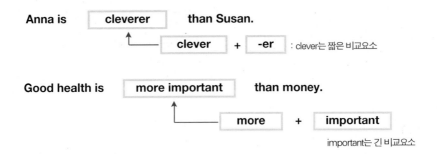

(1) -er/-est 붙이기

-est는 최상급에 붙는 어미이지만 비교급 -er과 그 규칙이 같으므로 함께 정리한다.

-er/-est 붙이는 규칙
-e로 끝나는 단어는 그 e를 빼고 -er/-est를 붙인다.
nice → nicer/nicest   large → larger/largest   brave → braver/bravest
〈~자음+y〉의 단어는 그 y를 i로 바꾼다.
happy → happier/happiest   lovely → lovelier/loveliest
〈~ 모음하나+자음하나〉의 단어는 끝의 '자음'을 한 번 더 추가한다.
hot → hotter/hottest   thin → thinner/thinnest   sad → sadder/saddest

(2) more/most 붙이기

단어가 길면 -er/-est 대신에 more/most를 붙인다. more/most는 단어 앞에 독립적으로 붙인다.

more/most를 붙이는 경우		
① 3음절 이상의 단어	more/most beautiful	more/most elegant
② -ful / -less / -ive /	more/most useful	more/most careful
-ous / -ish 등으로	more/most hopeless	more/most active
끝나는 형용사	more/most famous	more/most foolish

③ -ed / -ing로 끝나는 분사 형용사	more/most surprised more/most boring	more/most annoyed more/most willing
④ -ly로 끝난 부사	more/most carefully	more/most easily
⑤ 서술형용사 및 기타	more/most afraid more/most modern	more/most certain more/most normal

(3) 불규칙 변화

-er/-est가 붙는 것이 아니라 단어 자체가 변한다.

원급	비교급	최상급
good/well	better	best
many/much	more	most
ill/bad/badly	worse	worst
little	less	least
far	farther(더 먼)/further(더욱)	farthest(가장 먼)/furthest(가장)
old	older(더 늙은)/elder(손위의)	oldest(가장 늙은)/eldest(가장 손위)
late	later(더 늦은)/latter(나중의)	latest(최근의)/last(마지막, 지난)

- The examination was **easier** than we expected.
  시험이 생각보다 쉬웠다.

- He's not so keen on his studies. He's **more interested** in having a good time.
  그는 공부에 그렇게 열심이지 않다. 즐거운 시간을 보내는 것에 더 관심이 있다.

- You'll find your way around the town **more easily** if you have a map.
  당신은 지도가 있으면 그 마을의 길을 보다 쉽게 찾을 것이다.

- Your handwriting is **better** than mine. 〈good의 비교급〉
  너의 글씨체는 내 것보다 낫다.

- This is **worse** than that. 〈bad의 비교급〉
  이것이 저것보다 나쁘다.

- My **elder** sister got married last year. 〈old의 비교급〉
  나의 누나/언니는 작년에 결혼했다.

- **Latest** reports say another five people have been killed. 〈late의 최상급〉
  다섯 명이 더 죽었다고 최신 보도가 전한다.

※ 다음 단어의 비교급과 최상급을 쓰시오.

1 busy   nice   tidy   boring

surprised   afraid   frequent   modern

reliable   important   comfortable   well

little   many   smartly

※ 다음 문장의 밑줄 친 단어를 적절한 비교급으로 고쳐 쓰시오.

2 The Amazon is <u>long</u> than the Mississippi.

3 You look <u>thin</u>. Have you lost weight?

4 The acrobat is <u>beautiful</u> than the clown.

5 This game is <u>exciting</u> than the last one.

6 You're always tired in the mornings. You should go to bed <u>early</u>.

7 I feel <u>bad</u> than I did yesterday.

8 Ann's younger sister is still at school. Her <u>old</u> sister is a nurse.

9 If you need any <u>far</u> information, please contact our head office.

※ 다음 문장에서 어법상 어색한 곳을 찾아 바르게 고쳐 쓰시오.

10 London is more big than Birmingham.

11 The piano is heavier than the sofa.

12 My new job is more better than my old one.

13 We are now in the later half of the twenty-first century.

※ 다음 문장의 빈칸에 알맞은 말을 고르시오.

1 Some children are _____ others.

(A) very difficult than   (B) much difficult than

(C) more difficult than   (D) too difficult than

2 This detailed map is _____ the atlas.

(A) more useful as   (B) more useful than

(C) usefuller as   (D) usefuller than

3 My brother speaks English _____ I speak Japanese.

(A) well than   (B) more better than

(C) better than   (D) best than

4 If we consume resources _____ them, we are depriving future generations of the opportunity to use them.

(A) fast that they can replenish

(B) fast that they can be replenished

(C) faster than they can be replenishing

(D) faster than they can be replenished

※ 다음 문장의 밑줄 친 부분 중 어법상 가장 어색한 것을 고르시오.

5 Sandy is getting heavy than she wants to be; her clothing is much too tight
        (A)   (B)   (C)   (D)
for her.

6 Peanuts are closely related to peas than to nuts.
     (A)   (B)   (C)   (D)

7 I know of no man in the neighborhood who is more intelligent as him.
     (A)   (B)   (C)   (D)

비교급 문장을 올바로 이해하려면 그 문장의 구조를 정확히 아는 것이 무엇보다 중요하다. 그리고 이를 위해서는 실제로 비교급을 만들어 보는 것이 가장 효율적이다.

A 기본 원칙

> **Anna** is cleverer than **Susan**. 〈비교대상이 주어〉
>
> James enjoys going to **the theater** more than **the movies**. 〈비교대상이 목적어〉
> James는 영화보다 연극을 보러 가는 것을 더 좋아한다.

비교대상이 주어인 경우

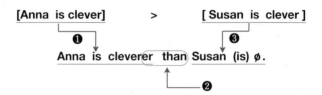

비교대상이 목적어인 경우

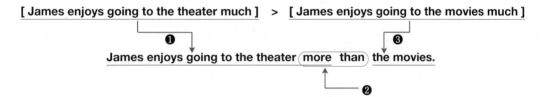

❶ 첫 문장은 고치지 않고 그대로 쓴다.
❷ 두 문장의 공통부분인 비교요소를 비교급으로 만든 다음 than을 추가한다.
  (clever → cleverer than / much → more than)
❸ than 뒤에는 두 번째 문장을 쓰되 비교요소와 중복 부분은 쓰지 않는다.
  (비교요소: clever much / 중복 부분: James enjoys going to)

- The photographs disappointed **my parents** more than (they disappointed) **me**.
  그 사진들은 나보다 우리 부모님을 더 실망시켰다.
- James knows more **about films** than **about music**.
  James는 음악에 대해서보다 영화에 대해서 더 많이 안다.

- **He speaks** more quickly than **his secretary can take dictation**.
  그는 비서가 받아 적을 수 있는 것보다 더 빠르게 말한다.

- It's cheaper to go **by car** than to go **by train**.
  기차로 가는 것보다 자동차로 가는 것이 더 저렴하다.

| 👆 잠깐!! |

★ 비교대상의 일치

➡ 비교대상은 그 내용이 같은 범주의 단어여야 한다.

The climate of Korea is far milder than **that of Siberia**. |옳은 표현|

The climate of Korea is far milder than *Siberia*. |틀린 표현|

한국의 기후는 시베리아의 기후보다 훨씬 더 온화하다.

비교대상은 the climate of Korea(한국의 기후)와 that(the climate) of Siberia(시베리아의 기후)로 옳은 표현이다. 반면에 두 번째 문장의 비교대상은 the climate of Korea와 Siberia로 서로 비교될 수 없는 다른 범주의 명사이므로 틀린 표현이다.

B 그 밖의 중요 사항

(1) 동사

than 뒤의 동사는 than 앞 주절의 동사를 반복한다. 다만 일반동사인 경우는 do동사로 대체한다.

> Henry **is** richer than Arthur **is**. Henry는 Arthur 보다 더 부자이다.
> Ann **works** harder than her sisters **do**. Ann은 언니보다 더 열심히 일한다.
>
> ⭕ than 이후에 나오는 동사는 그 앞의 동사를 반복해서 사용한다. 주의할 점은 앞의 동사가 조동사, be동사, have (p.p.)동사가 아닌 일반동사인 경우는 그 일반동사 대신 do동사를 쓴다는 것이다.

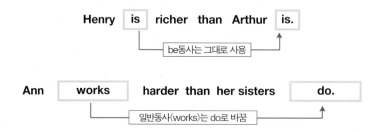

- This hotel **is** more comfortable than that **is**.
  이 호텔은 저 호텔보다 더 편안하다.

- John **can** run faster than I **can**. John은 나보다 더 빨리 달릴 수 있다.

- He **has** more books than his brother **has**.
  그는 형보다 책이 더 많다.
- I **know** him better than you **do**.
  나는 너보다 그를 더 잘 안다.

than 이후의 〈주어＋동사〉에서 동사는 생략되는 경우가 많다.

- This hotel is more comfortable than **that** (**is**).
- John can run faster than **I** (**can**).

(2) than 뒤의 도치

than 뒤의 〈주어 + 동사〉는 〈동사 + 주어〉로 도치되어 쓰이기도 한다.

I spend more than **my friends do**.　　　　〈주어＋동사〉

I spend more than **do my friends**.　　　　〈동사＋주어〉

나는 친구들 보다 돈을 더 많이 쓴다.

◐ 둘 다 옳은 표현이지만, 주어가 인칭대명사가 아니고, than 이하가 다른 수식어 없이 〈주어＋동사〉만으로 구성되어 있을 때는 도치를 더 선호한다. 그리고 이 도치 형식은 원급 as 다음에서도 똑같이 적용된다.

- Oil costs less than **would atomic energy**.
  기름은 원자에너지보다 비용이 적게 든다.
- Girls perform better on IQ tests than **do boys**.
  여자애들이 남자애들보다 IQ 테스트에서 점수가 더 잘 나온다.

※ 다음 문장의 ( ) 안의 단어를 바르게 배열하시오.

1 The oil-painting is (expensive, than, more) the water-color.

2 Once the mighty Nile carried (greater, a, than, volume of water) it does today.

※ 다음 문장의 빈칸에 알맞은 동사를 쓰시오.

3 You are taller than I _____.

4 I can't run faster than he _____.

5 James enjoys the theater more than Susan _____.

6 Wolves range over a narrower area than _____ apes.

※ 다음 문장에서 어색한 부분을 찾아 바르게 고쳐 쓰시오.

7 The river was more deep than I expected so I decided to turn back.

8 His salary is higher than the prime minister.

9 He goes to the cinema often than I do.

10 This painting is from the 17th century. — Really? It looks more recently than that.

11 Although a different speaker began to talk, I felt even more bored than before.

12 We have more people down here that we can handle.

13 The human papilloma virus is more closely tied to cervical cancer than do herpes viruses.

14 Changes in housing prices have a more greater impact on the CPI than a drought.

※ 다음 빈칸에 알맞은 말을 고르시오.

1 The total weight of all the ants in the world is much greater than _____ .

(A) to all human beings   (B) all human beings is that

(C) is all of human beings   (D) that of all human beings

2 The western part of the state generally receives more rain than _____ the eastern part.

(A) does   (B) in it does

(C) are   (D) in

3 Overexposure to the sun can produce _____ can some toxic chemicals.

(A) more than damage to the skin

(B) more damage than to the skin

(C) damage more than to the skin

(D) more damage to the skin than

4 Why are some people more prone to emotional stress disorders _____ ?

(A) which others are   (B) than are others

(C) and are others   (D) that others are

※ 다음 밑줄 친 부분 중 어법상 가장 어색한 것을 고르시오.

5 Modern athletes command much great salaries for their services than
            (A)   (B)   (C)

the athletes of past generations did.
                    (D)

6 Tom is more worried about his fame rather than about doing as good a job
                (A)   (B)   (C)   (D)

as possible.

7 Very old dolls were made from substances durable than cloth.
            (A)   (B)   (C)   (D)

3 그 밖의 표현들

A 〈the 비교급 ~, the 비교급 … 〉 구문

(1) 모양

〈the 비교급＋절(주어＋동사), the 비교급＋절(주어＋동사)〉의 형식을 취한다.

> **The smaller** a car is, **the easier** it is to park. 차가 작을수록, 주차하기는 더 쉽다.

The smaller	a car is,	+	the easier	it is to park.
(the 비교급)	(절)		(the 비교급)	(절)

〈the 비교급＋절〉은 완전한 절

〈the 비교급＋절〉은 그 자체로 완전한 절이다. 비교급은 원래 절에 있던 단어이므로 그 비교급을 포함해야 전체가 완전한 절이 된다.

be동사의 생략

the 비교급 문장에서 be동사는 생략되는 경우가 많다.

- The colder the weather (**is**), the higher my heating bills (**are**).
  날씨가 추울수록 난방비가 높아진다.
- The higher the price (**is**), the more reliable the product (**is**).
  가격이 높을수록 제품은 믿을만하다.

(2) 의미

〈the 비교급(A), the 비교급(B)〉은 「A하면 할수록 그만큼 더 B하다」의 뜻이다.

- **The more expensive** the hotel, **the better** the service. 〈the hotel / the service 뒤에 'is' 가 생략〉
  호텔이 비쌀수록 서비스는 더 좋아진다.
- **The more** you have, **the more** you want. 사람들은 더 많이 가질수록 더 많이 원한다.
- What time shall we leave? –**The sooner the better**. 우리 언제 떠날까? – 빠를수록 더 좋다.
- **The earlier** we leave, **the sooner** we will arrive. 일찍 떠나면 떠날수록 그만큼 더 빨리 도착할 것이다.

B 열등 비교

-er이나 more 대신에 less를 쓰면 「~보다 못한」이라는 열등비교가 된다.

> Susan is **less** clever **than** Anna. Susan은 Anna보다 더 똑똑하지 않다.
>
> Money is **less** important **than** good health. 돈은 건강보다 더 중요하지 않다.
>
> ➡ -er/more를 붙이는 비교를 우등비교라고 하고, less를 붙이는 비교를 열등비교라고 한다. 우등비교에는 -er나 more 두 가지가 쓰이지만 열등비교에는 항상 less만 붙는다. 짧아도(clever) 길어도(important) 모두 less가 붙었다.

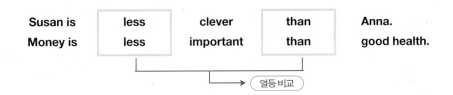

- A bus is **less expensive than** a taxi. 버스는 택시보다 덜 비싸다.
- I feel better today, **less tired** (**than** yesterday). 나는 오늘 더 나아졌다. 어제보다 덜 피곤하다.
- We go out **less often** these days (**than** before). 우리는 요즘 전보다 덜 자주 외출한다.

C 비교급의 연속: 비교급 and 비교급

어떤 상황이 계속 변할 때 같은 비교급을 연속해서 사용한다. 「점점 더 ~하다」로 해석한다.

> The weather is getting **colder and colder**. 날씨가 점점 추워지고 있다.
>
> It's becoming **more and more difficult** to find a job.
> 일자리 찾기가 점점 어려워지고 있다.
>
> ➡ more가 붙는 경우는, more difficult and more difficult처럼 쓰지 않는다.

| The weather is getting | colder and colder. | |
| It's becoming | more and more difficult | to find a job. |

비교급 and 비교급 : 점점 더 ~ 하다

- As I waited for my interview, I became **more and more nervous.**
  면접을 기다리고 있을 때 나는 점점 더 긴장이 되었다.
- Your English is improving. It's getting **better and better.**
  너의 영어가 나아지고 있다. 점점 좋아지고 있다.

- These days **more and more** people are learning English.
  요즘 점점 더 많은 사람들이 영어를 배운다.

D · no more ~ than & no less ~ than

〈no + 우등비교(more)+than〉은 문장 전체에 '부정'의 뜻이 있고, 〈no + 열등비교(less)+than〉은 문장 전체에 '긍정'의 뜻이 있다.

> Rachel is **no more** courageous **than** Saul (is). 〈부정〉
> Rachel은 Saul 만큼이나 용감하지 않다.
>
> Catherine is **no less** beautiful **than** her sister (is). 〈긍정〉
> Catherine은 언니 만큼이나 예쁘다.
>
> ❍ 첫 번째 문장 전체가 부정의 개념으로서 'Rachel은 Saul보다 용감하지 않다'의 뜻인데 사실 그 속에서 'Saul은 용감하지 않다'는 것이 이미 전제되어 있다. 따라서 'Rachel도 겁쟁이이다'라는 뜻이다. 두 번째 문장은 그 반대의 개념으로서 'Catherine은 (누구나 미인이라고 알고 있는) 언니만큼이나 미인이다. 또한 언니가 미인이듯이 Catherine도 미인이다'라는 뜻이다.

no 대신에 not을 써도 큰 차이는 없다.

- She is **no less** beautiful **than** her sister.
  ≒ She is **not less** beautiful **than** her sister.
- Paul has **no more** friends **than** I have.
  내가 친구가 없는 만큼 Paul도 친구가 없다.
- Tom is **no more** able to read Chinese **than** I am.
  내가 한자를 읽지 못하는 것처럼 Tom도 읽지 못한다.
- I'm feeling **no worse than** yesterday.
  나는 어제 만큼 오늘도 건강하다.

E   비교급 강조 부사

비교급 강조 부사들
much   a bit   a little   a lot   far   even   still

- Let's go by car. It's **much cheaper**.
  자동차로 갑시다. 그것이 훨씬 더 저렴하다.
- Could you speak **a little more** slowly?
  약간 더 천천히 말씀해주실래요?
- I need **a lot more** water.
  나는 훨씬 더 많은 물이 필요하다.

F   than 이후의 다양한 모습들

than 이하가 생략되기도 하고, 다양한 비교대상이 나오기도 한다.

Could you speak **more slowly**, please? 조금만 천천히 말씀해 주시겠어요?	〈than 이하의 생략〉
The examination was easier than **we expected**. 시험은 우리의 예상보다 더 쉬웠다.	〈예상과 실제의 비교〉
My toothache is more painful than it **was** yesterday. 나의 치통은 어제보다 더 심하다.	〈과거와 현재의 비교〉

G   More than

more than이 한 단어로 쓰여 비교가 아니라 「~ 이상, 더욱」이라는 뜻으로 쓰인다.

I weigh **more than** 200 pounds.   나는 몸무게가 200파운드 이상이다.

- **More than** one school has closed.   한 학교 이상이 문을 닫았다.
- He was **more than** willing to help.   그는 더욱 기꺼이 도와 줄 것이다.
- It goes **faster than** 100 miles per hour.   그것은 시속 100킬로 이상의 빠르기로 간다.
- The strike was nothing **less than** a national catastrophe.
  그 파업은 국가적 재난이었다.

H 동일인 비교: more A than B

〈more A than B〉는 굳어진 표현으로서 같은 주어에 대해 서로 다른 것을 비교한다. 「B라기 보다는 A이다」라는 뜻이다. 〈A rather than B〉와 같은 뜻이다.

I was **more** angry **than** frightened.　　　　　　〈angrier than은 틀린 표현〉
I was angry **rather than** frightened.
나는 무서웠다기보다 화가 났다.

> ○ I라는 동일 주어에 대해 frightened와 angry를 비교하고 있다. 주의할 점은 more angry를 angry의 비교급인 angrier로 쓰면 안 된다. 왜냐하면 이 문장은 more ~ than 구문이기 때문이다.

- He is **more** a scholar **than** a writer.
  그는 작가라기보다는 학자이다.

- Personally, I thought Carl was **more** mad **than** brave.
  개인적으로 나는 Carl을 용감하다기보다는 미쳤다고 생각했다.

- Although the paint was called 'Sky blue', I thought it was **more** green **than** blue.
  그 그림물감이 '스카이 블루' 라고 불렸지만 나는 파란색이기보다 녹색이라고 생각했다.

※ 다음 우리말과 같은 뜻이 되도록 ( ) 안의 단어를 바르게 고쳐 쓰시오.

1 The longer he waited, (he became impatient).
그는 오래 기다릴수록 더욱 더 초조해졌다.

2 (the weather is good, the beaches get crowded).
날씨가 좋을수록 해변은 더욱 더 붐빈다.

3 (you use much electricity, your bill will be high).
전기를 많이 쓰면 쓸수록 청구서는 그만큼 비싸질 것이다.

※ 다음 어법상 가장 <u>어색한</u> 곳을 찾아 바르게 고쳐 쓰시오.

4 Her illness was far more serious than we at first thought.

5 Let's go by train. It's very cheaper.

6 Janet looks a little thinner than she did last year.

7 Many of the world's seas and rivers are becoming more polluted and polluted.

8 Laura once hated flying, but now she feels less nervous about it.

9 The more older my grandmother gets, the more forgetful she becomes.

10 I would have been able to do it more better.

11 Tom is no athletic more than he ever was.

12 We will be more than happy to refund your money.

13 His sister is less clever than him.

14 Sam isn't a bad boy really. He's naughtier than dishonest.

※ 다음 우리말과 같도록 <u>어색한</u> 곳을 찾아 바르게 고쳐 쓰시오.

15 Robert is no more intelligent than Bill.
Robert는 Bill만큼이나 똑똑하다.

16 He's no more your friend than I'm not your mother.
내가 네 엄마가 아니듯이 그도 너의 친구가 아니다.

17 The world's population is getting big and big.
세계의 인구가 점점 더 많아(big)지고 있다.

정답 및 해설 ➔ p.35

※ 다음 문장의 빈칸에 알맞은 말을 고르시오.

1 _____, the more he looks like his grandfather.

(A) The older Mark gets   (B) The more old Mark gets

(C) More Mark gets old   (D) Older gets Mark

2 My new job is great. I like it _____ better than my old one.

(A) more   (B) most

(C) much   (D) very

3 This place gets _____ crowded with tourists every summer.

(A) always more   (B) crowded and more

(C) from more to more   (D) more and more

4 "He speaks German no better than you speak French." 와 가장 가까운 의미는?

(A) You speak German very well.

(B) He speaks German well.

(C) You cannot speak French well, nor can he speak German well.

(D) He speaks German well, but not so well as you speak French.

4 원급

A 원급의 기본 형식

문장 속에 〈as ~ as〉가 들어 있으면 원급 문장이다.

> Henry is **as** rich **as** Joe.
> Henry는 Joe만큼 부유하다.
>
> We do crosswords **as** quickly **as** you do.
> 우리는 너만큼 빨리 낱말 맞추기를 한다.

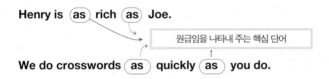

- The film was **as** funny **as** his last one.
  그 영화는 그의 지난 번 영화만큼 재미있었다.
- Our house is **as** big **as** yours.
  우리 집은 너의 집만큼 크다.
- It's not **as** quiet a place **as** it used to be.
  그곳은 옛날만큼 조용한 곳이 아니다.

| 🖐 잠깐!! |

as ~ as 사이에는 형용사/부사만 써야 하고 명사는 써서는 안 된다. 명사는 〈as many/much+명사〉의 형식을 취한다.

I don't earn **as much money as** you (do).　〈money가 불가산이므로 much〉 ⎤
나는 너만큼 많은 돈을 벌지 않는다.　　　　　　　　　　　　　　　　　　 ｜ 옳은 표현｜
I don't read **as many books as** you (do).　〈books가 가산이므로 many〉 ⎦
나는 너만큼 많은 책을 읽지 않는다.

I don't earn *as money as* you (do).　　　　　　　　　　　　　　　　　　 ⎤
나는 너만큼 돈을 벌지 못한다.　　　　　　　　　　　　　　　　　　　　　 ｜ 틀린 표현｜
I don't read *as books as* you (do).　　　　　　　　　　　　　　　　　　 ⎦
나는 너만큼 책을 많이 읽지 않는다.

B   원급 문장 만들기

비교급 문장에서 -er/more than 대신에 〈as ~ as〉를 쓰면 원급 문장이 된다. 그 밖의 것은 원급과 비교급이 서로 같다.

> Anna is clever**er than** Susan.   Anna는 Susan보다 영리하다.   〈비교급〉
>
> Anna is **as** clever **as** Susan.   Anna는 Susan만큼 영리하다.   〈원급〉

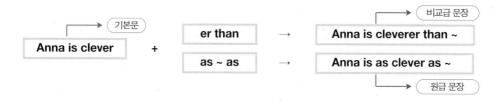

- Henry is rich**er than** Arthur.   Henry는 Arthur보다 부자이다.   〈비교급〉
- Henry is **as** rich **as** Arthur.   Henry는 Arthur만큼 부자이다.   〈원급〉
- James enjoys going to the theater **more than** the movies.   〈비교급〉
  James는 영화보다 연극을 보러 가는 것을 좋아한다.
- James enjoys going to the theater **as** much **as** the movies.   〈원급〉
  James는 영화만큼 연극을 보러 가는 것을 좋아한다.
- The city center was **more** crowded this morning **than** it is usually.   〈비교급〉
  그 도심지는 오늘 아침 평소보다 더 붐볐다.
- The city center was **as** crowded this morning **as** it is usually.   〈원급〉
  그 도심지는 오늘 아침 평소만큼 붐볐다.

C   not as/so ~ as: 원급의 부정

원급의 부정인 〈not as/so ~ as〉는 열등비교와 같은 뜻이다.

> Henry is **not as/so** rich **as** Joe.   Henry는 Joe만큼 부유하지 않다.

- Today is **not as/so** cold **as** yesterday.   오늘은 어제만큼 춥지 않다.

- Jim did**n't** do **as** well in his examination **as** he had hoped.

  Jim은 그가 바랐던 것만큼 시험을 잘 치르지 못했다.

- I do**n't** know **as** many people **as** you do.

  나는 너만큼 많은 사람들을 알지 못한다.

| ✋ 잠깐!! |

★ 원급 아닌 구문에 주의

not so much A as B

not A so much as B 　　「A가 아니라 B이다」라는 숙어이다. 원급(비교표현)이 아니다.

He was **not so much** brave **as** mad.

He was **not** brave **so much as** mad.　　그는 용감한 것이 아니라 미쳤다.

He was mad **rather than** brave.

D ｜ the same as 구문

「~과 동일한」이라는 표현에 〈the same + (명사) + as〉의 표현이 있다.

> Ann's salary is **the same as** mine.
>
> Ann의 월급은 내 월급과 같다.
>
> Tom is **the same** age **as** George.
>
> Tom은 George와 같은 나이이다.
>
> ➋ 〈the same as〉로도 쓰이고, 〈the same + 명사 + as〉로도 쓰인다. 원급의 일종이므로 as ~ as로 바꿔 쓸 수 있는 것도 있다.

- Ann's salary is **the same as** mine.

  = Ann's salary is **as** much **as** mine.

- Tom is **the same** age **as** George.

  = Tom is **as** old **as** George.

- What would you like to drink? —— I'll have **the same as** last time.

  무엇을 드실래요? – 지난번 것과 똑같은 것을 먹겠습니다.

- The result of the match was **the same as** last year.

  그 시합의 결과는 작년과 똑같았다.

- I arrived here at **the same** time **as** you.

  나는 너와 같은 시간에 이곳에 도착했다.

E 배수 표현

「~의 몇 배」인 배수 표현은 〈as ~ as〉의 원급에 배수사를 추가하면 된다.

> Their house is **three times as** big **as** ours. 그들의 집은 우리 집보다 세 배 크다.

Their house is as big as ours. 〈원급〉

(three times) 〈배수사〉

➡ Their house is three times as big as ours.
〈배수 표현〉

- Petrol is **twice as** expensive **as** it was a few years ago. 기름 값이 몇 년 전보다 두 배 비싸다.
- I paid **three times as** much for the meal **as** they did. 나는 식사 값으로 그들보다 세 배를 지불했다.
- We have **a third as** many students in our class **as** we had last term.
  우리 반에는 지난 학기의 3분의 1의 학생들이 있다.

배수사들			
twice 2배	three times 3배	four times 4배	ten times 10배
half 2분의 1배	a third 3분의 1배	a fourth 4분의 1배	a tenth 10분의 1배

(1) 배수사와 비교급

three times 이상은 비교급에도 쓸 수 있다. twice와 그 이하는 쓸 수 없다.

- I paid **three times as** much for the meal **as** they did.
- I paid **three times more** for the meal **than** they did.

| 둘 다 옳은 표현 |

- Petrol is **twice as** expensive **as** it was a few years ago. | 옳은 표현 |
- Petrol is *twice more* expensive *than* it was a few years ago. | 틀린 표현 |

(2) 〈twice the + 명사〉의 유형

〈배수사 + 원급〉 이외에 제한적이기는 하지만 〈배수사 + 명사〉의 표현도 있다.

- He has **twice as** many books **as** I have. 그는 나보다 책을 두 배 많이 갖고 있다.
  = He has **twice the number** of my books.
  → He has *the twice number* of my books. | 틀린 표현 |

- This is **three times as long as** that. 이것은 저것의 길이의 3배이다.
  = This is **three times the length** of that.

※ 다음 어법상 어색한 곳을 찾아 바르게 고쳐 쓰시오.

1 That is only to be expected in a country as restless and ambitious than Brazil.

2 Let's walk. It's just as quickly as taking the bus.

3 It is estimated that the population of the country is half as large as the United States.

4 The Downtown Hotel is not very pleasant a place to stay as the Strand Hotel.

5 They haven't lived here as long as we are.

※ 다음 두 문장이 같은 뜻이 되도록 빈칸에 알맞은 말을 쓰시오.

6 My salary is high but yours is higher.
   = My salary isn't _____ _____ as yours.

7 There were fewer people at this meeting than at the last one.
   = There weren't _____ _____ people at this meeting _____ the last one.

8 The table and the desk are the same size.
   = The table is _____ _____ _____ the desk.

※ 다음 우리말과 같은 뜻이 되도록 빈칸에 알맞은 말을 쓰시오.

9 The GNP is _____ _____ as much as (it was) a decade ago.
   GNP가 10년 전의 네 배가 되었다.

10 The bird was _____ as big as an eagle.
   = The bird was _____ the _____ of an eagle. 그 새는 독수리의 절반 크기였다.

11 You made the _____ mistake _____ I made.
   너는 나와 똑같은 실수를 저질렀다.

※ 다음 빈칸에 들어갈 알맞은 말을 고르시오.

1 Luckily my new boss isn't as rude _____ my old boss, Mrs. Crossley, was.

(A) as   (B) so

(C) than   (D) that

2 The social system of bumblebees is not as complex _____ .

(A) than honeybees

(B) as honeybees

(C) that honeybees are

(D) as that of honeybees

3 The Japanese eat seven times _____ as do Americans.

(A) the fish   (B) more fish

(C) as much fish   (D) as fish

※ 다음 문장의 밑줄 친 부분 중 어법상 가장 <u>어색한</u> 것을 고르시오.

4 Research has shown that college students can learn as much from peers
                   (A)   (B)

since they do from instructors.
 (C)   (D)

5 Studies show that the new strategy is not very effective as the previous one.
      (A)   (B)   (C)   (D)

6 With productive thinking, one generates as many alternative approaches
 (A)   (B)

that one can.
 (C) (D)

7 Scientists have recently argued that Einstein's contribution to physics and
                   (A)   (B)

mathematics are less important as Newton's.
         (C)   (D)

5 최상급

A 최상급의 모양과 의미

문장 속에 〈(the) -est〉나 (the) most가 들어 있으면 최상급 문장이다. 셋 이상의 비교대상 중에서 「가장 ~한」이라는 뜻을 나타낸다.

It's **the most** expensive hotel in Oxford.
그것은 옥스퍼드에서 가장 비싼 호텔이다.

Martin is **the** tall**est** of the three children.
Martin은 그 세 아이 중에서 키가 가장 크다.

❍ 최상급 앞에는 일반적으로 정관사 the를 붙인다.

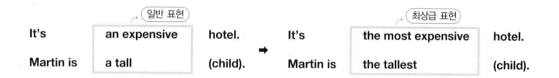

	일반 표현				최상급 표현	
It's	an expensive	hotel.	➡	It's	the most expensive	hotel.
Martin is	a tall	(child).		Martin is	the tallest	(child).

- This is **the best** room in the hotel.
  이것이 그 호텔에서 최고의 객실이다.

- Michael Jackson is one of **the most** famous pop singers ever.
  Michael Jackson은 지금까지의 가장 유명한 팝 가수 중 한 명이다.

- **The** quick**est** way is along this path.
  가장 빠른 길은 이 길을 따라가는 것이다.

- I'm **the least** musical person in the world, I'm afraid.
  나는 아마 세계에서 가장 음악적이지 못한 사람일 것이다.

❍ most 대신에 least를 붙이면 「가장 ~하지 않은」이라는 '최하 표현'이 된다.

B 최상급에 따라다니는 표현

최상급과 항상 함께 쓰이는 표현이 있다. in, of, 관계사절이 바로 그것이다.

> It's the most expensive hotel **in** Oxford. 〈in + 장소명사〉
>
> Martin is the tallest **of** the three children. 〈of + 동종의 명사〉
>
> That was the most delicious meal (**that**) **I've ever eaten.** 〈ever가 포함된 관계사절〉
> 그것은 내가 먹어본 것 중에서 가장 맛있는 식사였다.
>
> ○ in 뒤에는 장소명사가 오고, of 뒤에는 최상급에 쓰인 명사와 같은 종류의 명사가 오고, 관계사절에는 대개 ever가
> 쓰이나 could가 쓰이기도 한다.

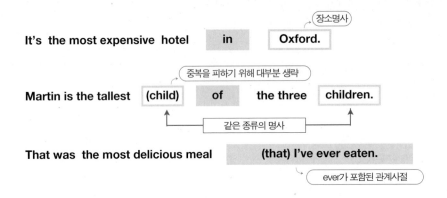

In

- **What is the longest river in the world?** 〈the world를 장소로 간주〉
  세계에서 가장 긴 강은 무엇이니?
- **Who is the best player in the team?** 〈the team을 장소로 간주〉
  그 팀에서 최고의 선수는 누구이니?

Of

- **The blue whale is the largest of all the animals.**
  청고래는 모든 동물들 중 가장 큰 동물이다.
- **August is the wettest month of the year.** 〈month와 year는 같은 종류의 명사〉
  8월은 일 년 중 습기가 가장 많은 달이다.

관계사절

- **What's the best film (that) you've ever seen?**
  네가 본 적이 있는 영화 중에서 최고의 영화는 무엇이니?
- **Which is the most beautiful place (that) you've ever been to?**
  네가 가본 적이 있는 곳 중에서 가장 아름다운 곳은 어디이니?

C Most

most는 최상급 어미, 부정대명사, 강조어의 세 가지 역할이 있다.

They are **the most famous** team in the world. 〈최상급〉
그들은 세상에서 가장 유명한 팀이다.

Most people take their holidays in summer. 〈부정대명사〉
대부분 사람들은 여름에 휴가를 간다.

Which words or phrases do you **most** overuse? 〈강조어〉
너는 어떤 말을 가장 남용하니?

최상급

- He was **the most highly** paid member of the staff.
  그는 직원 중에서 가장 높은 연봉을 받는 사람이었다.
- Crack is **the most addictive** drug on the market.
  Crack은 시장에서 판매되는 가장 중독성이 강한 마약이다.
- The Hotel Bristol has **the most** rooms. 〈most는 many의 최상급〉
  Bristol 호텔이 가장 많은 객실을 보유하고 있다.

부정대명사

- **Most** adults are immune to Rubella.
  대부분의 성인은 풍진에 저항력이 있다.
- **Most** of my friends are Christian.
  내 친구들 대부분은 기독교인이다.
- **Most** of the lake is in the shadow of the mountain.
  그 호수의 대부분은 산의 그늘진 곳에 있다.

강조어

- Jim was a **most** loving husband and father. 〈very보다 강한 뜻〉
  Jim은 가장 자상한 남편이며 아빠이다.
- The betrayal hurt me **most**. 〈much보다 강한 뜻〉
  그 배반이 나를 가장 아프게 했다.
- What she feared **most** was becoming like her mother. 〈much보다 강한 뜻〉
  그녀가 가장 두려워하는 것은 자기 엄마처럼 되는 것이었다.

D 그 밖의 최상급 표현

(1) 최상급과 정관사

형용사의 최상급에는 정관사 the를 붙이지만, 부사의 최상급과 '절대비교'의 최상급에는 the를 붙이지 않는 것이 일반적이다.

> I just had **the most awful** dream. 〈형용사의 최상급〉
> 나는 가장 무서운 꿈을 방금 꾸었다.
>
> Ben runs **fastest** when he isn't tired. 〈부사의 최상급〉
> Ben은 피곤하지 않을 때는 아주 빨리 달린다.
>
> The lake is **deepest** here. 이 호수는 여기가 가장 깊다. 〈절대비교의 최상급〉
>
> ➊ 세번째 문장은 '여러 호수를 비교하는 것'이 아니라 '하나의 호수 중 여기저기를 비교하는 것'이다.

- Yesterday was **the hottest** day of the year.
  어제가 일 년 중 가장 더운 날이었다. 〈형용사의 최상급〉
- That was **the most delicious** meal I've had for a long time.
  그것이 내가 오랜 기간 동안 먹어보았던 것 중 가장 맛있는 식사였다.

- That was a difficult question, so I answered it **last**.
  그것은 어려운 질문이어서 나는 가장 마지막으로 답을 했다. 〈부사의 최상급〉
- I work **fastest** when I'm under pressure.
  나는 압박을 받을 때 가장 빨리 일한다.

- Mothers are **happiest** when they are with their babies. 〈절대비교〉
  엄마들은 아기들과 함께 있을 때 가장 행복하다.

부사의 최상급 + the

부사의 최상급도 그 뒤에 of all 등이 오면 앞에 정관사 the를 붙인다.

- She runs **the fastest of all** the girls.
  그녀는 그 모든 애들 중에서 가장 빨리 달린다.
- Tim tries **the hardest of all** the boys in his class.
  Tim은 학급의 모든 아이들 중에서 가장 열심히 한다.

(2) 최상급 강조 부사

최상급 강조 부사들
quite   almost   altogether   much   far   by far   nearly

- This is **nearly the most expensive** bicycle in the shop.
  이것이 그 가게에서 가장 비싼 자전거이다.
- Watching sports is **by far the most popular** activity on Saturday afternoons.
  스포츠 관람이 토요일 오후의 가장 대중화된 활동이었다.

(3) 원급과 비교급의 최상 표현

비교급과 원급의 형식으로 최상급의 내용을 표현할 수 있다.

> Jane is clever**er than any other girl** in the class. 〈비교급〉
> Jane은 그 학급에서 가장 똑똑하다.
>
> Jane is **as** clever **as any** girl in the class. 〈원급〉
> Jane은 그 학급에서 가장 똑똑하다.

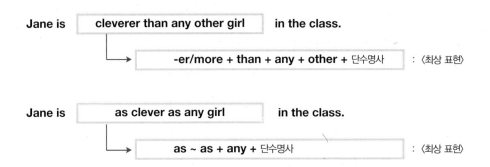

Jane is [cleverer than any other girl] in the class.
　　　　→ [-er/more + than + any + other + 단수명사] : 〈최상 표현〉

Jane is [as clever as any girl] in the class.
　　　　→ [as ~ as + any + 단수명사] : 〈최상 표현〉

- Saudi Arabia produces **more** oil **than any other country**.
  = Saudi Arabia produces **more** oil **than all the other countries**.
  = **No other country** produces **more** oil **than** Saudi Arabia.
  　사우디아라비아가 어떤 나라보다도 기름을 가장 많이 생산한다.

  〈비교급 형식의 최상 표현〉

- He is **as** brave **as any soldier** in the world.
  = He is **as** brave **a soldier as any** in the world.
  = **No other soldier** is **as** brave **as** he in the world.
  　그는 세상에서 가장 용감한 군인이다.

  〈원급 형식의 최상 표현〉

※ 다음 밑줄 친 부분의 단어를 바꾸어 최상 표현이 되도록 하시오.

1   It's a very cheap restaurant. It's <u>cheap</u> restaurant in the town.

2   It's a very valuable painting. It's <u>valuable</u> painting in the gallery.

3   I've never seen such a boring film. It's <u>boring</u> film I've ever seen.

4   I'm <u>little</u> musical person in the world, I'm afraid.

※   다음 문장의 밑줄 친 부분을 바르게 고쳐 쓰시오.

5   It's the <u>large</u> company in the country.

6   Which is the <u>long</u> of the two coats?

※   다음 문장의 ( ) 안에서 알맞은 말을 고르시오.

7   We were lucky to have one of the nicest rooms [in / of] the hotel.

8   Friday is the busiest day [in / of] the week.

※   다음 문장이 옳으면 T, 틀리면 F로 표기하시오.

9   That house over there is the oldest building of the town.

10   The book you lent me was most interesting.

11   The most teenagers like to go to parties.

12   Who is taller; John, Mary, or Sue?

13   Thank you for the money. It was the most generous of you.

14 Nothing is _____ precious than _____.
시간보다 소중한 것은 없다.

15 He's much _____ generous _____ any of his brothers.
그는 여러 형제들 중에서 가장 마음씨가 후하다.

※ 다음 문장의 빈칸에 알맞은 말을 고르시오.

1 Built at the beginning of the century, the Library of Congress houses one of the largest _____ collections of books in the world.
  (A) and fine   (B) and finest
  (C) or finest   (D) yet fine

2 She was the _____ friendly person I've ever met.
  (A) least   (B) less
  (C) less and less   (D) more

※ 다음 밑줄 친 부분 중 어법상 가장 <u>어색한</u> 것을 고르시오.

3 Of the three <u>plants</u> in my apartment, only the ivy, <u>which</u> is <u>the hardier</u>,
  　　　　　　　(A)　　　　　　　　　　　　　　　　　　　　(B)　　　　　(C)
<u>lived through</u> the winter.
  　　(D)

4 The <u>development</u> of the plow was <u>more important</u> to agriculture than
  　　　　(A)　　　　　　　　　　　　(B)
<u>any another</u> <u>technological</u> advance.
  　　(C)　　　　　(D)

5 Although both <u>of them</u> are <u>trying</u> <u>to get</u> the scholarship, he has the <u>highest</u>
  　　　　　　(A)　　　　(B)　　　(C)　　　　　　　　　　　　　　　(D)
grades.

※ 다음 문장의 빈칸에 알맞은 말을 고르시오.

1 The bad thing is that the commute isn't _____ simple as it was in my old job.

(A) as   (B) less

(C) more   (D) same

2 The company tends to hire a _____ percentage from one group of applicants than another.

(A) high   (B) as high

(C) higher   (D) highest

3 Automobile accidents are far more frequent than _____.

(A) having an accident in an airplane

(B) airplane have accidents

(C) airplane accidents

(D) there are airplane accidents

4 By far _____ exciting of the dog's qualities is his inherent ability to work hard.

(A) many   (B) very

(C) the most   (D) much

5 John, which hotel would you recommend?

— Well, staying in this hotel costs _____ staying in that one.

(A) more than twice   (B) as twice much as

(C) more twice than   (D) twice as much as

6 The sooner the building is finished, _____ the companies will be able to open their new offices.

(A) quickly   (B) the faster

(C) the more   (D) soon

7 I think his brother is _____ than clever.

(A) wise
(B) wiser
(C) wisest
(D) more wise

8 This blue box is three times _____ the size of that red one.

(A) much
(B) such
(C) as
(D) ∅

9 The facilities of the older hotel _____.

(A) is as good or better than the new hotel
(B) is as good or better than that of the new hotel
(C) are as good as or better than the new hotel
(D) are as good as or better than those of the new hotel

10 The rays of the new element were five million times stronger than _____ given off by uranium.

(A) it
(B) those
(C) that
(D) what

11 Tornadoes sometimes occur _____ New England.

(A) east as far
(B) to the east
(C) as far east as
(D) farthest east

12 Neptune is about thirty times as far from the Sun _____.

(A) is the Earth
(B) the Earth is
(C) is as the Earth
(D) as is the Earth

13 When is the application due?

— You must submit the application no _____ than 5 p.m. today.

(A) less
(B) sooner
(C) later
(D) more

14 According to recent research, a person's attention is attracted _____ by the intensity of different signals as by their context and significance.

(A) not so much   (B) much not so

(C) so not much   (D) so much not

15 Frost occurs in valleys and on low grounds _____ adjacent hills.

(A) as frequent as   (B) more frequently than

(C) as frequently than   (D) more frequently as

16 The exam was very hard. — Now, don't begin making excuses. Other boys _____ have passed.

(A) as clever not like you   (B) clever not than you

(C) not cleverer like you   (D) no cleverer than you

17 The restaurant served the _____ pie that Mr. Dooley had ever eaten.

(A) tasty   (B) tastier

(C) tastiest   (D) more tasty

18 This lesson is _____ than the last.

(A) more easier   (B) much easier

(C) very easier   (D) more easy

19 It is estimated that _____ the United States.

(A) the country has half populous of the people of

(B) the country is half of the population of

(C) the country has half as large a population as

(D) the population of the country is half of

20 Of the two candidates, I think _____ .

(A) Mr. Grant is best suited

(B) Mr. Grant is suited best

(C) Mr. Grant is the better suited

(D) that is the better suited of them

21 Noise pollution generally receives less attention _____ air pollution.

(A) than does

(B) than it does

(C) that does

(D) that it does

22 *Child Care* is the most widely read child care manual ever written, and its author, Benjamin Spock, is the most famous pediatrician _____ .

(A) ever living

(B) who lives

(C) ever lived

(D) who ever lived

23 We can no more explain a passion to a person who has never experienced it than we _____ explain light to the blind.

(A) can

(B) cannot

(C) don't

(D) must

※ 다음 우리말 표현을 영어로 옮긴 것 중 가장 알맞은 것은?

24 "그녀의 언니가 미인인 것처럼 그녀도 미인이다."

(A) She is not as beautiful as her sister.

(B) She is not so much a beauty as her sister.

(C) She is no less beautiful than her sister.

(D) She is not more beautiful than her sister.

1 다음 글을 읽고 빈칸에 알맞은 말을 쓰시오.

At other times, a movie set is built "on location," which means outside the studio. This enables the film makers to use actual physical landscape as the scenery. If the movie calls for rivers, mountains, or jungles, it may be cheaper to film in real places _____ to build imitation scenery.

2 다음 글의 ( ) 안의 단어를 바르게 배열하시오.

Like any other muscle, the heart gets stronger with use. The exercise needs to be regular and frequent. And the more vigorous the exercise is, (is, better, the, it) for you. Swimming hard is better for you than a walk in the park.

3 다음 글의 ( ) 안의 단어를 바르게 배열하시오.

In four to five months, a male deer's antlers are complete. The antlers begin as small bumps on the frontal bones of the deer's skull. The skin, or velvet, that covers these bumps grows along with them. In late summer, the antlers have stopped growing. At the end of the spring mating season, the antlers are shed and the deer grows a new set. Biologists know of no faster bone growth (of, that, antlers, than).

4 다음 글의 〔 〕 안에서 알맞은 것을 고르시오.

In the Hale county Farm & Ranch Museum, you can find [more / better] than 200 examples of farm equipment from horse-drawn machines to the huge steam tractor.

5 수능맛보기 다음 글의 밑줄 친 부분을 바르게 고쳐 쓰시오.

A big raise would make you ① <u>feel happy</u> about your workplace. If jobs are so important, wouldn't salary size be a gauge of job satisfaction? Americans think so. A survey ② <u>conducted</u> last year found that almost 70 percent of the respondents said they ③ <u>would be happier</u> if their families had twice as much household income. Yet studies show that job satisfaction comes less from how much people earn ④ <u>as from the challenge</u> of their jobs. Work that doesn't engage a person never ⑤ <u>seems rewarding</u>, no matter how much it pays.

6 수능맛보기 (A), (B), (C) 각 네모 안에서 어법에 맞는 표현을 골라 짝지은 것은?

A choice of works from the mainstream repertory is unlikely to (A) surprise / surprising people. Realistically, most performers will have to play this repertory in order to secure some credibility. However, mainstream repertory is not necessarily the same as the (B) best / most repertory. There are several reasons why some works, and not others, have become popular, and these reasons have (C) so / as much to do with the historical availability of music as with its enduring quality.

	(A)		(B)		(C)
①	surprise	……	best	……	so
②	surprise	……	best	……	as
③	surprise	……	most	……	so
④	surprising	……	most	……	as
⑤	surprising	……	most	……	so

이 단원에서 중점을 두고 공부할 부분은?

_if절로 나타나는 직설법과 가정법의 의미상 차이
_if절로 나타나는 직설법과 가정법의 모양상 차이
_ 가정법 과거완료의 모양과 의미
_I wish, as if 등의 가정법들
_should 가정법의 의미와 형식

*Already the writers are complaining
that there is too much freedom.
They need some pressure.
The worse your daily life, the better your art.
If you have to be careful because of oppression and censorship,
this pressure produces diamonds.*

By **Tatyana Tolstaya**

작가들은 이미 불평하고 있다, 자유가 너무 많다고.
어느 정도 긴장이 필요하다.
일상생활이 어려울수록, 예술은 더 훌륭해진다.
억압과 검열 때문에 주의를 기울여야 한다면,
바로 이 긴장이 다이아몬드를 만들어내는 것이다.

1 if문장

if절과 주절의 모양에 따라 if문장을 구분하면 대략 세 가지 유형으로 나눌 수 있다.

> **If he asks me, I'll help him.**
> 그가 부탁하면 도와 줄 거야.
>
> **If he asked me, I would help him.**
> 그가 부탁하면 들어 줄 텐데.
>
> **If he had asked me, I would have helped him.**
> 그가 부탁했더라면 들어 주었을 텐데.

	if절(If-Clause)	주절(Main Clause)	
첫 번째 문장	현재 (asks)	will+동사원형 (will help)	〈직설법〉
두 번째 문장	과거 (asked)	would+동사원형 (would help)	〈가정법〉
세 번째 문장	과거완료 (had asked)	would+have p.p. (would have helped)	

주절의 조동사는 will(would) 대신에 may(might) / can(could) / shall(should)이 쓰이기도 한다.

주절에 현재시제가 쓰인 네 번째 문장

- **If he asks me, I always help him.**
  그가 부탁할 때마다 나는 항상 그를 돕는다.

-if절과 주절에 현재시제(asks, help)가 쓰이는 경우도 있다. 이때의 if는 whenever의 뜻이고 전체 문장도 습관이나 일반적 사실을 나타낸다.

- **If I have a big lunch, it makes me sleepy.**
  나는 점심을 많이 먹으면 늘 졸린다.

- **If you mix yellow and blue, you get green.**
  노랑과 파랑을 섞으면 녹색이 나온다.

2 직설법과 가정법

A 모양상 차이

직설법은 if절과 주절에 현재형이 쓰이고, 가정법에는 과거형이 쓰인다.

> If he **asks** me, I**'ll help** him. 〈직설법〉
> If he **asked** me, I **would help** him. 〈가정법〉

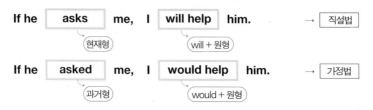

B 의미상 차이

직설법은 if절의 조건이 실현될 수도 있음을 나타내고, 가정법은 if절의 조건이 실현되기 어렵거나 불가능함을 나타낸다.

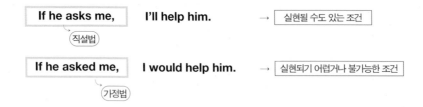

직설법과 가정법 정리

	모양상 차이	의미상 차이
직설법	If he **asks** me, I**'ll help** him. 〈 현재시제,　　　 will+원형 〉	if의 조건이 실현될 수도 있음 그가 나에게 부탁할 수도 있음
가정법	If he **asked** me, I **would help** him. 〈 과거시제,　　　 would+원형 〉	if의 조건이 실현되기 어렵거나 불가능함 그가 나에게 부탁하지 않을 상황임

직설법

- If it **rains**, **I'll stay** at home.
  비가 온다면 나는 집에 머물 것이다.

- If you **don't study**, you **won't pass** your exam.
  네가 공부하지 않는다면 시험에 통과하지 못할 것이다.

가정법

- If I **had** a lot of money, **I'd travel** round the world.
  내가 돈이 많으면 세계 일주 여행을 할 텐데.

- If I **were** a bird, I **would fly** to you.
  내가 새라면 너에게 날아갈 텐데.

be동사는 가정법 과거에서 주어에 상관없이 were를 쓴다.

- If he **were** a bit taller, he **would be** a policeman.
  그가 키가 조금만 더 크다면 경찰이 될 텐데.

3 if절 가정법

if절 가정법은 크게 가정법 과거와 가정법 과거완료로 구분된다.

A 과거와 과거완료의 모양

가정법 과거는 if절에는 과거, 주절에는 〈조동사의 과거형 + 동사원형〉을 쓴다.
가정법 과거완료는 if절에는 과거완료, 주절에는 〈조동사의 과거형 + have + p.p.〉를 쓴다.

> If he **asked** me, I **would help** him.   〈가정법 과거〉
> If he **had asked** me, I **would have helped** him.   〈가정법 과거완료〉

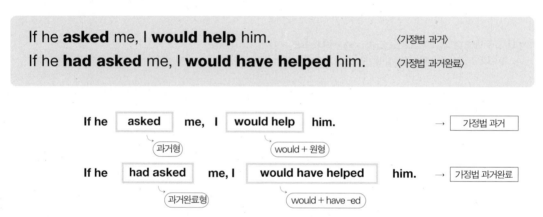

가정법 과거와 과거완료는 그 '모양' 으로 구별하므로 가정법의 모양을 익히는 것은 매우 중요하다.

- If I **won** a lot of money, I**'d take** a long holiday. 돈을 많이 번다면 오랜 휴가를 가질 텐데.
- If I **were**n't so busy, I**'d come** out for a walk with you. 그렇게 바쁘지 않다면 너와 산책하러 갈 텐데.
- If I**'d studied** hard, I **would have passed** the exam. 내가 열심히 공부했더라면 시험에 합격했을 텐데.
- If you **hadn't helped** me, I **would not have succeeded**.
  네가 도와 주지 않았다면 나는 성공하지 못했을 텐데.

B 과거와 과거완료의 실제 시제

가정법 과거가 나타내는 실제 시제는 현재나 미래이고, 가정법 과거완료가 나타내는 실제 시제는 과거이다.

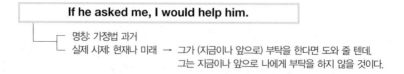

명칭: 가정법 과거
실제 시제: 현재나 미래 → 그가 (지금이나 앞으로) 부탁을 한다면 도와 줄 텐데.
그는 지금이나 앞으로 나에게 부탁을 하지 않을 것이다.

If he had asked me, I would have helped him.

명칭: 가정법 과거완료
실제 시제: 과거 → 그가 (전에) 부탁을 했다면 도와 주었을 텐데.
그는 나에게 전에 부탁하지 않았다.

- If the weather **were** nice, I**'d go** to the beach. 날씨가 좋다면 바닷가에 갈 텐데.
- If the weather **had been** nice yesterday, I **would have gone** to the beach.
어제 날씨가 좋았다면 나는 바닷가에 갔을 텐데.
- If you **planned** things properly, you **wouldn't get** into a mess.
네가 일을 적절히 계획한다면 어려움에 처하지는 않을 텐데.
- If you **had planned** things properly, you **wouldn't have got** into a mess.
네가 일을 적절히 계획했더라면 어려움에 처하지는 않았을 텐데.

모양과 시제 정리

	모양	실제 시제
가정법 과거	If he asked me, I would help him. 〈과거시제, 조동사의 과거형 + 동사원형〉	〈과거가 아닌 현재(미래)〉 부탁을 하면 들어 줄 텐데.
가정법 과거완료	If he had asked me, I would have helped him. 〈과거완료시제, 조동사의 과거형 + have ~ed〉	〈과거완료가 아닌 과거〉 부탁을 했더라면 들어 주었을 텐데.

✋ 잠깐!!

★ 가정법과거완료와 과거시점의 어구

가정법 과거완료는 그 실제 시제가 과거이므로 과거 시점을 나타내는 말과 자주 쓰인다. 이를 달리 말하면 과거 시점의 어구가 쓰이면 가정법 과거완료를 써야 한다는 것과 같다.

If the weather   had been   nice   yesterday   , I would have gone to the beach.
（가정법 과거완료）   （과거시점의 말）

- If I**'d met** Tom yesterday, I **could have told** him about the accident.
내가 어제 Tom을 만났더라면 그 사고에 대해 말해 줄 수 있었는데.
- If we**'d left** two weeks earlier, we**'d have avoided** the earthquake.
우리가 2주 만 더 일찍 떠났더라면 그 지진을 피할 수 있었는데.

✋ 심심 free

★ 가정법의 실제 시제는 왜 쓰인 시제와 일치하지 않는가?

이미 앞에서 언급했듯이 영어는 실현가능성이 있는 조건과 실현가능성이 없는 조건을 구별하여, 실현가능성이 있는 가정은 직설법으로 나타내고, 실현가능성이 없는 가정은 가정법으로 나타낸다. 그리고 이 둘은 의미가 다르므로 모양도 달라서 서로 구분이 되어야 하는데 바로 그 차이가 '동사의 시제'로 나타나는 것이다.
그러므로 가정법의 시제는 그것이 실현가능성이 없는 가정법이라는 의미이지 실제로 시제가 그렇다는 의미가 아니다. 따라서 가정법 과거는 실제는 현재를 뜻하고, 가정법 과거완료는 실제는 과거를 뜻한다.

※ 다음 밑줄 친 부분이 틀리면, 바르게 고쳐 쓰시오.

1 If we <u>use</u> more oil and coal, pollution will increase.

2 If I <u>be</u> you, I'd apply for the job.

3 If I <u>win</u> a lot of money, I might stop working.

※ 다음 보기처럼 직설법 문장을 가정법 문장으로 바꾸어 쓰시오.

> | 보기 | It is raining, so we won't finish the game.
> → If it weren't raining, we would finish the game.

4 Matthew overslept because he didn't set his alarm.

5 Tom got to the station in time, so he didn't miss the train.

※ 다음 〔 〕 안에서 알맞은 말을 고르시오.

6 If he [missed / had missed] the train, he would have been late for his interview.

7 If we [went / had gone] to their party next week, they would be very surprised.

8 I [will speak / would speak / would have spoken] to my boss about my holidays today if I get the chance.

※ 다음 밑줄 친 부분을 바르게 고쳐 쓰시오.

9 I am not an astronaut. If I <u>be</u> an astronaut, I <u>take</u> my camera with me on my next trip in space.

10 The teacher was absent today, so class was canceled. If she <u>be</u> absent tomorrow, class <u>cancel</u> tomorrow, too.

11 I'm sorry you had to take a cab to the airport. I didn't know you needed a ride. If you <u>tell</u> me, I <u>give</u> you a ride gladly.

Review
TEST 2

※ 다음 빈칸에 들어갈 알맞은 말을 고르시오.

1 If the eruption had taken place in Hawaii, a person living in New York _____ to hear it.

(A) would be able   (B) had been able

(C) could be able   (D) would have been able

2 If I _____ you, I wouldn't return the call.

(A) be   (B) am

(C) was   (D) were

3 _____ him at the right moment, my friend might have failed in that business.

(A) If you had not advise   (B) If you were not advised

(C) If you has not advised   (D) If you had not advised

4 He will go to America next month if he _____ ready then.

(A) is   (B) will have been

(C) will be   (D) is going to be

5 What do you think about German?

— If I had known German was so difficult, I _____ it up.

(A) would never have taken   (B) would never take

(C) will never take   (D) would never had taken

※ 다음 밑줄 친 부분 중 어법상 <u>어색한</u> 것을 고르시오.

6 Daedalus warned his son <u>what</u> <u>would</u> happen if he <u>flow</u> too close to the <u>sun</u>.
                           (A)   (B)   (C)   (D)

7 If traffic problems are not <u>solved</u> <u>soon</u>, <u>driving</u> in cities <u>becomes</u> impossible.
                               (A)   (B) (C)   (D)

8 It will <u>never be known</u> whether the agents can <u>prevent</u> the attacks if <u>they</u>
            (A)   (B)   (C)

had received the green light <u>earlier</u>.
               (D)

4 그 밖의 사항들

A 혼합 가정법

〈if절의 가정법 과거완료 + 주절의 가정법 과거〉를 혼합 가정법이라고 한다.

> **If I had gone** to the party *last night*, I **would be** tired *now*.
> 내가 어젯밤 파티에 갔더라면 지금 피곤할 텐데.
>
> ○ if절은 '가정법 과거완료(had gone)' 이고, 주절은 '가정법 과거(would be)' 이다. 이와 같이 두 개의 가정법이 섞여
> 쓰인 것을 혼합 가정법이라고 한다. 이 문장의 특징은 if절의 시제(과거)와 주절의 시제(현재)가 다르다는 것이다.

- If he **had started** early *in the morning*, he **would be** here *now*.
  그가 아침 일찍 출발했더라면 지금 여기에 있을 텐데.
- If you **hadn't left** all these dirty dishes, the place **would look** a bit tidier.
  네가 이 모든 더러운 접시들을 치웠더라면 이곳은 (지금) 좀 더 깨끗해 보일 텐데.
- If I **had had** your advantages, I**'d be** better off *now*.
  너의 장점을 (그 때) 취했더라면 나는 지금 좀 더 나은 상황일 텐데.

B 가정법 미래

if절에 should가 추가되면 가정법 미래가 된다. should은 '좀 더 적은 가능성' 을 나타낸다.

> **If** I see Maria, I'll give her your message.　　　　〈직설법〉
> Maria를 만나거든 너의 메시지를 전해 줄게.
>
> **If** I **should** see Maria, I'll give her your message.　　〈가정법 미래〉
> Maria를 혹시 만나거든 너의 메시지를 전해 줄게.
>
> ○ if절은 「~라면」의 뜻으로 그 속에 본질적으로 불확실성을 내포하고 있다. 그 if절에 should가 들어가면 그 불확실성
> 의 정도가 강해진다. 불확실성이 강해진다는 것은 발생 가능성이 더 적다는 것을 말한다. should가 들어간 두 번째 if
> 절은 '혹시 Maria를 만나면' 이라는 '좀 더 적은 가능성의 가정' 이다.

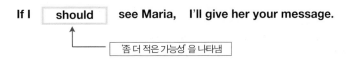

If I ⎡ **should** ⎤ see Maria, I'll give her your message.

⎣ '좀 더 적은 가능성' 을 나타냄 ⎦

- If it **should** rain, can you bring in the washing from the garden.
  혹시 비가 온다면 정원에 있는 빨래를 안으로 들여놔 줄래?

- Don't worry if I **should** be late home tonight.
  오늘 밤 혹시 집에 늦더라도 걱정하지 마.

- If you **should** see Tom this evening, can you tell him to phone me?
  오늘 오후에 혹시 Tom을 만나거든 나에게 전화하라고 전해 줄래?

were to 가정법

if절에 were to가 추가되면 가능성이 가장 적은 가정법이 된다.

- If I **were to** ask, would you help me?
  내가 혹시 요청하면 도와 줄 건가요?

- If the government **were to** cut the VAT, prices would fall.
  정부가 세금을 감면하면 물가가 내려갈 텐데.

| 🖑 **잠깐!!** |

★ **발생 가능성의 순서**

일반적으로 직설법은 실현 가능성이 있고, 가정법은 실현 가능성이 없다고 하지만 좀 더 정확히 말한다면 직설법은 실현가능성이 좀 더 많은 것이고, 가정법은 실현 가능성이 좀 더 적은 것이다. 직설법과 가정법을 포함하여 그 실현가능성이 적은 순서대로 정리하면 다음과 같다.

- **If** you **see** John, tell him to phone me. 〈직설법〉　　　발생 가능성이 가장 높음

- **If** you **should see** John, tell him to phone me. 〈가정법 미래〉

- **If** you **saw** John, tell him to phone me. 〈가정법 과거〉

- **If** you **were to** see John, tell him to phone me. 〈were to〉　발생 가능성이 가장 낮음

➡ 첫 문장이 John을 만날 가능성이 가장 높고, 마지막 문장이 John을 만날 가능성이 가장 낮다.

C 접속사 if의 생략

가정법의 if절에서 if는 생략할 수 있다. 그러면 그 뒤는 〈주어＋동사〉가 도치된다.

If she were in charge, she would do things differently.
→ **Were she** in charge, she would do things differently.
그녀가 책임자라면 일을 다르게 할 텐데.

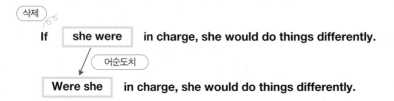

- **Had** I not **seen** it with my own eyes, I would not have believed it.
  = **If I had** not seen it with my own eyes, I would not have believed it.
  내가 두 눈으로 직접 보지 않았다면 그것을 믿지 않았을 것이다.

- **Should you** change your mind, no one would blame you.
  = **If you should** change your mind, no one would blame you.
  네가 혹시 마음을 바꾼다 해도 아무도 너를 비난하지 않을 것이다.

- **Were the government to** cut the VAT, prices would fall.
  = **If the government were to** cut the VAT, prices would fall.
  정부가 세금을 감면하면 물가가 내려갈 텐데.

D if절 대용어

가정법에서 if절을 대신하여 쓰이는 대용어가 있다. 그 대표적인 대용어가 without 또는 but for이다.

(1) without와 but for

Without air, we should die. 공기가 없다면 우리는 죽을 것이다.
→ **If it were not for** air, we should die.

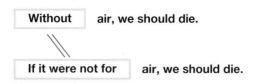

Without air, we should die.
‖
If it were not for air, we should die.

– 〈without[but for] A〉를 'if절'로 바꿀 때 주절의 시제에 맞추어야 한다. 주절의 시제가 과거이면 〈if it were not for A〉로 바뀌고, 주절의 시제가 과거완료이면 〈if it had not been for A〉로 바뀌어야 한다.

- **Without** your help, I **couldn't have done** it.
  = **If it had not been for** your help, I **couldn't have done** it.
  너의 도움이 없었다면 나는 그것을 해내지 못했을 것이다.

- **Without** sunlight, we could see nothing.
  햇빛이 없다면 우리는 아무것도 볼 수 없을 것이다.

- **But for** his pension, he would starve. 그는 연금이 없다면 굶어 죽을 것이다.

- **But for** your help, we should not have finished in time.
  너의 도움이 없었다면 우리는 제때에 끝내지 못했을 것이다.

- **But for** these interruptions, the meeting would have finished earlier.
  이러한 방해들이 없었다면 그 회의는 좀 더 일찍 끝났을 것이다.

(2) otherwise와 but 직설법

otherwise와 but 직설법도 if절을 대신한다. 'but 직설법'은 〈가정법 + but + 직설법〉의 구조로 쓰인다. 이 'but 직설법'을 가정법의 if절로 바꿀 수 있다.

- I opened the door slowly. **Otherwise**, I **could have hit** someone.
  나는 문을 천천히 열었다. 그렇지 않았더라면 누군가를 쳤을 것이다.   〈Otherwise = if I had not opened the door slowly〉

- Sara **would have bought** the necklace, **but** she **didn't have** enough money.
  Sara는 그 목걸이를 샀을 것이다, 그러나 돈이 충분하지 않았었다.
  〈but she didn't have enough money = if she had had enough money〉

(3) 그 밖의 if절 대용어

- **A little care** would have prevented the accident.   〈명사〉
  좀 더 주의를 기울였더라면 그 사고를 예방했을 것이다.

- **To hear him talk**, you'd think he was the Prime Minister.   〈to부정사〉
  그가 말하는 것을 듣는다면 그가 수상이었을 것이라고 생각할 것이다.

- **In different circumstances**, I would have said yes.   〈부사구〉
  다른 상황이었더라면 나는 '예'라고 말했을 것이다.

- Any other person **who had behaved** in that way would have been dismissed.
  그렇게 행동했더라면 누구든 해고되었을 것이다.   〈관계사절〉

※ 다음 주어진 직설법 문장을 가정법 문장으로 바꾸어 쓰시오.

1 I didn't eat breakfast, and now I'm hungry.

→ _____ .

2 Carol didn't answer the phone because she was studying.

→ _____ .

3 Rita is exhausted today because she didn't get any sleep last night.

→ _____ .

※ 다음 〔 〕 안에서 알맞은 말을 고르시오.

4 Had he known my trouble, no doubt he would [help / have helped] me.

5 If you [had had / had] breakfast in the morning, you would not [have been / be] hungry now.

6 Were it not for your help, I would [be / have been] homeless.

7 If you had listened to me then, you would not [be / have been] in danger now.

8 We couldn't have done it [without / unless] John.

9 I didn't get home until well after midnight last night. Otherwise, I [would return / would have returned] your call.

10 Sara's dad would have picked her up, but I [forget / forgot] to tell him that she needed a ride.

※ 다음 두 문장이 같은 뜻이 되도록 빈칸에 알맞은 말을 쓰시오.

11 But for the storms, we would have had a good harvest.

= If it _____, we would have had a good harvest.

12 But for your help, we'd be stranded.

　　= If it _____ , we'd be stranded.

정답 및 해설 → p.40

Review TEST 2

※ 다음 빈칸에 들어갈 알맞은 말을 고르시오.

1 _____ you see Tom, tell him to phone me.

(A) Shall　　　　　　　　(B) Should

(C) Will　　　　　　　　(D) Might

2 _____ , Miss Jane Austen would not have failed.

(A) If she has listened to me

(B) Had she listened to me

(C) If she listened to me

(D) As soon as she listened to me

3 If I _____ your advice then, I should be happier now.

(A) had followed　　　　　(B) did not follow

(C) have followed　　　　(D) followed

※ 다음 빈칸에 알맞지 <u>않은</u> 것을 고르시오.

4 _____ your help, I should have failed.

(A) But for　　　　　　　(B) If it were not for

(C) Without　　　　　　　(D) Had it not been for

5   if절 이외의 가정법

A   명령 가정법

that절에 should가 있어서 「~이어야 한다」라는 뜻을 나타낸다. 이러한 that절은 '현실' 이 아니라 '당위' 를 나타내는데 이를 명령 가정법이라고 한다. 특정한 동사나 형용사 뒤에 should절이 쓰인다.

동사원형이 쓰이는 것을 전에는 '가정법 현재' 라고 하였으나 지금은 그런 용어를 잘 쓰지 않는다. 명령 가정법도 동사원형이 쓰이므로 큰 범위의 가정법 현재라고 할 수 있다.

(1) 동사 + 명령 가정법

should가 들어간 that절은 특정한 동사 뒤에서만 쓰인다.

> ### They **insisted** that we (**should**) **have** dinner with them.
>
> ○ insist 동사 뒤에 that절이 오고 그 that절에 should나 should가 생략된 '동사원형' 이 온다. 이때 should나 원형은 「~이어야 한다」의 뜻을 갖는 일종의 '간접 명령' 을 나타낸다.

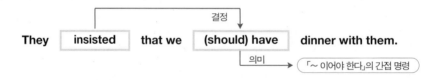

should가 포함된 that절을 취하는 동사

insist	suggest	demand	recommend	require	request

- Jim **suggested** (that) I (**should**) **buy** a car.
  Jim은 내가 자동차를 사야 한다고 제안했다.
- She **demanded** (that) I (**should**) **apologize** to her.
  그녀는 내가 자기에게 사과해야 한다고 요구했다.
- The doctor **recommended** (that) he (**should**) **stay** in bed for a few days.
  의사는 그가 며칠 동안 누워 있어야 한다고 권했다.
- She **insisted** (that) I (**should**) **take** the money.
  그녀는 내가 그 돈을 가져야 한다고 주장했다.

동사가 명사로 바뀌어도 '명령 가정법'이 쓰인다.

- We were faced with **the demand** that this tax (**should**) **be** abolished.
  우리는 이 세금이 철폐되어야 한다는 요구에 직면했다.
- His sole **requirement** is that the system (**should**) **work**.
  그의 유일한 요구는 이 시스템이 작동해야 한다는 것이다.

✋ **잠깐!!**

★ 명령 가정법 대신 직설법

앞에서 언급한 동사 뒤에 〈(should) + 동사원형〉이 아닌 '일반시제'도 올 수 있다. 이 일반시제는 가정법이 아니라 직설법이고, 「~이어야 한다」라는 '당위'가 아니라 「~이다」라는 '현실'이다.

I **insisted** that he **change** his clothes.   〈가정법〉
나는 그가 옷을 갈아입어야 한다고 주장했다.

I **insisted** that he **had changed** his clothes.   〈직설법〉
나는 그가 옷을 갈아입었다고 주장했다.

She **suggested** that I **be** responsible for the arrangements. 〈가정법〉
그 여자는 내가 그 타협에 책임을 져야 한다고 주장했다.

The latest figures **suggest** that business **is** improving.   〈직설법〉
그 최근 숫자들은 경기가 호전되고 있다는 것을 보여 준다.

---

(2) 형용사 + 명령 가정법

should가 들어간 that절은 특정한 형용사 뒤에서도 쓰인다.

It is **essential** that a meeting (**should**) **be** convened this week.
회의가 이번 주에 소집되는 것이 가장 중요하다.

❍ essential이라는 특정한 형용사 뒤에 that절이 쓰였고 그 that절에 〈(should +)동사원형〉이 쓰였다. it이 가주어, that절이 진주어이다.

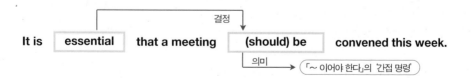

should가 포함된 that절을 진주어로 취하는 형용사

essential   necessary   vital   imperative   important   natural   appropriate

- It is **necessary** that the meeting (**should**) **be** next Friday.
  회의가 다음 금요일에 있어야 하는 것이 필수적이다.

- It's **vital** that we (**should**) **act** at once.
  우리가 즉시 행동해야 하는 것이 매우 중요하다.

- It is **appropriate** that this tax (**should**) **be** abolished.
  이 세금이 폐지되어야 하는 것이 알맞다.

B   I wish 가정법

(1) 기본개념

I wish 뒤에 that절이 오는데 그 that절에 가정법이 쓰인다.

I wish I **knew** her telephone number (now).　　　　〈가정법 과거〉
지금 그 여자의 전화번호를 알면 좋겠는데.

I wish I **had known** her telephone number (then).　　〈가정법 과거완료〉
그 때 그 여자의 전화번호를 알았더라면 좋았을 텐데.

⟳ I wish는 과거 아니면 과거완료가 쓰인 that절을 목적어로 취한다. 과거시제가 온 경우를 가정법 과거라고 하고, 과거완료시제가 온 경우를 가정법 과거완료라고 한다.

- **I wish** I **had** a car. 지금 자동차가 있으면 좋겠는데.
- **I wish** it **didn't rain** so much in England.
  영국에 비가 그렇게 많이 내리지 않으면 좋겠다.
- It's crowded here. **I wish** there **weren't** so many people.
  이곳은 붐빈다. 사람이 그렇게 많지 않으면 좋겠는데.
- **I wish** I**'d gone** to bed earlier last night.
  간밤에 좀 더 일찍 잤으면 좋았을 것을.
- **I wish** I **hadn't stayed** out so late.
  그렇게 늦게까지 외출해 있지 않았더라면 좋았을 것을.

I wish와 유사한 구문들

- **If only** I had listened to my parents!
  = **I do wish** I had listened to my parents.
  부모님 말씀을 들었더라면.

(2) I wish 뒤의 조동사

I wish 뒤의 that절에는 조동사가 많이 쓰인다.

> I wish I **could go** to the party **tonight**.　　　　〈가정법 과거〉
> 오늘 밤 파티에 갈 수 있으면 좋겠는데.
>
> I wish I **could have gone** to the party **last night**.　〈가정법 과거완료〉
> 어젯밤 파티에 갈 수 있었더라면 좋았을 텐데.

I wish 뒤의 would

I wish 뒤 that절에 조동사 would가 오면 주로 불평이나 항의를 나타낸다.

- **I wish** someone **would answer** that telephone. It's been ringing for about five minutes. 누군가 전화 좀 받으면 좋겠다. 5분째 울리고 있다.
- The music next door is very loud. **I wish** they **would turn** it down.
  옆집 음악 소리가 매우 크다. 좀 줄였으면 좋겠는데.
- **I wish** you **wouldn't drive** so fast. It makes me nervous.
  네가 그렇게 빨리 운전하지 않으면 좋겠는데. 내가 너무 불안하다.
- **I wish** it **would stop** raining. I want to go out.
  저 비 좀 그쳤으면. 외출하고 싶은데.

C as if / as though 가정법

as if[though]는「마치 ~인 것처럼」이라는 뜻으로 부사절을 이끄는 접속사인데 그 뒤에 '가정법'이 쓰인다.

> ## She treats me **as if** I **were** a stranger. 〈가정법 과거〉
> 그 여자는 나를 마치 낯선 사람처럼 취급한다.
>
> ## He looks **as** if he **had seen** a ghost. 〈가정법 과거완료〉
> 그는 마치 귀신을 본 것 같은 표정이다.
>
> ❍ 첫 번째 문장의 실제 뜻은 '나는 낯선 사람이 아니다(I am not a stranger)'이고, 두 번째 문장의 실제 뜻은 '그는 귀신을 보지 않았다(he didn't see a ghost)'이다.

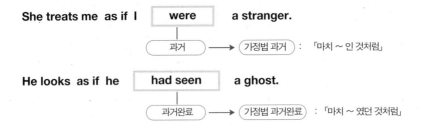

✋ 잠깐!!

★ as if 뒤의 직설법

as if 뒤에 직설법 시제도 온다. 가정법은 '사실이 아닌데 그런 것처럼' 나타내는 것이고, 직설법 시제는 '실제로 그럴 수도 있는 경우'를 나타낸다.

He talks as if he **had** a potato in his mouth. 〈가정법〉
그는 마치 입 안에 감자를 물고 있는 것처럼 얘기한다. − 실제로는 입에 감자가 없다.

He talks as if he **has** a potato in his mouth. 〈직설법〉
그는 입 안에 감자를 물고 있는 것처럼 얘기한다. − 감자가 입에 있는지 없는지를 모른다: 있을 수도 있다.

It seems **as if** it**'s** going to rain. 곧 비가 올 것 같다.
Anne shrugged, **as if** she **didn't** know. 〈직설법〉
Anne은 어깨를 으쓱했다, 마치 모른다는 것처럼.

He points two fingers at his head, **as if** he **were** holding a gun.
그는 손가락 두 개로 머리를 가리키고 있다. 마치 총을 들고 있는 것처럼. 〈가정법〉

I couldn't move my legs. It was **as if** they **were** stuck to the floor.
나는 두 다리를 움직일 수 없었다. 마치 두 다리가 마룻바닥에 꼭 붙은 것처럼.

D would rather / it's time

would rather와 it's time 뒤에 that절이 올 경우에는 그 that절에 가정법 시제를 쓴다. 각각 「~이기를 바란다」와 「~할 때이다」의 뜻이다. would rather는 I wish와 거의 같은 뜻이다.

> **I'd rather** you **cooked** the dinner now.
> 네가 오늘 저녁을 준비하기 바란다.
>
> **It's time** you **got** up. 네가 일어나야 할 때다.

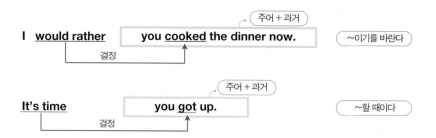

- Shall I stay here? — Well, **I'd rather** you **came** with us.
  이곳에 머물까요? – 글쎄요, 당신이 우리와 함께 가면 좋겠어요.
- **I'd rather** you **didn't tell** anyone what I said.
  내가 한 말을 아무에게도 말하지 않으면 좋겠다.
- **It's time** the children **were** in bed. It's long after their bedtime.
  아이들이 잠자리에 들 시간이다. 잠자는 시간이 훨씬 지났다.
- **It's about time** Jack **did** some work for his examinations.
  Jack이 시험에 대비해 공부를 좀 해야 할 때이다.

it's time = it's about time = it's high time는 모두 같은 표현이다.

Review
TEST 1

※   주어진 문장을 가지고, 다음 문장을 완성하오.

1   'You must help me,' he said to me.

→ He insisted (that) I _____ _____ him.

2   She went out in the rain without an umbrella.

→ She wishes she _____ not _____ out in the rain without an umbrella.

3   I don't know what to say to people.

→ I wish I _____ what to say to people.

4   Tim isn't the boss. → Tim acts as if he _____ the boss.

※   다음 〔   〕안에서 알맞은 말을 고르시오.

5   Tom looks very tired. He looks as if he [needs / needed] a good rest.

6   It is essential that you [did / do] it yourself.

7   It's high time something [is / was] done about the traffic problem in the city center.

8   The director requests that all packages [be mailed / are mailed] at the central office.

9   Jim's parents would rather he [become / became] a doctor.

10   I wish I could [afford / have afforded] a new car now.

11   It was imperative that he [acted / act] as naturally as possible.

12   Daniel is very obstinate. If only he [would listen / listen] to me.

13   It is necessary that he [go / went] there.

14   I'd rather you [phone / phoned] Tom for me.

15   The police issued an order that all weapons [are / should be] handed in immediately.

※ 다음 빈칸에 들어갈 알맞은 말을 고르시오.

1 I suggest _____ immediately.

(A) him to leave   (B) that he leaves

(C) that he leave   (D) that he left

2 I wish I _____ you. I would have stopped to chat with you.

(A) saw   (B) had seen

(C) have seen   (D) would have seen

3 Many psychologists have recommended that _____ to associate words and remember names.

(A) a learner uses mental images

(B) a learner to use mental images

(C) mental images are used

(D) a learner use mental images

다음 밑줄 친 부분 중 어법상 <u>어색한</u> 것을 고르시오.

4 The ancient wisdom insists man remembers nature's lessons long after they
        (A)   (B)   (C)

might seem irrelevant.
         (D)

5 Although the news came as a surprise to all in the room, everyone tried to
             (A)   (B)

do his or her work as though nothing happens.
    (C)   (D)

6 Many fighters for women's equality say it's about time the United States
                              (A)

puts a woman's portrait on some of its paper money.
(B)   (C)   (D)

※ 다음 빈칸에 들어갈 알맞은 말을 고르시오.

1 Unless you _____ all of my questions, I can't do anything to help you.
(A) answers
(B) answer
(C) would answer
(D) are answering

2 If I _____ you, I would get some rest before the game tomorrow.
(A) am
(B) could be
(C) were
(D) had been

3 When I paused, Sam finished my sentence for me as though he _____ my mind.
(A) would read
(B) had read
(C) reads
(D) can read

4 _____ better, the team would have been able to defeat the opponent.
(A) If it prepares
(B) If prepares
(C) Preparing
(D) Had it prepared

5 I wish we _____ to get to know one another better in the time we had.
(A) will be able
(B) would have been able
(C) were able
(D) had been able

6 It's about time she _____ out what that reason is.
(A) find
(B) finds
(C) found
(D) had found

7 If my candidate had won the election, I _____ happy now.
(A) am
(B) would be
(C) was
(D) would have been

8 There was an earthquake on the coast yesterday. Fortunately, there was no loss of life. However, because of the danger of collapsing sea walls, it was essential that the area _____ evacuated quickly.

(A) to be   (B) will be

(C) be   (D) is

9 _____ the baby-sitter, they would not have been able to go to the rock concert last night.

(A) Were it not for

(B) If it has not been for

(C) If it had not been for

(D) Having it not been for

10 Marge walked away from the discussion. Otherwise, she _____ something she would regret later.

(A) will say   (B) said

(C) might say   (D) might have said

11 Had I known the carpenter was going to take three days to show up, I _____ the materials and done the work myself. It would be finished by now.

(A) will get   (B) might get

(C) would have gotten   (D) will have gotten

12 As soon as microbes enter the body, they would kill all living matter, _____ the tiny defenders that rush immediately to fight them.

(A) if it is not for   (B) if it were not for

(C) if it has not been for   (D) if it had not been for

13 It is necessary that Jane _____ in the seminar.

(A) should participate   (B) participated

(C) will participate   (D) would participate

※　다음 밑줄 친 부분 중 어법상 <u>어색한</u> 것을 고르시오.

14　If a camel <u>has</u> to go <u>without</u> food for <u>a period</u> of time, the fat in the
　　　　　　　(A)　　　　　　(B)　　　　　　　　(C)

hump could nourish it for <u>several days</u>.
　　　　　　　　　　　　　　　(D)

15　There <u>were</u> <u>a great many</u> children from broken homes in that suburban
　　　　　　(A)　　　　(B)

school. The principal wished that there <u>are</u> more <u>intact</u> families.
　　　　　　　　　　　　　　　　　　　　(C)　　　　(D)

16　Should a foreign student <u>needing</u> <u>help</u>, he or she <u>must</u> see the foreign
　　　(A)　　　　　　　　　　　　　(B)　　(C)　　　　　(D)

student advisor.

17　Why <u>do</u> U.S. golf clubmakers still use Chinese factories? 'If we <u>don't</u>,'
　　　　(A)　　　　　　　　　　　　　　　　　　　　　　　　　　(B)

says Adams, 'your $400 driver <u>would cost</u> $1,000.'
　　　(C)　　　　　　　　　　　　(D)

18　<u>With</u> the support of my parents, I <u>would have</u> probably <u>cracked up</u>
　　　(A)　　　　　　　　　　　　　(B)　　　　　　　　(C)

completely. But I managed to <u>hang on</u>.
　　　　　　　　　　　　　　(D)

19　The bus <u>was leaning</u> dangerously <u>to the right side</u>, and it looked <u>as if</u> it
　　　　　　(A)　　　　　　　　　(B)　　　　　　　　　　　(C)

<u>had crashed</u> at any second.
　　(D)

20　The experts <u>insist</u> that Europe <u>overcome</u> its own <u>divisions</u> and
　　　　　　(A)　　　　　　　　(B)　　　　　　(C)

<u>becomes</u> a model for regional governance.
　　(D)

정답 및 해설 → p.42

1 다음 밑줄 친 부분을 필요한 단어를 추가하여 바르게 완성하시오.

African religions and rituals seemed very strange to Europeans. But they all fit together in a logical way. Mary believed that if Europeans tried to change African religions or any of their rituals, the people's lives <u>be</u> worse than before.

2 다음 밑줄 친 부분 중 어법상 어색한 곳을 찾아 바르게 고쳐 쓰시오.

The president insisted that the operation ① <u>had been kept</u> secret. He was afraid that worries about his health ② <u>might make</u> worse the difficult economic problems the country ③ <u>was facing</u> at the time.

3 수능맛보기 (A), (B), (C) 각 네모 안에서 어법에 맞는 표현을 골라 짝지은 것으로 가장 적절한 것은?

What if there had been an ingenious man 100 years ago who could see into the future? Although this man (A) has been / had been unable to create a computer-like machine himself, he could have told people what the machine would do in the 21st century. Everyone (B) would have thought / would think that he was insane. Today, however, it is not necessary to urge people to believe in the power of computers. Computers have become as ordinary as telephones in our daily lives. They are immensely powerful (C) machine / machines that can be used in many areas of life.

	(A)		(B)		(C)
①	has been	······	would think	······	machine
②	has been	······	would think	······	machines
③	has been	······	would have thought	······	machine
④	had been	······	would have thought	······	machine
⑤	had been	······	would have thought	······	machines

17

도치 · 일치 · 병치 · 강조 · 생략

People exaggerate the value of things they haven't
got: everybody worships truth and unselfishness
because they have no experience with them.

By George Bernard Shaw

사람들은 자기가 갖지 못한 것의 가치를 과장한다:
모든 사람들은 진실과 이타심을 숭배하는데
그들이 진실과 이타심을 경험하지 못했기 때문이다.

1 도치

문장이 전개되는 데에는 일정한 규칙이 있다. 일반적인 어순과 특별한 어순이 있다. 일반적인 어순(normal subject-verb order)은 문장 성분(unit)이 위치의 개념으로 정돈된 것이고 특별한 어순은 의미의 개념으로 정돈된 것이다. 위치의 개념이란 〈주어 + 동사 + 목적어/보어〉의 순서를 말하는 것이고, 의미의 개념이란 문장이 '강조하려는 부분 위주로 재구성' 된다는 것을 말한다. 특별한 어순을 도치(inversion)라고 한다.

A 도치의 기본 형식

〈주어 + 동사〉의 순서가 아닌 〈동사 + 주어〉의 순서로 된 모양을 '도치' 라 한다.

> **The tiny chapel stood** at the top of the hill.
> 그 작은 예배당이 언덕 꼭대기에 있었다.
>
> At the top of the hill **stood the tiny chapel**.
> 언덕 꼭대기에 그 작은 예배당이 있었다.

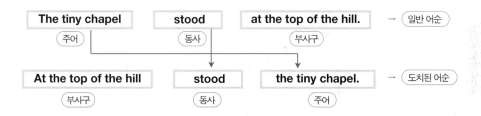

- In the fields of poppies **lay the dying soldiers**.
  죽어가는 병사들이 양귀비 들판에 누워있었다.
- Into the stifling smoke **plunged the desperate mother**.
  필사적인 엄마가 그 질식할 연기 속으로 뛰어들었다.

B 도치의 종류와 모양

도치에는 크게 일반 도치와 정동사 도치 두 가지가 있다.

(1) 일반 도치

일반 도치는 보어나 부사(구)가 문두에 옴으로써 그 뒤의 〈주어 + 동사〉가 단순히 순서만 뒤바뀌어 〈동사 + 주어〉의 어순이 되는 것을 말한다.

The sound of the bell grew faint. 〈일반 어순〉
⤷ *Faint* **grew the sound of the bell**. 〈도치된 어순〉

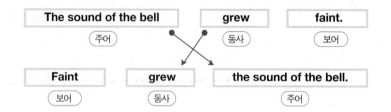

- Especially remarkable **was her oval face**. 〈her oval face가 주어〉
  그 여자의 달걀형 얼굴은 매우 두드러졌다.

- Here **is a cup of tea** for you. 〈a cup of tea가 주어〉
  여기 당신을 위한 차 한 잔이 있습니다.

- Down **came the rain**. 〈the rain이 주어〉
  비가 내렸다.

- In the distance **could be seen the purple mountains**. 〈the purple mountains가 주어〉
  멀리서도 자주빛 산들은 볼 수 있다.

부사(구)나 보어(형용사)가 문두에 위치할 때, 일반 도치 발생

- **Slowly out of its hangar** rolled the gigantic aircraft. 〈부사구〉
  그 격납고로부터 천천히 그 거대한 비행기가 굴러 나왔다.

- **There at the summit** stood the castle. 〈부사구〉
  저기 산꼭대기에 그 성이 있었다.

- **Equally strange** was his behaviour to close friends. 〈보어〉
  그의 행동은 친한 친구들에게도 똑같이 이해가 안 되었다.

- Her face was stony and **even stonier** was the tone of her voice. 〈보어〉
  그녀의 얼굴은 냉담했고 목소리 어조는 더욱 냉담했다.

| 👆 잠깐!! |

★ 주어가 대명사인 경우와 there 구문은 도치하지 않는다.

Very pretty **she grew**. 그 여자는 매우 예뻐졌다.

→very pretty라는 보어가 문두에 놓였으나 she가 대명사이므로 도치하지 않았다.

In the garden **there was** a sundial. 정원에 해시계가 하나 있었다.

→in the garden의 부사구가 문두에 놓였어도 there was는 도치하지 않았다.

---

(2) 정동사 도치

부정어(否定語)가 문두에 옴으로써 그 뒤의 〈주어＋동사〉의 어순이 바뀌는 것을 말하는데 동사가 정동사이냐 일반동사이냐에 따라 모양이 약간 달라진다.

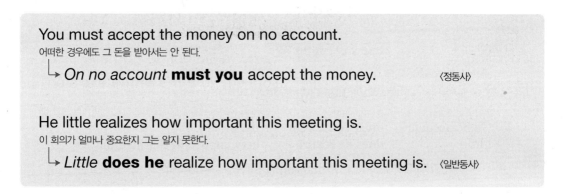

You must accept the money on no account.
어떠한 경우에도 그 돈을 받아서는 안 된다.
↳ *On no account* **must you** accept the money. 〈정동사〉

He little realizes how important this meeting is.
이 회의가 얼마나 중요한지 그는 알지 못한다.
↳ *Little* **does he** realize how important this meeting is. 〈일반동사〉

동사가 정동사인 경우

부정어를 문두로 하고 주어와 정동사를 순서만 바꾸면 된다.

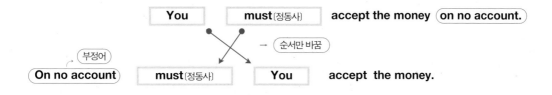

- *Seldom* **has there** been so much protest against the Bomb. 〈there가 주어, has가 정동사〉
  핵무기에 대한 저항이 지금까지는 저렇게 까지 많지는 않았었다.

- *At no time* **must this door** be left unlocked. 〈this door가 주어, must가 정동사〉
  어느 때에도 이 문은 열려져 있는 채로 있어서는 안 된다.

- *Least of all* **is it** in our interest to open negotiations now. 〈it이 주어, is가 정동사〉
  지금 협상을 개시하는 것은 전혀 우리의 관심사가 아니다.

동사가 일반동사인 경우

부정어를 문두로 하고, 〈주어＋일반동사〉를 〈do＋주어＋일반동사 원형〉으로 바꾼다.

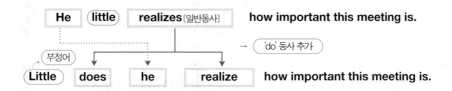

- Only in this way **did** they **explain** their actions. ⟨they가 주어, explain이 동사⟩
  이러한 방식으로만 그들은 그들의 행동을 설명했다.
- Very rarely **did** Mary **receive** anything from her brother. ⟨Mary가 주어, receive가 동사⟩
  Mary는 오빠로부터 소식을 거의 듣지 못했다.

| 👆 잠깐!! |

★ 정동사 도치 = 의문문 어순

- 정동사 도치는 〈동사+주어〉의 어순이 의문문 어순과 동일하다.

On no account / Little ──→ ⟨부정어⟩
must you accept / does he realize ──→ ⟨의문문 어순⟩
the money. / how important this meeting is.

---

(3) 정동사 도치가 일어나는 경우

① 부정어 문두, ② 원급/비교급, ③ 가정법 if절, ④ so[such] ~ that구문에서 이루어진다.

부정어 문두

- **Little** *did they know* that we were watching them.
  그들은 우리가 자기들을 보고 있다는 것을 알지 못했다.
- **Not a single book** *had he read* that month. 그는 그 달에는 단 한 권의 책도 읽지 않았다.
- **Only one more point** *will I make.* 딱 한 가지만 더 주장하겠습니다.
- **Scarcely** *had he started* speaking when heckling broke out.
  그가 말을 시작하자마자 야유가 터져 나왔다.
- He refused to apologize. **Nor** *would he offer* any explanation.
  그는 사과하기를 거절했다. 또한 어떠한 설명도 하려 하지 않았다.
- **In this way alone** *could they solve* the puzzle.
  이 방식으로만 그들은 수수께끼를 풀 수 있었다.

원급/비교급 구문에서

- I spend **more than** *do my friends.* 나는 친구들보다 돈을 많이 쓴다.
- Oil costs **less than** *would atomic energy.* 석유는 원자 에너지보다 비용이 적게 든다.
- They go to concerts frequently, **as** *do I.* 그들은 나만큼이나 자주 콘서트에 간다.

가정법 if절 속에서

- **Were she** alive today, she would grieve at the changes. ⟨= If she were ~⟩
  그녀가 오늘 살아있다면 그 변화들을 슬퍼할 텐데.

- **Were it** not for your help, I would still be homeless. 〈= If it were not for ~〉

  너의 도움이 없다면 나는 아직도 집이 없을 것이다.

- **Had I** known, I would have gone to her. 〈= If I had known, ~〉

  내가 알았더라면 그녀에게 갔을 것이다.

- **Should you change** your plans, please let me know. 〈= If you should change ~〉

  네가 계획을 혹시 바꾼다면 나에게 알려 줘.

so[such] ~ that 구문에서

- **So absurd** *was his manner* **that** everyone stared. 〈His manner was so absurd ~〉

  그의 태도가 너무 엉터리여서 모두가 쳐다보았다.

- **So sudden** *was the attack* (**that**) we had no time to escape.

  공격이 너무 갑작스럽게 이루어져서 우리는 탈출할 시간이 없었다. 〈The attack was so sudden that ~〉

- **Such** *was his strength* **that** he could bend iron bars. 〈His strength was such that ~〉

  그의 힘은 쇠막대를 구부릴 정도였다.

(4) so / neither 구문

어떤 문장에 대한 대답을 나타내거나, 앞 문장(절)을 반복해야 할 때 이를 간단하게 표현하는 방식이 있다. so[neither]로 시작하는 표현인데 그 어순은 〈정동사 도치〉를 한다. 〈so[neither] + 정동사 + 주어〉의 모양을 하고, 그 의미는 「~도 또한 그렇다」이다.

> John can speak French and **so can I**.
> = John can speak French and I can, too.
> John은 불어를 말할 줄 안다. 그리고 나도 그렇다.
>
> John can't speak French and **neither can I**.
> = John can't speak French and I can't, either.
> John은 불어를 말할 줄 모른다. 그리고 나도 그렇다.

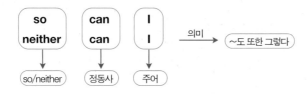

- She must come and **so must you**. 그 여자도 와야 하고 너도 또한 그렇다.
- I'm thirsty. — **So am I**. 나는 목마르다. – 나도 그래.
- I went to the concert last week. — **So did I**. 나는 지난주에 콘서트에 갔다. – 나도 그랬다.
- You haven't got any money and **neither have I**. 너는 돈이 없고 나도 그렇다.

모양의 결정

① so/neither의 결정

앞 문장이 긍정이면 so를, 부정이면 neither를 쓴다.

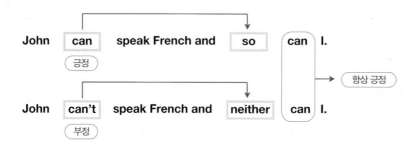

② 동사의 결정

so 뒤 동사는 정동사가 온다. 즉, 앞의 동사가 be, 조동사, have (~ed)이면 그 동사를 그대로 쓰고, 일반동사이면 do를 쓴다.

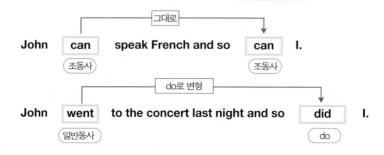

③ 주어의 결정

so 뒤의 주어는 '나타내고자 하는 주어'를 그대로 쓴다. 명사와 대명사 모두 가능하다.

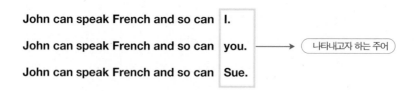

- I've got a rash on my arm and so **have** you.
  나는 팔에 뾰루지가 생겼는데 너도 그렇다.

- She **was** angry and so **was** I. 그 여자는 화났었고 나도 그랬다.

- I **like** tennis. — So **do** I. 나는 테니스를 좋아한다. – 나도 그래.

- I **don't want** anything to eat, and neither **does** Sue.
  나는 먹을 것이 필요 없고 Sue도 그래.

- I **can't** swim, and neither **can** you. 나는 수영을 못하고 너도 그래.

- You **have**n't got any money and neither **have** I.
  너는 돈이 없고 나도 그래.

★ so 뒤의 어순은 의문문 어순

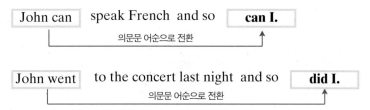

so 뒤의 〈동사 + 주어〉의 모양은 앞 문장의 〈주어 + 동사〉를 '의문문 어순'으로 바꾼 것과 같다. 물론 주어는 달라진다.

※   다음 문장을 보기처럼 밑줄 친 부분이 문두에 오도록 다시 쓰시오.

> 보기 He had rarely seen such a sunset.
> → Rarely had he seen such a sunset.

1   The terrified boy ran away.

2   She was able to complete the report by the deadline only in this way.

3   She never comes home late.

4   Her father stood in the doorway.

5   The tourists spoke their language in none of the countries they visited.

6   I will speak to her again only when she apologizes.

7   I had hardly stepped out of bed when the phone rang.

8   They actually broke the rules of the game at no time.

9   I realized only then how dangerous the situation had been.

10   The government didn't order an inquiry into the accident until August.

11   The weather conditions became so dangerous that all mountain roads were closed.

※   다음 문장을 보기처럼 so/neither 구문으로 쓰시오.

> 보기 I'm feeling tired. — So am I.
> I don't like eggs. — Neither do I.

12   I was ill yesterday. — _____.

13   I spent the whole evening watching television. — _____.

14 I couldn't get up this morning. — _____.

15 I've never been to Africa. — _____.

16 He would love to go. — _____.

※ 다음 문장이 옳으면 T, 틀리면 F로 표기하시오.

17 Bruce does not accept the criticism well, nor he does even appear to listen to it.

18 Never before have there been so many candidates in the country.

19 Not until the seventeenth century did the idea of atoms appearing.

20 I believed, as did my colleagues, that the plan would work.

21 Over the river lives a wizard and three witches.

22 Under no circumstances are passengers permitted to open the doors themselves.

23 The council never wanted the new supermarket to be built, nor did local residents.

24 Not a word has all the students spoken since the exam started.

25 Such is the popularity of the play that the theater is likely to be full every night.

26 Had McGrath not resigned as party leader, he would have been sacked.

27 Not until the train pulled into Euston Station did Jim found that his coat was missing.

28 Only when the famine gets worse world governments will begin to act.

29 Research shows that parents watch more television than are their children.

※   다음 빈칸에 들어갈 알맞은 말을 고르시오.

1   I had a racing bike when I was young, and _____.

(A) my brother did so   (B) so did my brother

(C) so my brother   (D) did my brother

2   _____ enjoyed myself more than I did yesterday.

(A) Scarcely I have ever   (B) I scarcely never have

(C) Scarcely have I ever   (D) Scarcely have ever I

3   _____ been diverted, they would have arrived early.

(A) Had the plane not   (B) Hadn't the plane

(C) The plane had not   (D) The plane not had

4   _____ that Marie was able to retire at the age of 50.

(A) So successful her business was,

(B) So successful was her business,

(C) Her business was so successful

(D) So was her successful business

5   Never before _____ in an earnest attempt to resolve their differences.

(A) have the leaders of these two countries met

(B) the leaders of these two countries have met

(C) the leaders of the two countries met

(D) met the leaders of the two countries

※   다음 문장의 친 부분 중 어법상 어색한 것을 고르시오.

6   Only after Roosevelt became president did conservation developed into a
                  (A)   (B)   (C)

major environmental issue.
        (D)

7   Not until an infant hedgehog opens its eyes it leaves its nest to follow its
                  (A)   (B)   (C)   (D)

mother about.

2 일치

A 일치란

일치는 주로 주어와 동사의 수 일치를 말한다. 따라서 주어가 단수인지 복수인지를 구별하는 것이 일치의 핵심이다.

The window is open.
창문이 열려있다.

The soup tastes good.
그 수프는 맛이 좋다.

〈주어가 단수〉

The windows are open.
창문들이 열려있다.

The biscuits taste good.
그 과자들은 맛이 좋다.

〈주어가 복수〉

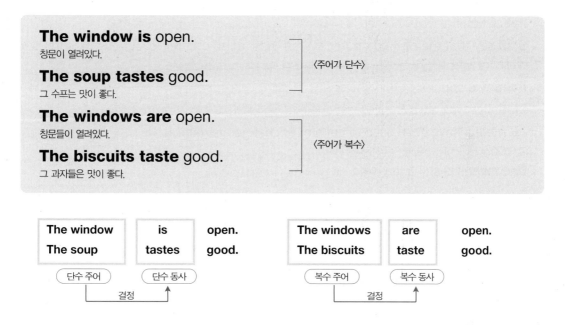

B 일반명사

불가산 명사와 가산 명사의 단수형은 단수 취급하고, 가산 명사의 복수형은 복수 취급한다.

The news from the Middle East **seems** very encouraging. 〈불가산 명사〉
중동에서 온 그 뉴스는 매우 고무적이다.

My daughter watches television after supper. 〈가산 명사 단수〉
내 딸은 저녁 식사 후 TV를 본다.

My daughters watch television after supper. 〈가산 명사 복수〉
내 딸들은 저녁 식사 후 TV를 본다.

주의해야 할 명사들	
단수 취급의 명사들	mathematics economics physics linguistics athletics statistics politics news
복수 취급의 명사들	people cattle staff the police trousers pants clothes suspenders glasses scissors binoculars
단·복수 동일형의 명사들	means species series salmon fish sheep deer craft

- **Police believe** that Thomas is in Brazil. 경찰은 Thomas가 브라질에 있다고 확신한다.
- **Staff say** that the new computer system has led to greater levels of stress in their work. 새 컴퓨터 시스템이 그들의 업무에 더 많은 스트레스를 가져다준다고 직원들이 말한다.
- **Politics is** popular at this university. 정치학이 이 대학에서 인기가 있다.
- **Statistics was** always my worst subject. 통계학은 항상 나에게 있어 최악의 과목이었다.
- **All means have** been used to get him to change his mind.
  그가 생각을 바꾸게 하기 위해 모든 수단이 사용되었다.
- **One means is** still to be tried. 한 가지 수단이 아직 남아 있다.

statistics와 politics의 복수 취급

statistics가 「통계자료」, politics가 「정치적 신념」을 뜻할 때에는 복수 취급한다.

- **Statistics are** able to prove anything you want them to.
  통계 자료는 당신이 원하는 것은 어떤 것이든 입증할 수 있다.
- **Her politics are** bordering on the fascist. 그 여자의 정치적 신념은 파시스트에 가깝다.

| ☞ 잠깐!! |

★ 정확한 주어

주어 부분이 길어 보여도 실제 주어는 '한 단어'이므로 그 한 단어를 찾아내야 한다.

┌──── 일 치 ────┐
The change in male attitudes **is** most obvious in industry.
주어

The changes in male attitude **are** most obvious in industry.
주어 └──── 일 치 ────┘

C 특이한 명사

(1) three miles 유형

three weeks는 그 모양은 복수형이나 자체가 하나의 완전한 단위(a whole amount)를 이루므로 단수 취급한다.

three miles 유형의 단어들	
(three) weeks/years/··· (시간/세월)	(ten) dollars/pounds (돈/액수)
(forty) miles/meters/··· (거리)	(ninety) kilos/pounds (무게)

- **Three weeks is** a long time to wait for an answer.
  3주는 대답을 기다리기에는 긴 시간이다.
- **Ten dollars is** all I have left.
  10달러가 내가 남긴 전부이다.
- **Two hundred pounds is** a lot to spend on a dress.
  200파운드는 드레스 하나 사기에는 많은 돈이다.
- **Forty miles is** a long way to walk in a day.
  40마일은 하루 만에 걷기에는 먼 거리이다.
- **Ninety kilos is** too heavy for me to lift.
  90킬로그램은 내가 들기에는 너무 무겁다.

(2) the rest of 유형

the rest of 뒤에는 단수 명사도 오고 복수 명사도 온다. 단수 명사가 오면 the rest를 단수 취급하고, 복수 명사가 오면 the rest를 복수 취급한다.

the rest of 유형의 단어들		
the rest of	part of	half of
(70) percent of	a third of〔three-fourths of〕 등의 분수	

- **The rest of this food is** for supper.
  이 음식의 나머지는 저녁에 먹을 것이다.
- **The rest of those biscuits are** in the tin.
  그 과자들의 나머지는 통 속에 있다.
- Almost **half** of all road **accidents are** caused by drunkenness.
  모든 교통사고의 거의 절반은 음주 때문에 생겨난다.
- I would say that about **50 percent** of the **houses need** major repairs.
  그 주택들의 약 50퍼센트는 큰 수리가 필요하다고 감히 말씀드립니다.
- **Three-fourths** of the **pizza has** already been eaten.
  그 피자의 4분의 3이 벌써 해치워졌다.

(3) 외래어

중요한 외래어의 복수형들		
bacterium - bacteria	curriculum - curricula	datum - data
medium - media	memorandum - memoranda	crisis - crises
hypothesis - hypotheses	oasis - oases	thesis - theses
criterion - criteria	phenomenon - phenomena	stimulus - stimuli

- The mass **media include** radio, television, newspapers, magazines, and the Internet. 대중 매체는 라디오, TV, 신문, 잡지 그리고 인터넷을 포함한다.

(4) the English 유형

〈정관사(the) + 형용사〉의 형식은 「~인 사람들」의 뜻을 갖는다.

the English의 유형들			
the Japanese	the Chinese	the Americans	the Koreans
the rich/wealthy	the poor	the handicapped	the deaf
the dumb	the blind		

- **The English are** friendly people.
  영국인들은 친절하다.

D 집합명사

집합 개념의 명사는 단수와 복수 모두로 취급된다. 하나의 단위나 규모로 간주될 때에는 단수 취급하고, 그 단위를 구성하는 사람들로 간주될 대에는 복수 취급한다.

> **The audience were** enjoying every minute of it. 청중은 매 순간 즐거워했다.
> **The audience was** enormous. 청중은 대규모였다.

집합명사들			
administration	audience	committee	crowd
family	jury	public	youth

- The public **are** tired of demonstrations. 일반 대중은 시위에 싫증이 나있다.
- The public **has** a right to know. 일반 대중은 알 권리가 있다.

👆 심심 free

★ 집합명사

집합명사는 하나의 단위로도 간주되고 그 단위를 구성하는 사람으로도 간주된다. 단위로 간주될 때에는 단수로, 사람을 가리킬 때에는 복수로 취급한다. 그러나 정확히 어느 경우로 간주되었는지 애매한 때도 많아서 동일한 명사에 대해 단수와 복수 모두를 받는 경우가 많다. 영국은 주로 복수로 보는 경향이 강하고 미국은 단수로 보는 경향이 강하다. 특히 정부(administration, government)와 팀 이름(England, America, United)은 미국에서는 단수 취급한다.

E 부정대명사

부정대명사 중에는 항상 가산 명사와 함께 쓰여야 하는 것도 있고, 항상 불가산 명사와 함께 쓰여야 하는 것도 있고, 양쪽으로 다 쓰이는 것도 있다. 불가산 명사와 함께 쓰이면 항상 단수 취급한다. 가산 명사와 함께 쓰일 때에는 단수 취급하는 경우와 복수 취급하는 경우로 구분된다.

단수 취급	much 유형	much (a) little a great deal of an amount of
	everything 유형	everything everyone/body anything anyone/body something someone/body nothing nobody no one
	each 유형	each every either neither one of any of
복수 취급	many 유형	many (a) few a number of both several a majority(minority) of a couple of
단수/복수	a lot of 유형	a lot of(lots of) plenty of all any some no none most enough half

(1) 단수 취급

much 유형

much는 항상 불가산 명사와 함께 쓰이므로 항상 단수 취급한다.

- So **much snow has** already melted away. 그렇게 많은 눈이 벌써 녹아버렸다.

- **Little** of the existing housing **is** of good enough quality.
  기존 주택 중에서 품질이 좋은 것은 거의 없다.

everything 유형

everything은 항상 단수형으로 쓰고, 항상 단수 취급한다.

- Practically **everyone thinks** that Phil should be given the job.
  거의 모든 사람들이 Phil에게 그 일자리가 주어져야 한다고 생각한다.
- **Is something** bothering you? 무언가가 너를 괴롭히고 있지?

each 유형

each는 항상 가산 명사의 단수와 함께 쓰이고, 항상 단수 취급한다.

- **Every** room **looks** over the harbor. 모든 객실이 그 항구를 내려다본다.
- The two guests have arrived, and **either is** welcome. 두 명의 손님이 도착했는데 어느 쪽이든 환영이다.
- **One** of the reasons I took the job **was** that I could work from home.
  내가 그 직업을 택한 이유 중에 하나는 재택근무를 할 수 있기 때문이었다.
- **Neither** of them **is** welcome. 그 둘 중 아무도 환영이 아니다.
- **Each** child **has** drawn a picture. 아이들은 각각 그림을 그렸다.
- **Each** of them **has** signed the petition. 그들은 모두 그 탄원서에 서명했다.
- **They each have** signed the petition.
  ❍each가 주어 뒤에 쓰이면 '부사'이지 주어가 아니다.

(2) 복수 취급

many 유형

many는 항상 가산 명사의 복수와 함께 쓰이고, 항상 복수 취급한다.

- Not **many** films **are** made in Finland. 핀란드에서는 영화가 많이 만들어지지 않는다.
- Very **few** films **collect** the tax, even when they're required to do so by law.
  법에 의해 그 세금을 걷도록 되어 있지만 그렇게 하는 영화는 거의 없다.
- **A number of** refugees **have** been turned back at the border.
  많은 난민들이 국경에서 되돌려 보내진다.

| ✋ 잠깐!! |

★ 'the number of'는 단수 취급한다.

The number of books in the library **has risen** to over five million.
도서관의 도서 숫자가 5백만 권 이상으로 증가했다.

(3) 단수 또는 복수 취급

a lot of 유형

a lot of가 불가산 명사나 단수 명사와 함께 쓰이면 단수 취급하고, 복수 명사와 함께 쓰이면 복수 취급한다.

- **A lot of that movie is** full of violence. 그 영화의 많은 부분이 폭력으로 가득 차있다.
- **A lot of movies are** full of violence. 많은 영화들이 폭력으로 가득 차있다.
- **Most vegetables contain** fiber. 대부분의 채소(종류)들은 섬유질을 담고 있다.
- **Most of the lake was** in the shadow of the mountain. 그 호수의 대부분에 산의 그림자가 드리워졌다.
- **All the furniture was** destroyed in the fire. 모든 가구가 화재로 소실되었다.
- **Some of the magazines** at the dentist's office **are** two years old.
  그 치과에 있는 잡지 중 일부는 2년이 지났다.
- **None** of them **have** been placed on the shelves. 그것들 중 어느 것도 선반에 놓여 있지 않다.

│ 🖱 잠깐!! │

★ none은 원래 복수 취급을 원칙으로 했었으나 이제는 단수 취급도 옳은 표현으로 간주된다.

None (of the books) **have**〔**has**〕 been placed on the shelves.
그 책들 중 어느 것도 책장에 놓여 있지 않다.

★ any of는 단수 취급한다.

Any of them **doesn't** know where the money is hidden.
그들 중 누구도 그 돈이 어디 숨겨져 있는지 모른다.

I don't think **any** of the food **tastes** particularly good.
그 음식 중 어느 것도 특별히 맛있지는 않은 것 같다.

F 접속사로 연결된 명사

(1) 접속사 and로 연결된 명사

복수 취급

and로 연결되거나 복수 명사가 쓰이는 경우는 대개 복수로 취급한다.

- Tom **and** Alice **are** now ready. Tom과 Alice는 모두 준비되었다.
- What I say **and** what I think **are** my own affair. 내 말과 내 생각은 바로 내 자신의 문제들이다.
- **One or two** reason**s were** suggested. 한 가지 이상의 이유가 제시되었다.
- **One and a half** year**s have** passed since we last met. 우리가 만난 지 1년 반이 지났다.
- American **and** Dutch beer **are** much lighter than British beer.
  미국 맥주와 네덜란드 맥주는 영국 맥주보다 도수가 훨씬 약하다.

단수 취급

every와 each는 and로 연결되어도 단수 취급하고, one ~ and a half(1과 2분의1)도 단수 취급한다.

- **Every** adult and **every** child **was** holding a flag. 〈every로 연결〉
  모든 어른과 아이가 깃발을 들고 있었다.
- **One year and a half has** passed since we last met. 〈one ~ and a half의 모양〉
  우리가 마지막으로 만나고 나서 일 년 반이 지났다.

| ✋ 심심 free |

★ 단수 or 복수
and로 연결된 부분이 동일한 하나로 간주하면 단수 취급하고, 서로 다른 두 개로 간주하면 복수 취급한다.

My wife **and** my secretary **was** there. 〈아내와 비서가 동일인〉
Her calmness **and** confidence **is** astonishing. 〈침착과 자신감이 동일한 하나〉
My wife **and** my secretary **were** there. 〈아내와 비서가 다른 사람〉
Her calmness **and** confidence **are** astonishing. 〈침착과 자신감이 별개의 두 개〉

---

(2) 상관접속사로 연결된 명사

〈명사(A)+as well as+명사(B)〉 유형

〈명사(A) as well as 명사(B)〉가 주어로 쓰이면 앞의 명사(A)에 동사를 일치시킨다.

- The **captain**, *as well as* the other players, **was** tired. 〈captain이 주어〉
  다른 선수들은 물론 주장도 지쳤다.
- **One speaker** *after another* **was** complaining. 〈one speaker가 주어〉
  연사들이 차례로 불평을 나타냈다.
- **A writer**, *and* sometimes an artist, **is** invited to address the society. 〈a writer가 주어〉
  작가가, 때로는 미술가도, 그 모임에서 연설해 달라고 초대된다.

〈either+명사(A)+or+명사(B)〉 유형

〈either 명사(A) or 명사(B)〉가 주어로 쓰이면 뒤의 명사(B)에 동사를 일치시킨다.

- *Either* your brakes *or* **your eyesight is** at fault. 〈eyesight가 주어〉
  브레이크 아니면 너의 시력이 잘못되었다.
- *Either* your eyesight *or* **your brakes are** at fault. 〈brakes가 주어〉
- *Neither* he *nor* **his daughters have** arrived. 〈daughters가 주어〉
  그도 그의 딸들도 도착하지 않았다.
- *Not only* the students *but* **their teacher is** enjoying the film. 〈teacher가 주어〉
  학생들뿐 아니라 그들 담임교사도 그 영화를 재미있게 보고 있다.

G 기타 일치

(1) 〈There is/are + 명사〉 구문

〈There is/are + 명사〉구문에서 is/are의 결정은 뒤에 나오는 '명사의 수'에 의해 결정된다.

> There **is a cup** on the table. 테이블 위에 컵이 하나 있다.
> There **are some cups** on the table. 테이블 위에 컵이 몇 개 있다.
>
> ❍ is는 뒤의 명사가 a cup으로 단수이기 때문이고, are는 뒤의 명사가 some cups로 복수이기 때문이다.

- There **is**n't much **news** in the paper this morning.
  오늘 아침 신문에 뉴스가 많지 않다.
- There **have** been lots of good **films** on lately.
  요즘에는 좋은 영화가 많이 상영된다.

(2) 절이 주어인 경우

that절, 의문사절, 관계사절, 부정사, 동명사 등은 단수 취급한다.

> **To keep** these young people in prison **is** inhuman.
> 이 젊은이들을 감옥에 가둬두는 것은 비인간적이다.
>
> ❍ to keep ~ prison은 to부정사로 주어이고 is가 동사이다. to부정사는 단수 취급한다.

- **Having** overall responsibility for the course **means** that I have a lot of meetings. 〈동명사〉
  그 과정에 대해 전반적인 책임을 진다는 것은 내가 회의가 많다는 것을 뜻한다.
- **Whoever** took them **remains** a mystery. 〈의문사절〉
  그것들을 누가 가져갔는가는 수수께끼로 남아있다.
- **That** the Rangers won both matches **was a** great achievement. 〈that절〉
  레인저스 팀이 그 두 시합을 모두 이겼다는 것은 대단한 성취이다.

(3) 선행명사와 대명사의 일치

대명사란 앞의 선행 명사를 대신할 때 쓰므로, 대명사와 명사도 서로 일치해야 한다.

> **The books** were too heavy, so I left **them**. 그 책들은 너무 무거워서 나는 그냥 두었다.
> **The box** was too heavy, so I left **it**. 그 상자는 너무 무거워서 나는 그냥 두었다.

The books	were too heavy, so I left	**them.**
(복수 명사) —— 일치 —— (복수 대명사)		

The box	was too heavy, so I left	**it.**
(단수 명사) —— 일치 —— (단수 대명사)		

- We're going out for a meal. **Matthew and Emma** said **they** might come too.
  우리는 식사하러 외출할 것이다. Matthew와 Emma도 또한 갈지 모른다고 말했다.
- I told **Mike and Harriet** we'd meet **them** at half past five.
  나는 Mike와 Harriet에게 우리가 5시 반에 그들을 만날 거라고 말했다.
- What about Laura's friend **Emily**? — I expect **she**'ll be there.
  Laura 친구 Emily는 어떠니? – Emily도 그곳에 올 것 같아.
- Do you mean **Jason**? I don't like **him** very much.
  Jason 말이니? 나는 그를 썩 좋아하지는 않아.
- You've bought **a new coat**. **It's** very nice. 너 새 코트 하나 샀구나. 너무 멋지다.

(4) 명사 간의 일치

한 문장 속에서 명사가 서로 관련을 맺어 쓰일 때에는 그 수를 서로 일치시켜야 한다.

> **Jane** is **a teacher**. Jane은 교사이다.
> **Her parents** are **teachers**, too. 그녀의 부모도 또한 교사이다.
>
> ❍ Jane은 주어이고 a teacher는 주격보어이다. 주어가 단수이므로 보어도 단수로 서로 일치해야 한다. her parents는
> 복수이므로 보어도 teachers라는 복수명사를 썼다.

- I consider **my child an angel.**
  나는 내 아이를 천사라고 생각한다.   〈목적어와 목적격보어의 일치〉
- I consider **my children angels**. 나는 내 아이들을 천사라고 생각한다.
- **Those kinds** of **parties are** dangerous.
  그러한 종류의 파티들은 위험하다.   〈of 앞 명사와 뒤 명사의 일치〉
- **That kind** of **party is** dangerous. 그러한 종류의 파티는 위험하다.

※   다음 〔 〕안에서 알맞은 말을 고르시오.

1   Every seat [has / have] a number.

2   All the seats [has / have] a number.

3   One of the photos [is / are] missing.

4   A number of questions [was / were] asked.

5   Every year a lot of pollution [is / are] created, and a lot of trees [is / are] cut down.

6   Ninety kilos [is / are] too heavy for me to lift.

7   The goods [has / have] been sent to you direct from our factory.

8   Economics [is / are] a difficult subject.

9   The news [was / were] worse than I had expected.

10   This means of transport [saves / save] energy.

11   I wonder if either of those alternatives [is / are] a good idea.

12   Those tables we saw last month [wasn't / weren't] so expensive.

13   Among the people invited [was / were] the mayor.

14   To be honest [is / are] good.

15   *Crime and Punishment* [is / are] one of Dostoyevsky's novels.

16   No one except his own supporters [agrees / agree] with him.

17   More members than one [has / have] protested against the proposal.

18   The couple [is / are] happily married.

19 Half of the books [has / have] been placed on the shelves.

20 Nobody, not even the teachers, [was / were] listening.

21 Every boy and every girl [was / were] dancing at the party.

22 One speaker after another [was / were] complaining about it.

23 Either he or his parents [is / are] bound to come.

24 Each senator and congressman [was / were] allocated two seats.

25 Both law and order [has / have] been established.

26 Laura bought some jeans there. She said [it was / they were] really cheap.

27 The teacher with her two aids [have / has] complete control of the situation.

28 The coastal surroundings of the village [is / are] particularly attractive.

29 Phenomena such as sun spots [has / have] puzzled scientists for centuries.

30 Some 30 percent of the milk drunk in the countries [is / are] imported.

31 [Have / Has] my glasses been found?

32 The major hotels in the City [was / were] transformed into military barracks.

33 Sorry, all the sausages [has / have] gone, but there [is / are] plenty of chips left if you want some.

34 Across the river [was / were] some of the deer introduced into the park in the 19th century.

35 That he was the best of the many talented golfers of his generation [seems / seem] indisputable.

36 Keeping large animals as pets in a small house [is / are] cruel.

37 I agree that the criteria [is / are] not of equal importance.

38 You don't need much sugar for this pudding; ten grams [is / are] enough.

39 Modern linguistics [is / are] often said to have begun at the start of the 20th century.

40 I know people often have to wait for hospital treatment, but two years [seems / seem] ridiculously long.

41 Measles [has / have] killed a large number of children in the Nagola region.

42 Recent statistics [provides / provide] firm evidence of a rapid increase in living standards in Asia.

43 What I particularly enjoy about the film [is / are] the scenes in Australia.

44 Over the last few years there [has / have] been many improvements on car safety.

45 I'd be surprised if any of my children [remembers / remember] my birthday.

46 A number of medicines [relieves / relieve] the symptoms of influenza, but none can cure it.

47 The aim of the game is quite simple. Each [player / players] [tries / try] to buy as many properties on the board as possible.

48 The Rowham manager has said that no one at the club [wants / want] Nilsen to leave.

49 The majority of those questioned [thinks / think] that the government's economic polices have failed.

50 Neither the Prime Minister nor the Education Minister [has / have] indicated that these policies will change.

※   다음 빈칸에 들어갈 알맞은 말을 고르시오.

1   The hammer as well as the saw _____ work easier.

(A) make   (B) makes   (C) to make   (D) were made

2   The science classes at this _____ difficult.

(A) schools are   (B) school is   (C) school are   (D) school's is

3   _____ people trying to get into the football stadium.

(A) There were too much   (B) There were too many

(C) It was too many   (D) There was too many

※   다음 밑줄 친 부분 중 어법상 어색한 것을 고르시오.

4   No person have done more for this firm than Tom, who has worked 40
       (A)   (B)   (C)

hours a week for the past few years.
              (D)

5   Neither his friend's betrayal nor his parents' condemnation have caused
                           (A)   (B)   (C)

him any great distress.
          (D)

6   Just outside the ruins are a fortress surrounded by high walls and stately trees.
              (A)   (B)   (C)   (D)

7   These kind of shoes seem to be expensive, but they are relatively easy to
              (A)   (B)   (C)

care for.
   (D)

8   Each and every one of the poisonous snakes in captivity at the zoo require
                  (A)   (B)   (C)

a special kind of diet based on the food they used to eat in the wild.
                                              (D)

9   There have been little change in my father's situation since he left for America.
              (A)   (B)   (C)   (D)

3 병치

A 병치란

병치의 개념은 너무 광범위하여 최소한의 병치 개념만 소개하면 다음과 같다. 등위접속사에 의해 앞뒤로 연결되는 내용은 그 모양과 역할이 서로 같아야 한다.

> I have never grown **apples** *or* **pears**. 나는 사과와 배를 재배한 적이 없다.

B 병치의 여러 형식들

- She has bought **a green dress** *and* **a silver necklace**. 〈명사 & 명사〉
  그 여자는 녹색 드레스 하나와 은색 목걸이 하나를 샀다.

- They sell **manual** *and* **electric** typewriters. 〈형용사 & 형용사〉
  그들은 수동 타자기와 전동 타자기를 판매한다.

- Will you pay **in cash** *or* **by check**? 〈부사구 & 부사구〉
  현금이나 수표로 지불할 겁니까?

- I didn't know **who she was**, *or* **what she wanted**. 〈의문사절 & 의문사절〉
  나는 그녀가 누구인지도 무엇을 원하는지도 몰랐다.

- Samantha is fond of **working at night** *and* **getting up late in the morning**. 〈동명사 & 동명사〉
  Samantha는 밤에 일하고 아침에 늦게 일어나는 것을 좋아한다.

- I've asked him **to come this evening**, *or* **(to) phone us tomorrow**. 〈부정사 & 부정사〉
  나는 그에게 오는 저녁에 올 것인지 내일 우리에게 전화할 것인지를 물었다.

- Peter **ate the fruit** *and* **drank the beer**. 〈동사 & 동사〉
  Peter는 과일을 먹고 맥주를 마셨다.

※ 다음 문장에서 <u>잘못된</u> 부분을 찾아 바르게 고쳐 쓰시오.

1 The domestic dog is generally loyal, courageous, intelligence, and adaptable.

2 That must be either John's writing or Bridget's.

3 George likes going to the races and to bet on the horses.

4 Charles was longing to talk to the girl sitting in the corner and who had smiled at him.

5 I've asked him to come this evening, or phoning us tomorrow.

※ 다음 빈칸에 들어갈 알맞은 말을 고르시오.

1 Marmots spend their time foraging among meadow plants and flowers or _____ on rocky cliffs.

(A) gets sun   (B) sunning   (C) the sun   (D) sunny

2 This morning he did not decide whether to wear the red or _____ suit.

(A) green   (B) other green   (C) the green   (D) that of green

※ 다음 밑줄 친 부분 중 어법상 <u>어색한</u> 것을 고르시오.

3 Computers can be used to answer questions, to solve problems, or
                     (A)   (B)

obtaining information on a specific topic.
  (C)   (D)

4 The decisions can be based upon what is right rather than by what is popular.
    (A)   (B)   (C)   (D)

5 Standardized tests, supposed indicators of intellect, aptitude, readiness,
                                   (A)

knowledge, or to ability, are important in the college admissions process.
    (B)   (C)   (D)

4 강조

문장 속에서 어느 한 부분에 초점을 두어 그 부분을 강조해야 할 때가 있다. 그 강조하는 방식은 매우 다양하여 일일이 다 열거할 수는 없지만 대략 구분하면, 억양을 강하게 하는 방법, 위치를 변경하는 방법, 단어를 추가하는 방법, 새로운 구조를 이용하는 방법 등이 있다. 이중 중요한 몇 가지를 언급하면 다음과 같다.

A 문두 이동

강조하려는 부분을 문장 맨 앞으로 이동시키는 것을 말한다.

Into the stifling smoke we plunged. 〈강조 문장〉
그 질식할 것 같은 연기 속으로 우리는 뛰어 들었다.
We plunged into the stifling smoke. 〈보통 문장〉

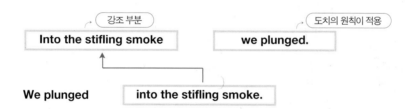

- **Wilson** his name is. 그의 이름은 Wilson이다.
  [His name is Wilson.]
- **An utter fool** she made me feel. 그녀는 나를 아주 바보로 느끼게 만들었다.
  [She made me feel an utter fool.]
- **Really good meals** they serve at that hotel. 저 호텔에서는 정말 멋진 요리가 나온다.
  [They serve really good meals at that hotel.]
- **To this list** may be added ten further items of importance.
  중요한 10개의 품목이 더 이 리스트에 추가될 수도 있다.
  [Ten further items of importance may be added to this list.]
- **Sitting at her desk in deep concentration** was my sister Flora.
  내 여동생 Flora는 책상에 앉아 깊은 집중을 하고 있었다.
  [My sister Flora was sitting at her desk in deep concentration.]

- He might agree under pressure: **willingly** he never would.
  그는 압박 속에서 찬성할 수 있다: 자발적이라면 그는 절대로 찬성하지 않을 것이다.

  [He might agree under pressure: he never would (agree) willingly.]

- **In London** I was born and **in London** I shall die. 나는 런던에서 태어났고 런던에서 죽을 것이다.

  [I was born in London and I shall die in London.]

| 🖐 잠깐!! |

★ 문두 위치가 모두 강조를 나타내는 것은 아니고 주어가 길어서 도치하는 경우도 있다.

아래 문장은 'the sound of the bell' 이 주어인데 상대적으로 길어서 문미로 위치 이동했고 보어인 'faint' 가 어쩔 수 없이 문두에 위치하게 되었다.

Faint grew the sound of the bell. 종소리가 희미해졌다.

C do에 의한 강조

동사를 강조할 때에는 do 동사를 빌려서 한다. 현재와 과거시제만 강조한다.

We **did** enjoy the concert. It was really good. 〈강조 문장〉
└── We enjoyed the concert. 〈보통 문장〉

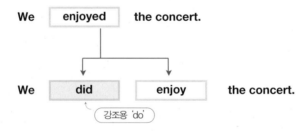

- You're so right. I **do agree** with you. 네가 정말로 옳다. 나는 전적으로 동의한다.
- Your hair is much too long. You **do need** a haircut. 너는 머리가 너무 길다. 머리를 꼭 깎아야겠다.
- The city center **does get** crowded, doesn't it? 도심은 정말 붐빈다, 그렇지?
- That picture **does look** nice. 저 그림은 정말 멋져 보인다.
- You shouldn't have forgotten. I **did remind** you. 너는 잊지 말았어야 하는데. 내가 일러 주었잖니.
- Vicky is quite sure that she **did see** a ghost. Vicky는 귀신을 정말 보았다고 확신한다.
- **Do hurry** up, or we'll be late. 정말로 서둘러라, 그렇지 않으면 우리는 늦을 거야.
- Oh, **do be** quiet. I'm trying to concentrate. 오, 정말 조용히 좀 해. 내가 집중 중이잖아.

C It is ~ that 강조 구문

(1) 기본 모양

〈it is ~ that …〉이라는 구조를 통하여 강조를 나타내는 방식이다. 원래의 문장에서 강조할 부분을 it is와 that 사이에 넣고 나머지는 that 이하에 둔다.

> **John** wore a white suit at the dance last night. 〈보통 문장〉
>
> →*It was* **John** *that* wore a white suit at the dance last night. 〈강조 문장〉
> 어젯밤 댄스파티에서 흰색 정장을 입고 있었던 사람은 바로 John이었다.
>
> ⊙ 보통 문장에서 강조하려는 John을 It was와 that 사이에 넣었다.

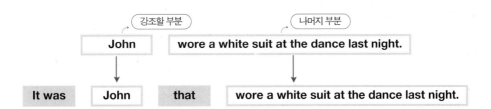

- *It was* **a white suit** (*that*) John wore at the dance last night. 〈직접목적어〉
  John이 어젯밤 댄스파티에서 입었던 것은 흰색 정장이었다.
- *It was* **last night** (*that*) John wore a white suit at the dance. 〈시간 부사〉
  John이 댄스파티에서 흰색 정장을 입었던 때는 어젯밤이었다.
- *It was* **at the dance** *that* John wore a white suit last night. 〈장소 부사〉
  John이 어젯밤 흰색 정장을 입었던 곳은 댄스파티에서였다.
- *It's* **to me** *that* he gave the book. 〈간접목적어〉
  그가 책을 준 것은 나에게였다.
- *It was* **because he was ill** (*that*) we decided to return. 〈부사절〉
  우리가 돌아가기로 결정한 것은 그가 아팠기 때문이다.
- *It was* **a doctor** *that* he eventually became. 〈주격보어〉
  그가 결국 된 것은 의사였다.
- *It was* **to cheer her up** *that* I booked a holiday in Amsterdam. 〈부정사〉
  내가 암스테르담에 휴가를 예약한 것은 그 여자를 즐겁게 하기 위해서였다.

- It's *a genius* that he is. | 틀린 표현 |

  ⊙ He is a genius.에서 is의 보어인 a genius를 강조한 것인데, 〈it is ~ that … 〉 구문에서 be동사의 보어는 강조하지 않는다.

- It's *me* that he gave the book. | 틀린 표현 |

  ⊙ 여기서 강조된 me는 간접목적어이다. 간접목적어가 강조될 때에는 to me의 형식으로 되어야 한다.

It & is & that의 결정

it이 주어일 때는 항상 is를 쓴다. is는 절대로 are로 써서는 안 된다. 시제가 과거이면 was를 쓰고 드물긴 하지만 has been으로 쓰기도 한다. that은 that이 기본이지만 생략될 때도 있고, 강조한 부분이 사람인 경우에는 who로 바뀌기도 하고, 강조한 부분이 장소, 시간이면 where, when으로 바뀌기도 한다.

- It *was* novels that Miss Williams *enjoys* reading. |틀린 표현|
  Williams 양이 읽기 좋아하는 것은 소설이다.
  - **❍** was를 enjoys에 맞춰 is로 고친다.

- It *were* the boys that gave the signal. |틀린 표현|
  신호를 보낸 것은 그 소년들이었다.
  - **❍** were의 주어는 the boys가 아니라, It이므로 was로 고쳐야 한다.

- **It was** *Tom* **that**[**who**] bought the car from Helen. 그 차를 Helen에게서 산 사람은 Tom이다.

- **It was** *in Bristol* **where** the film was made. 그 영화가 제작된 곳은 브리스톨에서였다.

(2) 의문문의 강조

Yes-No 의문문

의문문의 강조는 먼저 평서문의 강조문을 만든 다음 〈It is ~〉를 〈Is it ~〉으로 바꾸면 된다.

Were you complaining about *the girl*? 너는 그 여자에 대해 불평하고 있었니? 〈보통 문장〉
└── **Was it** *the girl* **that** you were complaining about? 〈강조 문장〉

❍ 원래의 의문문을 평서문으로 바꾸어 그것을 it is ~that 구문으로 바꾼 다음, 마지막으로 it is를 is it으로 수정하면 된다. that 이하는 항상 평서문 어순이 되어야 한다.

- **Was it** Tom **that**[**who**] had an accident? 사고를 낸 것이 Tom이었니?

- **Is it** chocolate cake (**that**) you are eating?
  네가 먹고 있는 것이 초콜릿 케이크이니?

- **Was it** in 1492 **that** Columbus sailed to America?
  Columbus가 아메리카로 항해한 것이 1492년이었니?

의문사 의문문

의문사를 하나의 단어로 간주하여 강조구문으로 만든 다음 이를 다시 의문문 어순으로 바꾼다.

> **Who** broke the window? 누가 창문을 깨뜨렸니?   〈보통 문장〉
> └── **Who** *was it* that broke the window?   〈강조 문장〉
>
> ◐ 위의 문장은 의문대명사 who를 강조한 것이다. 그 과정은 먼저 who를 it was who that사이에 넣고 who를 제외한 나
> 머지를 that 이하에 넣는다. 이 때 that이하의 부분은 항상 평서문 어순이 되어야 한다. 그 다음 it was who that ~을 의
> 문문 어순인 who was it that ~으로 바꾸면 된다.

① 의문대명사 who를 it was who that의 형태로 바꾸고 나
머지 broke the window는 that이하로 보낸다.

② it was who that을 의문문어순인 who was it that 으로 바꾼다.

- **Who** *was it that* invented the radio? 라디오를 발명한 사람이 누구니?
  [Who invented the radio?]
- **What** *is it that* Tiger Woods plays? Tiger Woods가 하는 것은 무엇(무슨 스포츠)이니?
  [What does Tiger Woods play?]
- **Where** *was it that* the Olympic Games first took place? 올림픽이 처음으로 열린 곳은 어디였니?
  [Where did the Olympic Games first take place?]

(3) 〈not A, but B〉 구문과의 혼합

〈It is ~ that ...〉 강조 구문은 〈not A, but B〉 구문과 섞여 쓰이는 경우가 많다.

> **It is**n't the players, **but** the supporters **that** are responsible for
> football hooliganism. 광적인 축구 응원에 대해 책임져야 하는 사람은 선수들이 아니라 응원자들이다.
> **It's** the red book **that** I want, **not** the green one.
> 내가 원하는 것은 저 빨간 책이지 녹색 책이 아니다.

│ 👆 잠깐!! │

★ 〈It is ~ that〉 강조 구문과 〈it ~ that〉 가주어 구문의 비교

주어인 that절을 it으로 대체하여 쓴 〈it ~ that〉 가주어 구문과 〈it is ~ that〉 강조 구문은 전혀 다르다.

ⓐ **It was** by a cigarette end **that** the fire was caused.   〈강조 구문〉
그 화재가 발생한 것은 담배꽁초에 의해서였다.
→The fire was caused by a cigarette end.의 강조 구문

ⓑ **It** looks certain **that** the fire was caused by a cigarette end. 〈가주어 구문〉
그 화재가 담배꽁초에 의해 발생했다는 것은 분명한 것 같다.
→That the fire was caused by a cigarette end looks certain.의 가주어 구문

〈차이점〉

1 ⓐ that 이하의 절이 완전하지 못하고 (by a cigarette end부분이 빠졌으므로)
ⓑ that 이하의 절이 완전하다.

2 ⓐ It 뒤에 반드시 be동사만 오고
ⓑ It 뒤에 다른 동사(seem, appear, happen, chance, turn out 등)도 올 수 있다.

3 ⓐ that 이하의 시제(was caused) 와 It 뒤의 시제(was)가 일치하여야 하나,
ⓑ 반드시 그럴 필요는 없다(was의 시제와 looks의 시제가 다름).

- 가주어 구문

It's a miracle **that** she wasn't hurt. 그녀가 다치지 않은 것은 기적이다.
It seems **that** she has lost her memory. 그 여자가 기억을 잃은 것 같다.

- 강조 구문

It was Tom **that** bought the car from Helen. Helen에게서 그 차를 산 것은 Tom이었다.
It was in Bristol **that** the film was made. 그 영화가 제작된 것은 브리스톨에서였다.

D what 강조 구문

〈It is ~ that...〉 강조 구문과 유사한 구문 중에 〈what ~ is...〉 구문이 있다.

Rachel's stereo kept me awake. Rachel의 오디오가 나를 잠 못 자게 했다. 〈보통 문장〉
What kept me awake was Rachel's stereo. 〈what 강조 구문〉
(≒ **It was** Rachel's stereo **that** kept me awake.) 〈it is ~ that 강조 구문〉

- Vicky is looking for a job in television.
  →**What Vicky is looking for is** a job in television. Vicky가 찾고 있는 것은 방송국 일자리이다.
  (≒ It is a job in television that Vicky is looking for.)
- You need a good rest.
  →**What you need most is** a good rest. 네가 가장 필요로 하는 것은 충분한 휴식이다.
  (≒ It's a good rest that you need most.)
- **What he's done is** (to) spoil the whole thing.
  그가 한 것은 그 일 전부를 망친 것뿐이다.
- **What I want to do is** (to) make a fresh start.
  내가 하고 싶은 것은 산뜻한 출발을 하는 것뿐이다.

〈is 뒤에 to부정사나 원형부정사가 오기도 함〉

※   다음 문장에서 강조된 부분을 표시하고 그것을 정상 어순으로 고쳐 쓰시오.

1   In you go.

2   That question I won't answer.

3   That much the jury had thoroughly appreciated.

4   Addressing the demonstration was quite an elderly woman.

※   다음 문장에서 동사를 강조하여 쓰시오.

5   You looked a bit like the singer Arlene Black, actually.

6   Have some more soup.

7   Yes, Melanie helps a lot of people.

※   다음 밑줄 친 부분을 강조하는 〈it is ~ that ...〉 강조 구문으로 바꾸어 쓰시오.

8   Mike's uncle died <u>on Thursday</u> .

9   <u>The computer</u> gives me a headache.

10   You should work towards <u>a realistic target</u> .

11   He turned professional <u>only last year</u> .

12   I object to <u>how she does it</u> .

13   No, he made it profitable <u>by improving distribution</u> .

14   Is <u>Mercury</u> nearest the sun?

15   <u>What</u> must you pay attention to?

※ 다음 문장을 보기처럼 what 강조 구문으로 바꾸어 쓰시오.

> |보기| I said that Bernard was going on holiday to Austria.
> ⇒ **What** I said **was** that Bernard was going on holiday to Austria.

1 We gave them some homemade cake.

2 His rudeness upset me most.

3 It annoyed me that she didn't apologize for being late.

※ 다음 문장에서 잘못된 곳을 찾아 바르게 고쳐 쓰시오.

4 It was the road that the accident took place.

5 It is as a pastime that Miss Williams enjoyed reading novels.

6 It are they who are complaining.

7 No, that I was looking for was something much bigger and stronger.

※ 다음 문장을 우리말로 옮겨 쓰시오.

8 It turned out that she loved horses.

9 It is not every man that happily sees his ambition achieved.

10 During the trial it emerged that Jack had been convicted of burglary before.

11 It was only last Sunday when I was playing tennis with Carol.

12 What I'm going to do to him is teach him a lesson.

5 생략

문장의 어느 일부분이 필요에 의해 뒤에서 다시 반복되어야 할 경우 영어는 어떻게 할까? 대개는 그 반복되는 부분을 '대어(pro-form)'를 사용하여 대체하거나 '생략(ellipsis)'한다. 대어 사용도 넓은 의미의 생략에 포함된다. 생략의 범위는 너무 광범위하여 복잡하게 보이지만 그 원칙은 두 가지로 압축된다. 경제성(economy)과 명확성(clarity)이다. 경제성이란 말이 줄어드는 것(reduction)을 말하며, 명확성이란 중요치 않은 부분이 줄어들고 중요한 부분만 남아있는 것이므로 그 중요한 부분에 초점(focus)이 맞추어져 의미가 분명하게 전달된다는 것을 말한다. 생략의 모양, 생략의 유형, 그리고 중요한 생략 등에 대해 알아 본다.

A 생략이란?

동일한 부분이 뒤에서 다시 반복될 때 그리고 그 부분이 중요치 않을 때 대개 그 부분은 생략한다.

> ### She might sing tonight, but I don't think she **will (sing tonight).**
> 그 여자가 오늘 밤 노래를 부를 수도 있지만 내 생각에는 부르지 않을 것 같다.
>
> ❏ will 뒤에 sing tonight을 생략해도 의미 전달에 전혀 무리가 없고 오히려 불필요한 부분이 생략됨으로써 의미 전달이 더 분명해질 수 있다. 생략된 부분은 앞 어딘가에 반드시 있어야 한다.

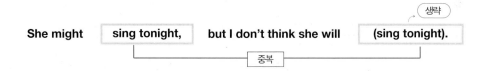

B 생략의 여러 형식들

문장 속에서 생략되는 부분은 다양하다. 그 생략되는 부분이 무엇이냐에 따라 생략의 유형도 다양해진다.

(1) 동사 이후의 생략

문장(절) 속에서 〈동사 이후〉가 생략되는 것으로 생략 중 가장 대표적인 유형이다. 동사는 없어지지 않고 그대로 남되, 생략될 부분 속에 '정동사(조동사, be동사, have ~ed(완료)의 have)'가 있으면 그 정동사가 그대로 남고, '일반동사'가 있으면 'do'로 변하여 남는다.

My writing has improved a lot in this class. — Mine **has**, too. 〈정동사의 생략〉
나의 작문이 이 수업에서 많이 늘었어. - 나의 작문도 그래.

Monica plays golf on Saturdays, and I **do** too. 〈일반동사의 생략〉
Monica는 토요일에 골프를 치고 나도 또한 그래.

의문문에서

- Does she like playing with dolls? — Yes, she **does** (like playing with dolls).

  No, she **doesn't** (like playing with dolls).
  그녀는 인형 갖고 노는 것을 좋아하니? – 응, 그래. / 아니 그렇지 않아.

- Who is cooking dinner tonight? — **John is** (cooking dinner tonight).
  오늘 누가 저녁을 요리할 거니? – John이 할 거야.

비교급에서

- I have eaten more than you **have** (eaten). 나는 너보다 더 많이 먹었다.

- She understands the problem better than he **does** (understands the problem).
  그 여자는 그보다 그 문제를 더 잘 이해한다.

  ❂ 비교급에서는 동사(위의 have/does)까지도 생략할 수 있다.

등위절/부사절에서

- Rupert wanted to attend the bullfight, although his wife **didn't** (want to attend the bullfight).
  Rupert는 아내는 원하지 않았음에도 투우 시합에 가고 싶어했다.

- I told him to go home, but he **wouldn't** (go home).
  나는 그에게 집에 가라고 말했으나 그는 가려고 하지 않았다.

(2) 그 밖의 생략

to부정사가 생략되기도 하고, 〈주어＋동사〉가 생략되기도 하고, 단어, 구, 절이 생략되기도 한다.

> You can borrow my pen, if you want **to (borrow my pen)**. 〈부정사 생략〉
> 네가 원하면 내 연필을 써도 좋다.
>
> **Although (he was)** exhausted by the climb, he continued his journey. 그는 등산으로 피곤했지만 여행을 계속했다. 〈주어+동사 생략〉
>
> Don't ask me why **(the stone has been moved)**, but the stone has been moved. 나에게 이유는 묻지 마세요, 하지만 그 돌은 옮겨졌어요. 〈절 생략〉

to부정사의 생략

부정사가 반복될 때는 부정사를 생략하되 to는 남겨두어야 한다.

- You will speak to whomever I tell you **to (speak to)**. 너는 내가 알려 주는 사람 모두에게 말을 해라.
- We don't save as much money these days as we used **to (save)**.
  우리는 요즈음 옛날만큼 돈을 저축하지 못한다.
- Simon was frightened — or maybe he just pretended **to be**. 〈be는 생략할 수 없음〉
  Simon은 무서워했다, 아니면 무서운 척 했는지도 모른다.

접속사 뒤에서 〈주어＋동사〉 생략

- **While (she was) at Oxford**, she was active in the dramatic society.
  그녀가 옥스퍼드 대학에 다닐 때 연극 협회에서 활동했었다.
- **When (she was) questioned**, she denied being a member of the group.
  그녀는 심문을 받았을 때 그 단체의 일원이라는 것을 부인했다.

단어/구/절의 생략

- Somebody had hidden my notebook, but I don't know **who (had hidden my notebook)**. 누군가가 내 노트북을 숨겼다, 그러나 누가 그랬는지 모르겠다.
- I'm happy if you are **(happy)**. 네가 행복하다면 나도 행복하다.
- His father was at Oxford when Harold Wilson was **(at Oxford)**.
  Harold Wilson이 옥스퍼드에 다닐 때 그의 아빠도 옥스퍼드에 다녔다.
- If you need any of that firewood, I can give you plenty **(of that firewood)**.
  장작이 필요하다면 충분히 줄 수 있다.
- If I am going too fast, please warn me **(that I am going too fast)**.
  내가 너무 빨리 가고 있다면 그렇다고 알려 주세요.
- I asked when she was leaving, and she said she didn't know **(when she was leaving)**. 그녀가 언제 떠날지를 물었더니 그녀는 모른다고 말했다.

(3) so에 의한 생략

so가 대용어 역할을 하여 다양한 생략을 나타낸다.

> Prices at present are reasonably **stable**, and will probably remain **so**.
> 현재의 물가는 적절히 안정되어 있고 앞으로도 그럴 것이다. 〈보어 대용〉
>
> **Oxford is likely to win the next boat race**. All my friends say **so**.
> 옥스퍼드가 다음 번 보트 경주에서 이길 것 같다. 내 친구들이 모두 그렇게 말한다. 〈that절 대용〉
>
> You asked him to leave, and **so** did I. 네가 그에게 떠나라고 했고, 나도 그랬다. 〈문두 so〉
>
> I told Bob to eat up his dinner, and **so** he did. 〈동사 대용〉
> 나는 Bob에게 저녁을 다 먹으라고 말했고 그는 정말로 다 먹었다.

보어 대용

so가 앞의 명사나 형용사를 대신하여 보어로 쓰이는 경우이다.

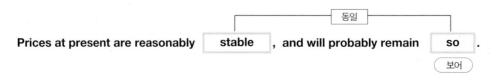

> ◐ so는 remain 동사 뒤에서 보어로 쓰였고, 앞의 stable이라는 형용사를 대신한다.

- If he's **a criminal**, it's his parents who have made him **so**. 〈so = a criminal〉
  그가 범죄자라면 그를 그렇게 만든 사람은 그의 부모이다.
- Brett's work is not yet **consistent in style and quality**, but will no doubt become **so**.
  Brett은 아직 문체와 재능이 견실하지 않지만 틀림없이 그렇게 될 것이다. 〈so = consistent in style and quality〉
- We hoped that the program would be **a success**, and **so** it turned out. 〈so = a success〉
  우리는 그 프로가 성공작이 되기를 바랐고, 그리고 그렇게 드러났다.

절 대용

so가 특정한 동사 뒤에서 앞의 절을 대신하여 쓰인다. so 대신에 not이 쓰이면 부정을 나타낸다.

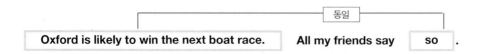

so가 앞에서 언급된 that절을 대신하는데 부정일 때에는 so 대신에 not을 쓴다. so/not은 특정한 동사 뒤에서만 쓰인다.

so/not과 같이 쓰이는 특정한 동사들					
be afraid	appear/seem	assume	believe	expect	guess
hope	imagine	presume	suppose	suspect	think

- Has Ann been invited to the party? ── I **suppose so**. / I **suppose not**.
  Ann이 그 파티에 초대되었니? ── 그런 것 같아. / 그런 것 같지 않아.

- Is it going to rain? ── I **hope so**. / I **hope not**.
  비가 올 것 같니? ── 그러길 바라. / 그렇지 않기를 바라.

- Is she English? ── I **think so**. / I **don't think so**.
  그녀는 영국인이니? ─ 그런 것 같아. / 아닌 것 같아.

- Are we late? ── I'm **afraid so**. 우리가 늦었나? ─ 그렇지 않으면 좋겠지만 그런 것 같아.

- Are we on time? ── I'm **afraid not**. 우리가 정시에 왔지? ─ 아닌 것 같아 걱정이야.

- **Jack hasn't found a job yet**. He told me **so** yesterday.   〈so = Jack hasn't found a job yet〉
  Jack은 아직 일자리를 얻지 못했다. 그가 어제 나에게 그렇게 말했다.

- Many people believe that **the international situation will deteriorate**. My father
  thinks **so**, but I believe **not**.
  〈so = the international situation will deteriorate / not = the international situation will not deteriorate〉
  많은 사람들이 국제정세가 악화될 것이라고 믿는다. 아빠는 그렇게 생각하시고 나는 아니라고 확신한다.

◑ think 동사의 경우 부정은 I think not이 아니라 I don't think so이다.

〈so + 정동사 + 주어〉 유형
〈so + 정동사 + 주어〉의 형식으로 쓰여 「~도 또한 그렇다」의 의미를 나타낸다.

| You asked him to leave, and | so did I. | = | I asked him to leave, too. |

- The corn **is** ripening, and **so are the apples**. (= the apples are ripening, too)
  옥수수가 익어가고 있고, 사과들도 그렇다.

- The corn **isn't** ripening, and **neither are the apples**. (= the apples are not ripening,
  either) 옥수수가 익어가고 있지 않고, 사과들도 그렇다.

〈so + 주어(대명사) + 정동사〉 유형
〈so + 주어(대명사) + 정동사〉의 형식으로 쓰여 「정말 그렇다」의 의미를 나타낸다. neither는 쓰지 않고, 주어는 항상
대명사를 쓴다.

| I told Bob to eat up his dinner, and | so he did. |

‖

| indeed, he ate up his dinner. |

- It's past midnight. ── **So it is**! (= **Indeed**, it's past midnight)   자정이 넘었다. ─ 정말로 그렇다.

- Jack and Martha are here. ── **So they are**. (= **Yes**, they are here)
  Jack과 Martha가 이곳에 있다. ─ 정말로 그렇다.

- Your bike's been moved. ── **So it has**. I wonder who did it. (= **Indeed**, it has been
  moved) 너의 자전거가 없어졌다. ─ 정말 그러네. 누가 그랬을까?

※ 다음 〔 〕 안에서 알맞은 말을 고르시오.

1 Is Don ill again? — Well, he hasn't come to work, so I assume [so / not].

2 The test results were terrible. Do you think the students understood the questions? — I suppose [so / not].

3 Do you think you'll get a pay increase soon? — I hope [so / not].

4 Is Jill married? — I [don't think so / think not].

5 Is she badly injured? — I'm afraid [so / not].

6 Can you lend me some money? — I'm afraid [so / not].

7 That horse is walking with a limp.

— So [it is / is it]. Perhaps we should tell the owner.

8 The council wanted the supermarket to be built.
— So [the residents did / did the residents].

※ 다음 문장의 밑줄 친 so가 가리키는 것을 영어로 쓰시오.

9 The plants are healthy enough now, but I wonder how long they will remain so .

10 Has the bad news reached home yet? — I'm afraid so .

11 You've spilled coffee on the table, and so have I.

※ 다음 문장의 생략된 부분을 고려하여 우리말로 옮겨 쓰시오.

12 Somebody ought to help. Shall I ask Peter to?

13 Have you ever wanted to start a successful business? This book tells you how.

14 When Shirley resigns from the committee, I'm sure that a number of other people will.

15 The first expedition to the Antarctic was quickly followed by another two.

※ 다음 빈칸에 알맞은 들어갈 말을 고르시오.

1 Susan ate at home last night.

— _____ I saw him having dinner in the school cafeteria.

(A) But John ate.   (B) But John didn't.

(C) But John didn't eat.   (D) Neither did John.

2 Shall I bring a calculator to the exam? — No, you don't _____ . They will be provided.

(A) need   (B) need to   (C) need to bring   (D) to bring

3 I wasn't expecting to have a good time at the party, but I _____ .

(A) was   (B) expected

(C) have   (D) did

4 Does the library open on Saturdays? — Yes, I think _____. But I'm not absolutely certain.

(A) so   (B) not

(C) do   (D) you

5 It was _____ them assert in 2002 that the Geneva Conventions did not really apply to that set of facts.

(A) this sense of toughness that made

(B) this sense of toughness making

(C) this sense of toughness caused

(D) this sense of toughness which caused

※ 다음 밑줄 친 부분 중 어법상 어색한 것을 고르시오.

6 It is 20 years ago today that Scott Fahlman taught the Net how to smile.
  (A)   (B)   (C)   (D)

7 It was in a cave Magdalena, New Mexico when the oldest known ears of
                                            (A)   (B)   (C)

cultivated corn were discovered.
              (D)

※   다음 빈칸에 들어갈 알맞은 말을 고르시오.

1 For the most part, young children spend their time playing, eating, and
_____ a lot.

(A) they sleep   (B) sleeping

(C) sleep   (D) they are sleeping

2 _____ moved to that city recently.

(A) A number of Vietnamese have

(B) The number of Vietnamese has

(C) A number of Vietnamese has

(D) The number of Vietnamese have

3 One of the _____ from Italy.

(A) student is   (B) students are

(C) student are   (D) students is

4 Both my books _____ from my room last night.

(A) were stolen and my wallet   (B) and my wallet were stolen

(C) and my wallet stolen   (D) and my wallet was stolen

5 Not until a frog develops lungs _____ the water.

(A) leaves it   (B) it leaves

(C) does it leave   (D) when it leaves

6 Two-thirds of my _____ from the Middle East.

(A) classmates is   (B) classmate are

(C) classmate is   (D) classmates are

7 The only information to be given to the captors was each individual's
name, rank and _____.

(A) serial number   (B) what his serial number was

(C) his serial number was   (D) that his serial number was

8 No, _____ I meant was that Erica could borrow my bike until I needed it again.

    (A) that   (B) it

    (C) what   (D) so

9 Did you know that the pupil of your eye expands and _____ slightly with each heartbeat?

    (A) to contract   (B) contracts

    (C) contracting   (D) contract

10 In the cells of the common garden pea _____ seven pairs of chromosomes.

    (A) they are   (B) there are

    (C) it is   (D) there exists

11 Mark's known for ages that his parents are coming to stay with us this weekend, but _____ was only yesterday that he told me.

    (A) that   (B) it

    (C) what   (D) he

12 _____ arrived at the hotel before heavy snow came down.

    (A) Hardly he has   (B) Hardly has he

    (C) Hardly he had   (D) Hardly had he

13 Never before _____ handshaking their way across the country.

    (A) there have been so many candidates

    (B) so many candidates have been

    (C) have there been so many candidates

    (D) been there have so many candidates

14 Have they sent you some money? — No, I'm afraid _____.

    (A) too   (B) so   (C) not   (D) that

※ 다음 문장의 밑줄 친 부분 중 어법상 어색한 곳을 고르시오.

15 Walking briskly for 30 minutes or to run for 15 minutes will burn an
         (A)   (B)

approximately equal number of calories.
    (C)   (D)

16 Among the many valuable paintings in the gallery are a self-portrait by
    (A)   (B)   (C)

by Picasso.
(D)

17 In an essay explaining how to carry out a process, the writer need to
        (A)   (B)   (C)

give clear and accurate guidance or directions.
         (D)

18 Neither the reporters nor the editor were satisfied with the salary
   (A)   (B)   (C)

offer made by the publisher.
(D)   (E)

19 Approximately 80 percent of all the information in computers around
    (A)   (B)

the world are in English.
   (C)   (D)

20 Disabilities do not diminish the rights of individuals nor they have to
                 (A)   (B) (C)

reduce opportunities to participate in or contribute to society.
           (D)

21 A rationalist is a man <u>who</u> attempts <u>to reach</u> decisions by argument
          (A)   (B)

and perhaps, <u>in certain cases</u>, by compromise, <u>rather than</u> violence.
              (C)   (D)

22 Never <u>in the history</u> of humanity <u>there have been</u> <u>more people</u> <u>living</u>
            (A)   (B)   (C)   (D)

on this relatively small planet.

※ 다음 중 어법상 어색한 것을 고르시오.

23 (A) The chair, as well as the tables, are made of wood.
　　 (B) Neither the students nor the teacher knows the answer.
　　 (C) None of the houses have escaped damage.
　　 (D) Eating vegetables is good for you.

24 (A) The news in that newspaper is biased.
　　 (B) Economics is an important area of study.
　　 (C) Five minutes aren't too long to wait.
　　 (D) The elderly in my country are given free medical care.

25 (A) Two thirds of the work was done by his assistant.
　　 (B) Only in Paris do you find bars like this.
　　 (C) What does she go out for was to get coffee.
　　 (D) On a hill in front of them stood an old castle.

※ 다음 문장 중 어법상 적절한 것을 고르시오.

26 (A) Jack and Jill are friend.
　　 (B) Martha made his sons doctor.
　　 (C) They found him entertaining partners.
　　 (D) The students each is writing a letter to his parents.

1 다음 글의 밑줄 친 부분 중 어법상 어색한 것을 찾아 바르게 고쳐 쓰시오.

Diamonds are older than nearly everything else on earth. They have been used to cut glass, cure snakebites, and ① charming kings and queens. Famed for ② their flashing beauty, diamonds are the hardest substance on earth and among the most useful. However, digging for diamonds ③ is an expensive and exhausting operation.

2 다음 글의 ( ) 안의 단어를 바르게 배열하시오.

The English which we speak and write is not the same English that was spoken and written by our grandfathers. Nor (English, was, their) precisely like that of Queen Elizabeth's time.

3 다음 글의 빈칸에 알맞은 말을 바르게 짝지은 것은?

All cheeses are made from milk that has different bacteria added to it. The bacteria _____ to make Swiss cheese are not harmful to people. They are necessary to ripen the cheese. It is while cheese is ripening _____ develops its own special flavor and color.

① are used — what   ② are used — that it
③ used — what   ④ used — that it

4 다음 글의 밑줄 친 go를 알맞은 형태로 바꾸어 쓰시오.

Rubber is very useful in many areas. About three-fifths of the rubber used in the United States go into tires and tubes. Manufacturers use rubber to make waterproof aprons, boots, raincoats, gloves, and hats.

5 (A), (B), (C)의 각 네모 안에서 어법에 맞는 표현을 골라 짝지은 것은?

Do you want to be successful in any particular career? Then find someone else who has done it, and (A) do / did exactly what they did. Model your actions on successful experience. Successful people are not simply lucky. Luck has nothing to do with it. Success comes from specific actions. Winners make it look (B) easy / easily and effortless, but it is not. Behind every successful person (C) is / are continuing efforts.

	(A)		(B)		(C)
①	did	······	easy	······	is
②	did	······	easily	······	is
③	did	······	easily	······	are
④	do	······	easy	······	are
⑤	do	······	easily	······	is

6 (A), (B), (C)의 각 네모 안에서 어법에 맞는 표현을 골라 짝지은 것은?

The custom of decorating the body with jewels (A) is / are an ancient habit. The mode of the early cave people was to make necklaces from shells, seeds, pebbles and bones. It was the fashion to wear bracelets and (B) put/ putting pieces of bone or wood in the nose or ears. As civilizations developed, so (C) were/ did were / did fashions. Body decoration, however, was, and still is a most popular means of showing human vanity.

	(A)		(B)		(C)
①	is	······	put	······	did
②	are	······	put	······	did
③	is	······	putting	······	did
④	are	······	putting	······	were
⑤	is	······	put	······	were

18
문장의 종합적 이해

글을 배우는 단계가 있다면, 처음에는 어휘(word)를 익히고, 다음에는 문장(sentence)을 공부하고 마지막으로는 단락(paragraph)을 이해하는 과정일 것이다. 문법은 바로 이 문장을 공부하는 것이다. 문장을 크게 두 가지로 분류하면, 하나는 하나의 절로 구성된 단문(simple sentence)이고, 또 하나는 두 개 이상의 절로 구성된 복문(complex sentence)이다. 같은 문법이지만 단문에서는 문장의 성분과 품사에 대해 주로 공부하고 복문에서는 절과 절에 초점을 맞추어 공부한다.

문장 속에 여러 개의 절이 들어 있는 경우, 그 절들 간에는 일정한 규칙이 적용된다. 그러나 절의 종류가 여러 개이고 그 종류에 따라 절이 각각 다르게 나열되므로 이러한 절들에 대해 분명하게 정리해 두어야 한다. 절의 분류는 모양을 기준으로 하는 경우와, 역할을 기준으로 하는 경우가 있다.

지금까지는 문법을 개별적인 관점에서 공부했다면 이제는 종합적인 관점에서 이해해야 한다. 지금까지는 부정사를 배우고, 관계사절을 배움으로써 문장의 구조를 하나씩 완성시켜 나갔다면, 이제부터는 완성된 문장 속에서 부정사와 관계사절의 역할을 찾아내야 한다. 예를 들어 시험문제가 "다음은 부정사 관련 문제입니다. 빈칸에 들어갈 알맞은 말을 고르시오."라고 출제되지 않는다. 그것이 부정사관련 문제인지부터 스스로 판단해야 한다. 이 〈Chapter 18〉에서는 최종 단계인 종합적 사고방식을 다룬다.

절의 분류

A. 모양에 의한 분류

기본 절	that절	의문사절	접속사절	관계사절
응용 절	동명사	부정사	분사 & 분사구문	

B. 역할에 의한 분류

명사절	that절	의문사절	명사 관계사절	동명사	부정사
형용사절	관계사절	동격의 that절	부정사	분사	전치사구
부사절	접속사절	비한정 관계사절	분사구문	wh-ever절	전치사구

〈주어 + 동사 + (목적어 + 보어 + 수식어)〉를 절이라고 한다.

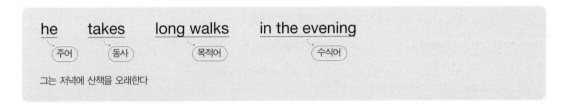

he   takes   long walks   in the evening
  주어   동사   목적어   수식어

그는 저녁에 산책을 오래한다

- **I found** her a seat in the theater
  나는 극장에서 그녀에게 좌석을 마련해 주었다
- **there was** a fight at the party
  파티에서 싸움이 한 번 있었다
- **he warned** me not to touch anything
  그는 나에게 아무 것도 만지지 말라고 했다

(1) 접속사 있는 절

절은 문장 속에서 다양한 역할을 하는데 절 앞에 붙는 접속사의 종류에 따라 절의 종류가 결정된다. 접속사가 없으면 주절이 된다.

∅	he needed some help	→ 주절
	〈접속사 없음〉 (그는 도움이 필요했다)	
but	he needed some help	→ 등위절
	〈등위절을 이끄는 접속사〉 (그러나 그는 도움이 필요했다)	
that	he needed some help	→ 명사절
	〈명사절을 이끄는 접속사〉 (그가 도움이 필요했다는 것은)	
although	he needed some help	→ 부사절
	〈부사절을 이끄는 접속사〉 (그는 도움이 필요했지만)	

(2) 접속사 없는 절

〈접속사 + 절〉이 아닌 특수한 형식의 절도 있다.

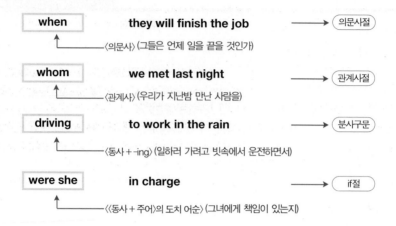

(3) 응용절

기본절이 변형된 응용절의 형식도 있다.

• he takes long walks in the evening

(4) 주절 외의 모든 절은 명사절 or 형용사절 or 부사절로 구분

명사절	that절	I noticed **that he spoke English with an Australian accent.** 나는 그가 영어를 호주 억양으로 말한다는 것을 알아챘다.
	의문사절	**How the book will sell** depends on the reviewers. 그 책이 어떻게 팔릴지는 평론가에게 달려있다.
	what절	The shop didn't have **what I wanted.** 그 가게에는 내가 찾는 물건이 없었다.
	wh-ever절	**Whoever did that** should admit it frankly. 그것을 누가 했든지 솔직하게 인정해야 한다.
	동명사	**Watching television** keeps them out of mischief. TV를 보기 때문에 그들은 장난치지 못한다.
	to부정사	**To be neutral in this conflict** is out of the question. 이 논쟁에서 중립을 지키는 것은 불가능하다.
형용사절	전치사구	The blonde girl **in blue jeans** is my sister. 청바지를 입은 금발 소녀는 나의 여동생이다.
	관계사절	Any person **who wishes to see me** must make an appointment. 나를 보려는 사람은 누구든지 약속을 해야 한다.
	분사	The tall girl **standing in the corner** is Mary Smith. 모퉁이에 서있는 키 큰 소녀는 Mary Smith이다.
	to부정사	I need a machine **to answer the phone.** 나는 자동응답기가 필요하다.
	동격의 that절	The news **that the team won** calls for a celebration. 그 팀이 이겼다는 소식은 축하할 만하다.
부사절	전치사구	**In your view**, will the new law help old people? 네 생각에는 새로운 법이 어르신들에게 도움이 될 것 같니?
	접속사절	**When he left school**, he started working in a bank. 그는 학교를 그만두고서 은행에서 일하기 시작했다.
	분사구문	**Feeling tired**, I went to bed early. 피곤해서, 일찍 잠자리에 들었다.
	wh-ever절	**Whatever we do**, some people will criticize it. 우리가 무엇을 하든지 일부 사람들은 그것에 흠을 잡을 것이다.
	관계사절	Last weekend I met Sue, **who told me she was going on holiday soon**. 지난주에 내가 Sue를 만났는데 그녀는 나에게 곧 휴가를 갈 거라고 말했다.
	to부정사	I shut the door quietly, **so as not to wake the baby.** 나는 아기를 깨우지 않으려고 조용히 문을 닫았다.

2 명사절

A 종류

명사절에는 that절, 의문사절, what절, wh-ever절, -ing, to부정사가 있다.

- I noticed **that he spoke English with an Australian accent.**　　〈that절〉
  나는 그가 호주 억양으로 영어를 말한다는 것을 알았다.
- **How the book will sell** depends on the reviewers.　　〈의문사절〉
  그 책이 어떻게 팔릴 것이냐는 서평가들에 달려 있다.
- You can call me **what you like**.　　〈명사 관계사(what)절〉
  너는 나를 네가 원하는 대로 불러도 좋다.
- **Whoever did that** should admit it frankly.　　〈wh-ever절〉
  그 일을 한 사람은 누구든 그것(그 일을 했다는 사실)을 솔직히 인정해야 한다.
- **Watching television** keeps them out of mischief.　　〈-ing〉
  TV 시청을 하면 그들은 말썽을 안 피운다.
- **To be neutral in this conflict** is out of the question.　　〈부정사〉
  이 분쟁에서 중립을 지키는 것은 불가능하다.

B 역할

명사절은 주어, 목적어, 보어, 동격의 역할을 한다. 이들은 문장에서 꼭 필요한 핵심 성분이다.

- **How the book will sell** *depends* on the reviewers.　　〈주어〉
- I *noticed* **that he spoke English with an Australian accent.**　　〈타동사 목적어〉
- You should vote *for* **whichever candidate you think best.**　　〈전치사 목적어〉
  너는 네가 최고라고 생각되는 후보자에게 표를 던져야 한다.
- The problem *is* **who will water my plants.**　　〈주격보어〉
  우리 집 화초에 누가 물을 줄 것인가가 문제이다.
- You can *call* me **what you like**.　　〈목적격보어〉
- I'm very *eager* **to meet her.**　　〈형용사 보어〉
  나는 그녀를 무척 만나고 싶다.
- We must face *the fact* **that we might lose our deposit.**　　〈동격〉
  우리는 계약금을 잃을 수도 있다는 사실을 직시해야 한다.

(1) 명사절의 종류에 따른 역할

명사절의 종류에 따라 그 문장 속 역할이 약간 다르다.

종 류	문장 속에서의 역할					
that절	주어	타동사 목적어	주격보어	동격		형용사 보어
의문사절	주어	타동사 목적어	주격보어	동격	전치사 목적어	형용사 보어
what절	주어	타동사 목적어	주격보어	동격	전치사 목적어	목적격보어
wh-ever절	주어	타동사 목적어			전치사 목적어	
to부정사	주어	타동사 목적어	주격보어	동격		형용사 보어
-ing	주어	타동사 목적어	주격보어	동격	전치사 목적어	형용사 보어

(2) 명사절의 수(數)

명사절은 모두 단수이다. 따라서 it이나 that으로 받는다.

- I know **that you mean well**, but they don't know **it**.
  나는 당신의 의도가 좋다는 것을 알지만 그들은 알지 못한다.
- **How a book sells** depends on the author, but **it** also depends on the publisher.
  책이 어떻게 팔리는가는 작가에게 달려 있기도 하지만 출판사에 달려 있기도 한다.
- I hope **to see you tomorrow**, but **that** depends on the weather.
  당신을 내일 만나고 싶지만 그것은 날씨에 따라 달라질 수 있다.
- **Collecting stamps** was her hobby, but she has given **that** up.
  우표 수집이 그녀의 취미였는데 지금은 그만두었다.

C that절의 특징

(1) 완전한 절

that절은 〈접속사 that + 완전한 절〉로 되어있다. 다른 명사절과 구분되는 중요한 특징이다.

| I noticed | that | he spoke English with an Australian accent. | → that절 |

접속사 that　　　　　　완전한 절

(2) it 대체

that절이 주어로 쓰인 때에는 it 대체를 반드시 할 필요는 없지만 5형식의 목적어로 쓰인 때에는 it 대체를 반드시 해야 한다.

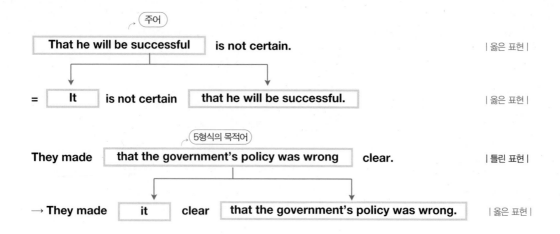

(3) 전치사의 목적어 불가

that절은 전치사의 목적어로 쓸 수 없다.

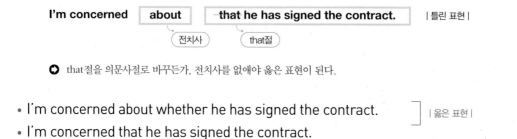

➲ that절을 의문사절로 바꾸든가, 전치사를 없애야 옳은 표현이 된다.

- I'm concerned about whether he has signed the contract. | 옳은 표현 |
- I'm concerned that he has signed the contract.

(4) 예문

- **That the invading troops have been withdrawn** has not affected our policies.
  그 침략군들이 철수했다는 사실이 우리 정책에 영향을 끼치지 않았다.

- My assumption is **that interest rates will soon fall**.
  이자율이 곧 하락할 것이라는 것이 나의 추측이다.

- We are glad **that you are able to join us on our wedding anniversary**.
  우리의 결혼기념일에 당신이 동참할 수 있다니 너무 기쁘다.

- Officials believe **it** unlikely **that any lasting damage to the environment has been done**. 관리들은 그 어떠한 환경 파괴도 지속적으로 이루어졌다고는 생각지 않는다.

D 의문사절의 특징

(1) 의문사절의 모양

의문사절은 의문문이 바뀐 것이므로 그 모양은 의문문과 똑같이 〈의문사 + 절〉의 모양이다.

따라서 의문사절에 쓰이는 의문사와 의문문에 쓰이는 의문사는 동일하다.

의문대명사	who	whose	whom	which	what
의문부사	where	when	why	how	

if절도 의문사절로 쓰여 명사 역할을 하지만 '목적어' 로만 쓰이고, 주어, 보어, 동격으로는 쓰이지 못한다.

- He *asked* me **if I played chess.** | 옳은 표현: ask의 목적어 |
- I'm not *sure* if **I'm pronouncing this correctly.** | 옳은 표현: not sure의 목적어 |
- ~~If he has signed the contract~~ doesn't matter. | 틀린 표현: if절은 주어로 쓰일 수 없음 |

(2) 의문사절의 어순

의문사절의 어순은 평서문 어순이다. 즉, 〈주어 + 동사〉의 순서이다.

(3) 의문사를 포함해야 완전한 절

의문사절은 의문사를 포함해야 완전한 절이 된다.
의문사가 의문사절의 일부로 그 속에서 하나의 품사 역할을 하기 때문이다.
의문부사는 부사 역할을 하고, 의문대명사는 주어, 목적어, 보어의 역할을 한다.

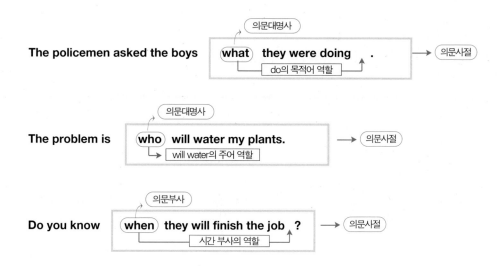

(4) 의문사절은 간접의문문

that절은 평서문의 성격을 갖고, 의문사절은 의문문의 성격을 갖는다.
따라서 that절이 쓰이는 환경과, 의문사절이 쓰이는 환경이 다르다.

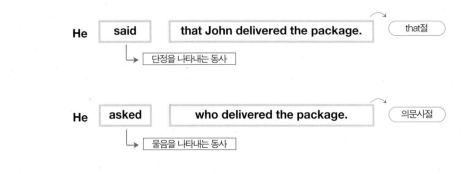

that절을 목적어로 취할 수 없는 동사들	
I don't know/tell/imagine	I don't mind
ask/inquire	wonder

(5) 의문사절의 해석

의문사절은 의문문의 일종이므로 그 해석도 의문문처럼 해야 한다.

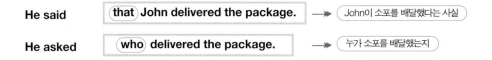

| He said | (that) John delivered the package. | ⟶ | John이 소포를 배달했다는 사실 |
| He asked | (who) delivered the package. | ⟶ | 누가 소포를 배달했는지 |

(6) 예문

- I can't imagine **what they want with your address**.　　　　〈동사의 목적어〉
  그들이 당신의 연설에 대해 무엇을 원하는지 나는 모르겠다.

- They did not consult us on **whose names should be put forward**.　〈전치사 목적어〉
  누구의 이름을 추천해야 할지에 대해 그들은 우리에게 상의하지 않았다.

- I'm not sure **which she prefers**.　그녀가 어떤 것을 좋아하는지 잘 모르겠다.　　〈형용사 보어〉

- Police have not found out **who** was responsible for the forgeries.
  경찰은 그 위조지폐의 배후가 누구인지를 아직 알아내지 못했다.

- Scientists have long wondered **which parts** of the brain are involved in musical
  tasks.　뇌의 어느 부분이 음악과 관련이 있는지를 과학자들은 오랫동안 궁금하게 여겼다.

- He knew **where** Henry Carter had gone.　Henry Carter가 어디로 갔는지 그는 알고 있다.

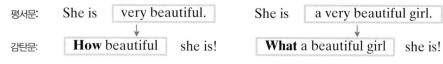

★ 감탄문

감탄문도 의문사절과 마찬가지로 명사 역할을 한다.

A. 감탄문의 모양

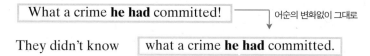

평서문: She is very beautiful.   She is a very beautiful girl.

감탄문: **How** beautiful she is!   **What** a beautiful girl she is!

> ⊙ what 감탄문의 경우 〈감탄사+부정관사+형용사+명사〉의 어순에 주의한다.

B. 특징

감탄문은 어순의 변화 없이 그대로 명사절로 쓰인다.

What a crime **he had** committed! ─── 어순의 변화없이 그대로

They didn't know what a crime **he had** committed.

You can't imagine **what difficulties I have with my children**.
내가 우리 아이들에 대해 얼마나 어려움을 겪고 있는지 너는 상상할 수 없을 것이다.

I read an account of **what an impression you had made**.
당신이 참으로 깊은 인상을 남겼다는 기사를 읽었다.

I told her **how late she was**. 나는 그녀가 얼마나 늦었는지 알려 주었다.

It's incredible **how fast she can run**. 〈감탄문이 주어인 경우는 반드시 it으로 대체〉
그녀가 얼마나 빨리 달리는지 믿어지지 않는다.

We all saw **how strange a look she gave him**.
그녀가 그에게 참으로 이상한 표정을 지어 보인 것을 우리 모두가 보았다.

> ⊙ how 뒤에 명사가 올 경우에는 〈how+형용사+부정관사+명사〉의 어순이 된다.

E 명사 관계사절(what절)의 특징

(1) what절의 모양

what절의 모양은 의문사절의 모양과 동일하다.

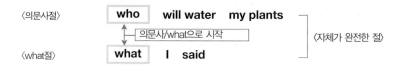

〈의문사절〉 **who** will water my plants ┐
     ↑ ┌─ 의문사/what으로 시작 ─┐   〈자체가 완전한 절〉
〈what절〉 **what** I said ┘

(2) what절의 의미

what절은 의문사절이 아니고 관계사절이므로 「~인 것」으로 해석한다.

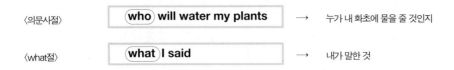

〈의문사절〉	(who) will water my plants	→ 누가 내 화초에 물을 줄 것인지
〈what절〉	(what) I said	→ 내가 말한 것

(3) 예문

- **What I want** is a cup of hot cocoa. 내가 원하는 것은 따뜻한 한 잔의 코코아이다.
- I believe **what he told me**. 나는 그가 나에게 말한 것을 믿는다.
- Show me **what you bought**. 네가 산 것을 나에게 보여 줘.

F 의문사-ever절

(1) 모양

의문사절에서 의문사를 〈의문사 + -ever〉로 바꾸면 '의문사-ever절'이 된다.

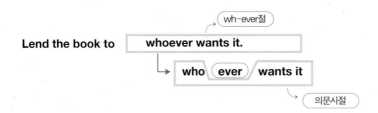

(2) wh-ever절의 의미

wh-ever절은 「~인 것은 모두/누구나」로 해석한다.

Lend the book to | whoever wants it. | → | 그것을 원하는 사람은 누구든

(3) 예문

- You should see **whoever deals with complaints**.
  불평 · 항의를 처리할 수 있는 사람은 누구든 만나야 한다.
- He gave **whoever asked for it** a copy of his latest paper.
  그는 원하는 사람에게는 누구에게든 자기의 최신 논문 한 부씩을 주었다.
- **Whoever wins** will go on to play Barcelona in the final.
  우승자는 누구든 바르셀로나에서 결승전을 치를 것이다.
- **Whichever one of you broke the window** will have to pay for it.
  너희들 중 누구든 그 창문을 깨뜨렸다면 그에 대한 보상을 해야 할 것이다.

G to부정사 & 동명사의 특징

(1) 모양

완전한 절이 〈to + 동사원형〉으로 바뀌면 to부정사가 되고, 〈동사원형 + -ing〉로 바뀌면 동명사가 된다.

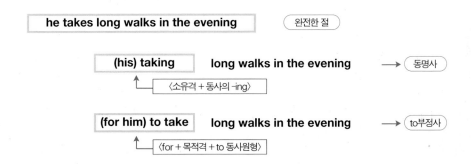

(2) 전치사의 목적어

동명사는 전치사의 목적어로 쓰이지만 to부정사는 그렇지 못하다.

I warned him | against | driving carelessly. | | 옳은 표현 |

I warned him | against | ~~to drive carelessly.~~ | | 틀린 표현 |

나는 그에게 부주의한 운전에 대해 경고했다.

(3) it 대체

to부정사는 it 대체를 하지만, 동명사는 it 대체를 거의 하지 않는다.

- **It** is important *to agree on our position before the meeting.*   〈to부정사: it 대체함〉
  회의 전에 우리의 입장에 동의하는 것이 중요하다.
- They consider **it** their duty *to speak to his parents.*   〈to부정사: it 대체함〉
  그들은 그의 부모에게 알리는 것이 그들의 의무라고 생각한다.
- **our saving energy** will reduce the budget deficit.   〈동명사: it 대체 안 함〉
  우리가 에너지를 절약하는 것이 예산 적자를 줄이게 될 것이다.

(4) 예문

- He likes **to relax**. 그는 쉬는 것을 좋아한다.
- The best excuse is **to say that you have an examination tomorrow morning**.
  가장 좋은 변명은 내일 오전에 시험이 있다고 말하는 것이다.
- He enjoys **playing practical jokes**. 그는 못된 장난을 즐긴다.

- I'm responsible for **drawing up the budget**. 나는 예산안 작성을 책임지고 있다.
- Her first job was **selling computers**. 그녀의 첫 번째 직업은 컴퓨터 판매였다.
- They are busy **preparing a barbecue**. 그들은 바비큐를 준비하느라고 바쁘다.

H 문제를 통한 실전감각 익히기

한 문장 속에 두 개 이상의 절이 들어 있을 때, 그 절과 절은 접속사가 연결한다. 따라서 접속사 뒤에는 절이 온다.

(1) 요구하는 것이 명사절인지를 확인한다.

[A] 문제

※ 다음 빈칸에 들어갈 알맞은 말을 고르시오.

1 I want to know _____ he has signed the contract.

(A) as   (B) whether

(C) those   (D) since

2 Another policeman has been injured _____ fighting started again this morning.

(A) through   (B) that

(C) because   (D) how

3 _____ the burglars got in through the window was a mystery.

(A) When   (B) As

(C) Because of   (D) If

[B] 해법

> ⓐ 문장 전체의 구조를 분석한다.
> ⓑ 빈칸이나 원하는 곳에 명사(절), 형용사(절), 부사(절) 중 어느 것이 필요한지 결정한다.

1   **정답: (B)**   나는 그가 계약에 서명했는지를 알고 싶다.

☞ 빈칸에는 know의 목적어가 필요 하므로 명사종류가 와야 한다. 그 속에 has signed라는 동사가 있으므로 명사절이 필요하고, 명사절을 이끄는 접속사는 보기 중에 whether밖에 없다.

2   **정답: (C)**   오늘 아침에 싸움이 다시 시작되어서 또 다른 경관이 부상당했다.

☞ has been injured는 수동태이므로 그 뒤에 명사가 필요 없다. 뒤의 fighting started again this morning은 절이므로 명사절이 아닌 부사절이 되어야 한다. 보기 중 부사절을 이끄는 접속사는 because뿐이다.

3 **정답: (A)**　강도가 그 창문을 통해 언제 침입했는지는 수수께끼이다.

　　☞ 이런 문제의 핵심은 두 번째 동사인 was의 주어를 찾는 것이다. 앞 절 전체를 명사절로 바꿔 주면 된다. 명사절을 이끄는
접속사는 의문사 when뿐이다. if는 명사절을 이끌 수 있지만 주어로는 쓰일 수 없다.

(2) That or What or 의문사?

[A] 문제

※ 다음 빈칸에 들어갈 알맞은 말을 고르시오.

1 _____ impressed him most was their speed.

　　(A) That　　　　(B) What　　　　(C) How　　　　(D) It

2 Scientists have concluded _____ sunspots affect rainfall and general weather conditions.

　　(A) it　　　　(B) what　　　　(C) that　　　　(D) so

3 My father advised me to take _____ Graham Wilshaw, architect, offered me.

　　(A) some　　　　(B) that　　　　(C) when　　　　(D) what

4 Some experts have already predicted _____ the next president will be.

　　(A) it　　　　(B) that　　　　(C) when　　　　(D) who

[B] 해법

> ⓐ 문장 전체의 구조를 분석한다.
> ⓑ 빈칸이나 원하는 곳에 명사(절), 형용사(절), 부사(절) 중 어느 것이 필요한지 결정한다.
> ⓒ 명사절의 내부 모양을 확인하여 접속사 that이 필요한지 관계사 what이 필요한지 결정한다.

1 **정답: (B)**　그에게 가장 깊은 인상을 준 것은 그들의 속도였다.

　　☞ 두 번째 동사 was가 문장 전체의 동사가 되어야 하므로 ____ impressed him most가 문장 전체의 주어가 되어야 한다.
impressed의 주어 역할도 하면서 명사절을 이끌어야 하므로 what이 필요하다.

	that	what/의문사
모양 상 차이	that을 뺀 나머지가 완전한 절	what/의문사를 뺀 나머지가 불완전한 절

2 **정답: (C)**　과학자들은 태양흑점이 강우량과 일반 기후에 영향을 끼친다고 결론을 내렸다.

　　☞ have concluded가 타동사이므로 그 뒤에는 명사나 명사절이 와야 한다. 빈칸을 제외한 나머지 sunspots affect rainfall
~ conditions는 그 자체로 완전한 절이다. 따라서 빈칸에는 that을 써야 한다.

3 **정답: (D)**   아버지는 건축가인 Graham Wilshaw가 나에게 제안한 것을 받아들이라고 조언해 주셨다.

☞ take가 타동사이므로 그 뒤에는 명사나 명사절이 와야 한다. 빈칸 이하는 Graham Wilshaw(architect) offered(4형식 동사) me(간접목적어)의 구조로서 offered의 직접목적어가 빠진 불완전한 절이다. 따라서 빈칸에는 명사절을 이끌면서 동시에 직접목적어 역할도 해야 하는 what이 들어가야 한다.

4 **정답: (D)**   다음 번 대통령이 누가 될 것인지 몇몇 전문가들은 이미 예측을 끝냈다.

☞ have predicted가 타동사이다. 그 뒤는 명사절이 와야 하는데 the next president(주어) will be(동사)는 be동사의 보어가 빠진 불완전한 절이다. 따라서 빈칸에는 보어로 쓰일 수 있는 who가 들어가야 한다.

(3) 명사절 내부가 옳은지 확인한다.

[A] 문제

1   다음 밑줄 친 부분 중 어법상 어색한 것을 고르시오.

<u>One of the</u> positive aspects of the 2002 World Cup <u>is</u> that it <u>having brought</u>
　　(A)　　　　　　　　　　　　　　　　　　　　　　　(B)　　　　　　(C)

the Korean people together <u>under the banner of</u> national pride and
　　　　　　　　　　　　　　　(D)

harmony.

2   다음 빈칸에 들어갈 알맞은 말을 고르시오.

Lizards' tails may teach us ＿＿＿＿＿＿＿＿＿.
(A) when arresting the cancer growth　　(B) what cancer growth is arrested
(C) how cancer growth is arrested　　　　(D) where is cancer growth arrested

[B] 해법

　　ⓐ 문장 전체에서 명사절을 찾아낸다.
　　ⓑ 그 명사절 내부가 올바르게 되어 있는지 확인한다.

1 **정답: (C)**   2002 월드컵의 긍정적인 측면 중에 하나는 그것이 대한민국 국민을 국가적 자부심과 조화라는 깃발 아래 단결시켰다는 점이다.

☞ that절이 명사절로 쓰여 is의 보어로 쓰였다. 그러나 that절 내부를 보면 그 속에 동사가 없다. having brought를 has brought로 고쳐야 한다.

2 **정답: (C)**   도마뱀의 꼬리는 우리에게 암 성장이 어떻게 억제되는지를 보여줄 수도 있다.

☞ 빈칸에는 teach의 직접목적어인 명사(절)가 와야 한다. 보기 네 개 중 (A)는 그 속에 동사가 없어서 제외되고, (B)는 what이 명사절 속에서 해야 할 역할이 없어서 틀린 표현이 되고, (D)는 is와 cancer growth(주어)의 위치가 바뀌어서 틀렸다.

※   다음 빈칸에 들어갈 알맞은 말을 고르시오.

1 Much of _____ scientists know about dinosaurs has been recently discovered.

(A) being   (B) what   (C) which   (D) that

2 _____ we ought to desire is merely what someone else wishes us to desire.

(A) There   (B) What   (C) That   (D) Who

3 The quantum theory states _____ , such as light, is given off and absorbed in tiny definite units called quanta or photons.

(A) energy that   (B) it is energy

(C) that it is energy   (D) that energy

4 _____ is how international students can do so well in courses given in a foreign language.

(A) What I find interesting   (B) Why I find interesting

(C) What I find it interesting   (D) Why I find it interesting

5 _____ interested in joining the school band should come to the student union building.

(A) Anyone   (B) That   (C) Who   (D) Whoever

6 It is not clear when _____ , although there are many different theories.

(A) dinosaurs becoming extinct

(B) dinosaurs extinction

(C) did dinosaurs become extinct

(D) dinosaurs became extinct

7 _____ depict the limitless opportunities and harsh realities of the last of the vanishing American frontier.

(A) If the stories of Jack London

(B) The stories of Jack London

(C) Jack London wrote stories

(D) Why Jack London wrote stories

3 형용사절

A 형용사절의 종류

형용사절에는 전치사구, 관계사절, 동격의 that절, 분사, to 부정사가 있다.

- The blonde girl **in blue jeans** is my sister.　　　〈전치사구〉
  청바지를 입고 있는 금발의 여자애가 내 여동생이다.
- Any person **who wishes to see me** must make an appointment.　〈관계사절〉
  나를 만나고 싶은 사람은 누구든 약속을 해야 한다.
- The news **that the team had won** calls for a celebration.　〈동격절〉
  그 팀이 이겼다는 소식은 축하를 받아 마땅하다.
- The tall girl **standing in the corner** is Mary Smith.　　〈분사〉
  구석에 서 있는 저 키 큰 여자애가 Mary Smith이다.
- I need a machine **to answer the phone**.　　　　〈to부정사〉
  나는 전화기에 응답하는 기계가 필요하다.

전치사구는 절은 아니지만 여기서 한꺼번에 다루기로 한다.

B 형용사절의 역할

형용사절은 모두 그 앞에 있는 명사를 수식하는 형용사 역할을 한다.

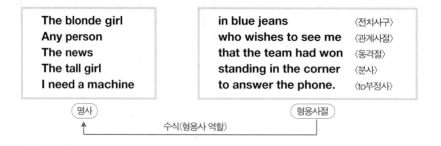

C 전치사구

(1) 모양

전치사와 그 뒤의 목적어를 합하여 전치사구라고 한다.

> ## The people **on the bus** were singing.
> 그 버스에 타고 있는 사람들이 노래를 부르고 있었다.

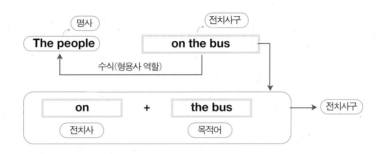

(2) 전치사구는 수식어

전치사구는 수식어이므로 들러리이다.

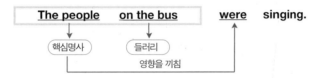

(3) 예문

- **The girl in the corner** is my sister.　　　　　　〈in the corner: 전치사구〉
  저 구석에 있는 저 여자가 내 여동생이다.

- At last they found **an answer to their problem**.　　〈to their problem: 전치사구〉
  마침내 그들은 자신들의 문제에 대한 해답을 찾았다.

- Did you get **an invitation to the party**?　　　　　〈to the party: 전치사구〉
  당신은 그 파티의 초대장을 받았습니까?

- This is **the road to Lincoln**.　　　　　　　　　　〈to Lincoln: 전치사구〉
  이 길은 Lincoln으로 향하는 도로이다.

- **The change** in male attitudes **is** most obvious in industry.　〈The change가 주어〉
  남성의 사고방식의 변화는 산업에서 가장 분명하게 나타난다.

- **The changes** in male attitude **are** most obvious in industry.　〈The changes가 주어〉
  남성의 태도의 변화들은 산업에서 가장 분명하게 나타난다.

- **The teacher** with her students **goes** up the mountain every summer.
  학생들과 함께 그 선생님은 매해 여름 산에 오른다.　　　　　　〈The teacher가 주어〉

D 관계사절

(1) 모양

관계사절은 〈관계사+절〉의 모양이다. 관계사절은 항상 명사(선행사) 뒤에 쓰인다.

관계사절을 이끄는 관계사들

관계대명사	who (whose whom) which that what
관계부사	where when why that

❍ what은 관계사이지만 명사절을 이끈다.

(2) 관계사절은 완전한 절

① 관계사절 속에는 반드시 동사가 있어야 한다.

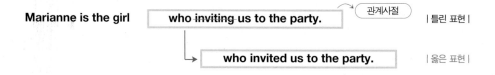

② 관계사절은 관계사를 포함하여 완전한 절이다.

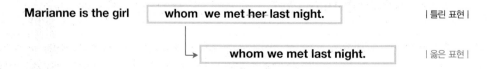

③ 관계사 앞에 있는 전치사도 관계사절의 일부이다.

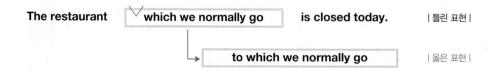

(3) 관계사절은 들러리

관계사절은 명사 수식의 형용사 역할을 하므로 관계사절이 빠져도 나머지 문장은 완전하다.

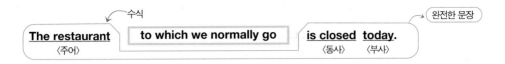

[틀린 표현] The restaurant to which we normally go with our guests.

to ~ guests는 관계사절이다. 이 관계사절을 제외하면 the restaurant이라는 명사만 남는데 명사 하나만으로는 문장이 될 수 없다.

(4) 예문

- I have *a friend* **who plays guitar**. 나는 기타 연주자인 친구가 있다.
- Stevenson is *an architect* **whose designs have won international praise**.
  Stevenson은 디자인으로 국제대회에서 우승한 건축가이다.
- This is *the book* **that I bought at the sale**. 이것이 내가 세일할 때에 산 그 책이다.
- *Holiday resorts* **which are crowded** are not pleasant. 붐비는 휴양지는 유쾌하지 못하다.
- I recently went back to *the town* **where I was born**. 나는 내가 태어난 마을로 최근에 돌아갔다.
- *The reason* **why I'm phoning you** is to invite you to a party.
  내가 너한테 전화한 이유는 파티에 초대하기 위해서이다.
- Dams can be very beneficial to *the areas* **in which they are built**.
  댐은 그 댐이 건설된 지역에는 매우 도움이 될 수 있다.
- The Sales Manager is *the person* **from whom I obtained the figures**.
  그 영업 부장이 바로 나에게 그 수치들을 준 사람이다.

E 동격의 that절

(1) 모양

that절이 특정한 명사 뒤에 쓰여 그 명사를 수식하는 동격의 역할을 한다.

동격에 쓰이는 특정한 명사들
belief evidence fact idea notion possibility saying

(2) 예문

- We believe **the notion that** human beings are basically good.
  우리는 인간은 기본적으로 선하다는 개념을 믿는다.

- It's based on **the idea that** all people are created equal.
  그것은 모든 사람은 평등하게 창조되었다는 생각에 근거한다.

- There's always **a possibility that** he might go back to Seattle.
  그가 시애틀로 돌아갈 수도 있다는 가능성은 항상 있다.

F 분사의 특징

(1) 모양

분사는 〈-ing/-ed + 절〉의 모양이다. 분사는 항상 명사 뒤에 쓰인다.

(2) -ing는 능동, -ed는 수동

분사 앞에 쓰인 명사는 항상 그 분사의 주어 역할을 한다.
이 때 명사와 분사의 관계가 능동이면 -ing를 쓰고, 수동이면 -ed를 쓴다.

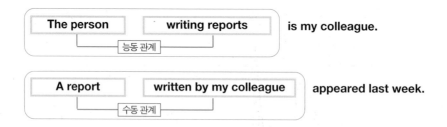

(3) 분사는 들러리

분사는 명사 수식의 형용사 역할이므로 분사가 빠져도 나머지 문장은 완전하다.

(4) 예문

- *Most of the goods* **made in this factory** are exported.
  이 공장에서 생산된 제품의 대부분은 수출된다.
- *The traffic chaos* **caused by the accident** meant long delays.
  그 사고로 야기된 교통 혼잡은 오랜 지체를 의미했다.
- *None of the people* **invited to the party** can come.
  파티에 초대된 사람들 중 아무도 올 수 없다.
- A spectator is *someone* **watching a game or an event**.
  구경꾼이란 시합이나 행사를 구경하는 사람이다.
- There were *some children* **swimming in the river**.
  강에서 수영하고 있는 아이들이 몇몇 있었다.

G to부정사

(1) 모양

명사 뒤의 to부정사는 그 명사를 수식하는 형용사 역할을 한다.

(2) 의미

to부정사는 미래를 뜻한다. 현재나 현재진행을 뜻하는 분사와 다르다.

H 문제를 통한 실전감각 익히기

(1) 형용사절을 찾아 없앤다.

[A] 문제

※ 다음 밑줄 친 부분 중 어법상 어색한 것을 고르시오.

1 The difference between <u>the living conditions</u> in rural areas and in urban
(A) (B)

areas <u>have been</u> eliminated <u>by</u> the construction of highways.
(C) (D)

2 Social scientists <u>who</u> <u>have studied</u> Madagascar <u>has found</u> that women
(A) (B) (C)

tend <u>to be</u> the most aggressive buyers and sellers in marketplaces.
(D)

3 Many national parks set up to provide a refuge <u>for</u> wildlife <u>is</u> regularly
(A) (B)

<u>invaded by</u> people <u>poaching</u> game.
(C) (D)

[B] 해법

> ⓐ 형용사절인 전치사구, 관계사절, 분사 등을 찾아낸다.
> ⓑ 형용사절을 없애고 전체 문장을 간단히 정리한다.
> ⓒ 간단히 정리된 문장이 옳은 문장이 되어야 한다. 특히 주어와 동사의 수 일치를 확인한다.

1 **정답: (C)** 시골의 생활조건과 도시의 생활조건의 차이는 고속도로의 건설로 인하여 사라졌다.

☞ 〈between A and B〉는 전치사구로 앞 명사를 수식한다. 이를 제거하면 the difference는 주어, have been eliminated 는 동사이다. 주어가 3인칭 단수이므로 have를 has로 바꿔야 한다.

2 **정답: (C)** 마다가스카르를 연구한 사회과학자들은 여성들이 시장에서 가장 공격적인 구매자이자 판매자라는 사실을 알았다.

☞ who have studied Madagascar는 관계사절로 앞의 명사 Social scientists를 수식한다. 따라서 이를 제거하면 Social scientists가 주어이므로 그 뒤의 동사 has found를 have found로 바꿔야 한다.

3 **정답: (B)** 야생동물에게 안식처를 제공하기 위해 설립된 많은 국립공원들이 사냥물을 밀렵하는 사람들에 의해 정기적으로 침입을 받는다.

☞ set up to provide a refuge for wildlife가 분사로서 수식어 역할을 한다. 따라서 이를 제거하면 Many national parks 가 주어가 되므로 그 뒤의 동사 is를 are로 바꿔야 한다.

(2) 문장에서 형용사절로 바뀌어야 할 부분을 정확하게 찾아낸다.

[A] 문제

※ 다음 밑줄 친 부분 중 틀린 것을 고르시오.

1 Doctors believe <u>that</u> <u>during</u> adolescence, hormones <u>are produced</u> by the
(A) (B) (C)

adrenal glands increase the <u>activity</u> of the oil glands.
(D)

2 The controllers <u>assign to</u> United Airlines <u>Flight 175</u> suspected that it
(A)   (B)

<u>had been</u> hijacked as it flew off its <u>assigned route</u>.
(C)   (D)

※ 다음 빈칸에 들어갈 알맞은 말을 고르시오.

3 I looked out the front door into the night and caught a glimpse of someone
_____ near the streetlight.

(A) having stood   (B) who stand

(C) stood   (D) standing

4 The first people _____ the unknown lands west of the Appalachian
Mountains were the trappers and traders.

(A) which penetrating   (B) has penetrated

(C) penetrated   (D) penetrating

[B] 해법

ⓐ 문장의 구조를 파악하고 형용사절이 되어야 할 부분을 체크한다.
ⓑ 형용사절이 되어야 할 부분이 분사인지, 관계사절인지, 부정사인지를 최종 확인한다.

1 **정답: (C)** 청소년기에는 아드레날린 샘에 의해 생성된 호르몬이 기름 샘의 활동을 촉진시킨다고 의사들은 확신한다.

☞ hormones are produced by the adrenal glands는 자체로 완전한 절이다. 이 부분이 옳다면 그 뒤의 increase(동사)의 주어가 없게 된다. are를 없애면 produced ~ glands는 분사가 되어 hormones를 수식하는 형용사절이 될 수 있다. 그러면 hormones가 주어이고 increase가 동사가 되어 옳은 문장이 된다.

2 **정답: (A)** UA 항공 175편 비행기에 배정된 관제사들은 그 비행기가 정규 항로를 이탈하자 공중 납치된 것으로 의심하였다.

☞ assign은 「배정·할당하다」의 동사이다. The controllers assign to United Airlines Flight 175가 옳은 표현이면 그 뒤의 suspected의 주어가 없어서 전체는 틀린 표현이 된다. assign을 who were assigned의 관계사절이나 assigned의 분사로 바꿔야 옳은 표현이 된다.

3 **정답: (D)** 나는 정문 넘어 어두운 밤 속을 보다가 가로등 옆에 서 있는 누군가를 보았다.

☞ caught a glimpse of는 「~을 보았다」라는 동사이고 someone이 목적어이다. 따라서 ____ near the streetlight는 someone을 수식하는 형용사절이 되어야 한다. (B)는 stand(현재)의 시제와 looked/caught(과거)의 시제가 일치하지 않는다. having stood의 완료형으로 쓸 필요가 없다. stand는 자동사이므로 수동을 나타내는 stood도 옳지 않다.

4 **정답: (D)** 애팔래치아 산맥 서쪽 미지의 땅을 횡단한 최초의 사람들은 사냥꾼들과 상인들이었다.

☞ The first people은 명사, the unknown lands west of the Appalachian Mountains도 명사(west 이하가 the unknown lands를 수식하는 형용사 역할)이다. 관건은 were의 주어를 찾는 일이다. 빈칸에는 형용사절을 만들어 주는 단어가 들어가야 한다. (A)는 동사가 없어서 정답이 아니다. (C)의 penetrated는 수동의 의미이므로 penetrating으로 고쳐야 한다.

※ 다음 빈칸에 들어갈 알맞은 말을 고르시오.

1 Rubber _____ from vulcanized silicons with a high molecular weight is difficult to distinguish from natural rubber.

(A) is produced   (B) producing   (C) that produces (D) produced

2 The many people _____ must be willing to commute a long distance to work.

(A) wished to live in rural areas   (B) wished that they lived in rural areas
(C) who wish to live in rural areas (D) those wishing to live in rural areas

3 The extended family is a household _____ related adults and married couples from different generations.

(A) consisted of   (B) consisting of (C) consists of   (D) is consisting of

4 _____ is a lightweight, silver-colored metal that can be formed into almost any shape.

(A) Aluminum that   (B) It is aluminum
(C) Aluminum   (D) There is aluminum

※ 다음 밑줄 친 부분 중 어법상 어색한 것을 고르시오.

5 It is the job of the judge to see that certain basic rights of the accused,
 (A)   (B)   (C)

such as the right to a lawyer, is protected.
                              (D)

6 Bacteria lived in the soil play a vital role in recycling the carbon and
          (A)   (B)   (C)

nitrogen needed by plants.
          (D)

7 The National Wildflower Research Center which was established in 1982
                                             (A)

by Lady Bird Johnson on sixty acres of land east of Austin.
(B)   (C)   (D)

4 부사절

A 부사절의 종류

전치사구, 접속사로 연결된 부사절, wh-ever절, 비한정 관계사절, 분사구문, 그리고 to부정사가 부사 역할을 한다.

In your view, will the new law help old people? 〈전치사구〉
네 생각에 그 새 법이 노인들에게 도움이 될 것 같니?

When he left school, he started working in a bank. 〈접속사절〉
그는 학교를 졸업하고 은행에서 일을 시작했다.

Whatever we do, some people will criticize it. 〈wh-ever절〉
우리가 무엇을 하든 그것을 비판하는 사람들이 있다.

Last weekend I met Sue, **who told me she was going on holiday soon.** 지난주에 나는 Sue를 만났는데 자기는 곧 휴가를 갈 것이라고 나에게 말했다. 〈관계사절〉

Feeling tired, I went to bed early. 나는 피곤해서 일찍 잤다. 〈분사구문〉

I shut the door quietly, **so as not to wake the baby.** 〈to부정사〉
나는 애기를 깨우지 않으려고 문을 조용히 닫았다.

B 부사절의 역할

부사절은 완전한 주절에 대해 어떤 사실을 보충하는 추가적인 역할을 한다. 따라서 부사절이 없어져도 나머지 주절만으로도 완전한 문장이 된다.

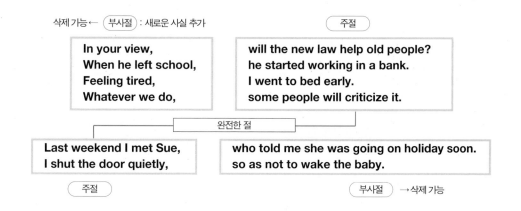

C 전치사구

(1) 모양

전치사구가 주절과 분리되어 쓰일 때에는 부사 역할을 한다. 전치사구는 〈전치사 + 명사〉이지 〈접속사(형용사) + 명사〉가 아니다.

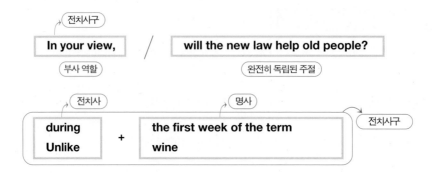

(2) 예문

- **On the whole** it's a good idea, but there are one or two problems.
  전체적으로 그것은 좋은 생각이지만 한두 개 문제점이 있다.
- Here, **during the first week of the term**, an unusual experiment was conducted.
  이곳에서 그 기간 중 첫 일주일 동안에 특이한 실험 하나가 이루어졌다.
- **With all the night school courses available**, there is no excuse for not getting some sort of training. 모든 야간 학교강좌가 열린 상태에서 그러한 훈련을 얻지 못한 것에 대한 변명은 있을 수 없다.
- **Unlike wine**, brandy matures only in wood not glass.
  포도주와는 달리 브랜디는 유리잔에서가 아니라 목재 속에서만 익는다.

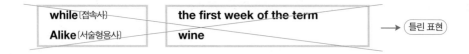

D 접속사 부사절

(1) 모양

〈부사절 접속사 + 완전한 절〉의 모양을 한다. 주절 뒤나 주절 앞에 위치한다.

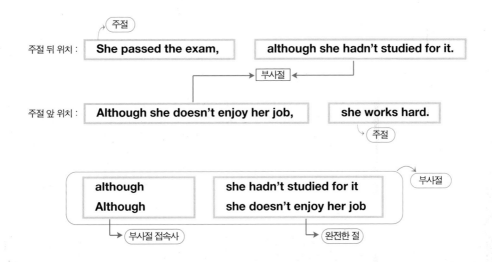

부사절을 이끄는 접속사					
시간	when while	before since	after as soon as	until once	as by the time
양보	although	(even) though	while	whereas	as wh-ever
조건	if	unless	as long as	provided (that)	
이유	as	because	since	now that	
방식	as	as if			
결과	so ~ that	such ~ that			
목적	so that	in case	lest ~ should		

접속사처럼 보이는 부사에 주의

접속사가 아닌 부사들			
however	then	for example	in addition
consequently	meanwhile	therefore	

| 틀린 표현 | It rains, then she usually stays inside. 〈then은 접속사가 아니므로 절을 이끌 수 없음〉

(2) 예문

• Place the saucepan over moderate heat **until** the cider is very hot but not boiling.
사과즙이 매우 뜨거워질 때까지 그러나 끓지 않을 때까지 그 냄비를 중간 정도의 불 위에 올려 놓아라.

• **As soon as** relations improve they will be allowed to go.
관계가 개선되자마자 그들은 가는 것이 허용될 것이다.

• **Although** the shooting has stopped for now, the destruction left behind is enormous.   총성은 이제 멈췄지만 남겨진 파괴는 엄청나다.

- I'll behave toward them **as** I would like to be treated.
  내가 대접받고 싶은 대로 그들에게 행동할 것이다.
- He took her arm and hurried her upstairs **so that** they wouldn't be overheard.
  그는 그녀의 팔을 잡고 이층으로 서둘러 데려갔다, 그들의 말이 새어 나가지 않도록.
- We cannot understand the disease **unless** we understand the person who has the disease. 우리가 질병에 걸린 사람을 이해하지 못한다면 그 질병을 이해하지 못하는 것이다.
- **In case** anyone was following me, I made an elaborate detour.
  누군가가 우리를 미행할 경우를 대비하여 나는 교묘하게 돌아왔다.

E wh-ever절

(1) 모양

명사절에서 설명한 〈의문사 + ever절〉과 모양이 같다. 동일한 절이 명사절로도 쓰이고, 부사절로도 쓰인다.

(2) 의미

wh-ever절이 부사절로 쓰이면 「아무리 ~이더라도」로 해석한다.

| Whatever I say to them, | I can't keep them quiet. | → | 그들에게 무슨 말을 하더라도 |

(3) 예문

- **Whichever method** you choose, it will be a difficult operation.
  네가 어떤 방법을 선택하든 간에 그것은 어려운 작업이 될 것이다.
- **Whatever** we do, some people will criticize it. 우리가 무엇을 하든 그것을 비판하는 사람들이 있다.
- **However brilliant** you are, you can't know everything.
  네가 아무리 똑똑해도 모든 것을 다 알 수는 없다.
- **Wherever** you go, you can't escape from yourself. 어디를 가든 자신으로부터 벗어날 수 없다.

- Goats eat **whatever they can find**. 염소는 찾을 수 있는 것은 다 먹는다.   〈명사절〉
- **Whatever I suggest**, he always disagrees. 내가 무엇을 제안하든 그는 항상 반대한다.   〈부사절〉
- Take **whichever seat you like.** 네가 좋아하는 좌석은 어느 것이든 앉아라.   〈명사절〉

- It has the same result, **whichever way you do it.** 〈부사절〉
  네가 어느 방식으로 하든 결과는 같다.
- I'll take **whoever wants to go**. 나는 가고 싶은 사람은 누구든 데려 갈 것이다. 〈명사절〉
- **Whoever it is**, I don't want to see him. 그가 누구이든 나는 만나고 싶지 않다. 〈부사절〉

F 비한정 관계사절

(1) 모양
콤마 뒤에 쓰인 관계사절은 부사절(등위절)의 역할을 한다.

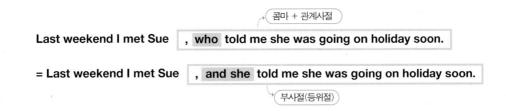

Last weekend I met Sue **, who** told me she was going on holiday soon.
〈콤마 + 관계사절〉

= Last weekend I met Sue **, and she** told me she was going on holiday soon.
〈부사절(등위절)〉

(2) much of which의 형태
비한정절에는 some of whom, much of which 등의 표현이 자주 쓰인다.

- He gave me a lot of advice. Much of it was very useful. 〈두 문장〉
  → He gave me a lot of advice, **and much of it** was very useful. 〈한 문장〉
  → He gave me a lot of advice, **much of which** was very useful. 〈한 문장〉
  그는 나에게 많은 조언을 해 주었는데, 그 조언의 대부분은 매우 유용했다.

- Jack has three brothers. All of them are married. 〈두 문장〉
  → Jack has three brothers, **and all of them** are married. 〈한 문장〉
  → Jack has three brothers, **all of whom** are married. 〈한 문장〉
  Jack은 남자 형제가 셋 있는데 그들 모두 결혼했다.

(3) 예문

- They are fond of snakes and lizards, **which surprises me.**
  그들은 뱀과 도마뱀을 좋아하는데 나는 그것에 놀랐다.
- Yesterday I met John, **who** told me he was getting married.
  어제 나는 John을 만났는데 John이 자기는 곧 결혼할 거라고 말했다.
- She told me her address, **which** I wrote down on a piece of paper.
  그녀가 나에게 자기의 주소를 말해 주었고 나는 그것을 쪽지에 적어 두었다.

- He lost his way, **which** delayed him very much.
  그는 길을 잃었고 그것이 그를 매우 지체케 했다.
- He tried on three jackets, **none of which** fitted him.
  그는 세 개의 재킷을 입어 보았는데 그 중 어느 것도 맞지 않았다.
- Norman won $25,000, **half of which** he gave to his parents.
  Norman은 2만 5천 달러를 벌었는데 그중 절반을 부모에게 드렸다.
- Tom has a lot of friends, **many of whom** he was at school with.
  Tom은 친구가 많이 있는데 그들 중 상당수가 학교에 같이 다녔던 친구들이다.

G 분사구문

(1) 모양

접속사와 주어 없이 –ing/–ed로 시작하는 독립된 절을 분사구문이라고 한다.

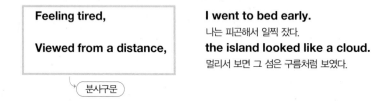

| Feeling tired, | **I went to bed early.** 나는 피곤해서 일찍 잤다. |
| Viewed from a distance, | **the island looked like a cloud.** 멀리서 보면 그 섬은 구름처럼 보였다. |

분사구문

(2) 부사절과의 비교

접속사 없이 쓰이는 분사구문을 접속사 있는 부사절로 바꿔 쓸 수 있다.

(3) –ing는 능동, –ed는 수동

–ing는 주절의 주어와의 관계가 능동이고, –ed는 그 관계가 수동이다. 분사구문의 –ing/–ed는 분사의 –ing/–ed와 그 원리가 같다.

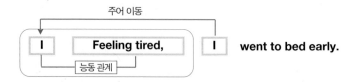

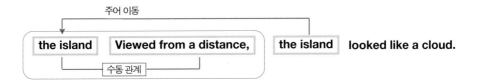

(4) 예문과 의미

- **Being unemployed**, he hasn't got much money. 그는 실직해서 돈이 많지 않다.
  = *Because* he is unemployed, he hasn't got much money. 〈이유〉

- **Kept in the refrigerator**, the drug should remain effective for months.
  = *If* it is kept in the refrigerator, the drug should remain effective for months.
  이 약은 냉장고에 보관되면 몇 달 동안은 유효할 것이다. 〈가정〉

- **Having repairing the car**, Tom took it out for a road test.
  = *When* he had repaired the car, Tom took it out for a road test. 〈시간〉
  Tom은 자동차를 수리하고 나서 도로 테스트를 위해 끌고 나갔다.

- Jim hurt his arm **playing tennis**.
  = Jim hurt his arm *while* he was playing tennis. 〈동시상황〉
  Jim은 테니스를 치다가 팔을 다쳤다.

- **Opening the bottle,** Mike poured the drinks.
  = Mike opened the bottle *and* poured the drinks. 〈연속동작〉
  Mike는 병을 따고 술을 몇 잔 따랐다.

- I phoned again, **making** sure I had the right number.
  전화번호가 옳다고 확신하면서 전화를 다시 걸었다.
- She lay awake all night, **recalling** the events of the day.
  그녀는 밤새 앉아서 그날의 일들을 회상했다.
- **Built** before the war, the engine is still in perfect order.
  이 엔진은 전쟁 전에 만들어졌지만 아직도 완벽한 상태이다.

H | to부정사

(1) 의미

부정사가 부사 역할을 하면 「~하기 위하여」라는 목적의 의미를 갖는다.

I shut the door quietly, | **not to wake the baby.** → 아기를 깨우지 않기 위하여

(2) 예문

- I went to France **not to study** French, **but to study** architecture.
  나는 불어를 배우기 위해서가 아니라 건축을 배우기 위해 프랑스로 갔다.

- I bought a second car **for my son to learn** to drive.
  나는 내 아들이 운전을 배우게 하기 위해 중고차를 샀다.

- **Not to miss** the train, we hurried all the way to the station.
  기차를 놓치지 않으려고 우리는 역까지 계속 뛰어갔다.

- Shelley sent me an e-mail (**in order**) **to inform** me that the meeting had been canceled. Shelley는 회의가 취소되었다는 것을 알려 주기 위해 나에게 이메일을 보냈다.

- After dinner we drove to the top of the hill outside the city (**in order**) **to** watch the sunset. 우리는 저녁을 먹은 후 일몰을 구경하기 위해 도시 외곽에 있는 산꼭대기로 운전해 갔다.

I | 문제를 통한 실전감각 익히기

(1) 요구하는 것이 부사절인지 확인한다.

[A] 문제

※ 다음 빈칸에 들어갈 알맞은 것을 고르시오.

1 _____ off the Hawaiian coastline are living, others are dead.

  (A) While some types of coral reefs
  (B) Some types of coral reefs
  (C) There are many types of coral reefs
  (D) Coral reefs

2 _____ his artistic accomplishments, Morse is well known for his work developing the telegraph and what is known as Morse Code.

  (A) And (B) What is
  (C) In addition to (D) While

3 A sheet of clear glass, _____ with a film of metal, results in a luminously clear mirror.

(A) when backed   (B) it is backed

(C) is backed   (D) when is it backed

※   다음 밑줄 친 부분 중 어법상 어색한 것을 고르시오.

4 Try to make no sound, he took out the key of the door which had not been
     (A)   (B)   (C)

opened for fifteen years.
   (D)

5 The parade, its origin is unknown, has become a national event for our
          (A)   (B)   (C)   (D)

country.

[B] 해법

> ⓐ 요구하는 것이 부사절인지를 확인한다.
>
> ⓑ 그 부사절은 전치사구, 접속사, 관계사, 분사구문, 부정사 중 하나로 연결되어야 한다.

1 정답: **(A)** 하와이 연안의 산호초 중 어떤 종류는 살아 있는 반면 어떤 종류는 죽어 있다.

☞ others are dead는 콤마로 독립된 완전한 절이므로 주절이다. 그러면 그 앞의 ____ ~ living은 부사절이 되어야 한다. 그 속에 are가 들어 있으므로 빈칸에는 while이 들어가야 전체가 부사절이 된다.

2 정답: **(C)** Morse는 예술적 성취 외에도 전신과 모르스 부호라고 알려진 것을 개발한 업적으로도 유명하다.

☞ Morse is well ~ as Morse Code는 완전한 주절이다. 앞부분은 부사가 되어야 한다. 빈칸 뒤는 명사이므로 빈칸에는 전치사가 들어가야 전체가 전치사구가 되어 부사절의 역할을 한다.

3 정답: **(A)** 투명 유리 한 장이 금속 막 한 장으로 보강되면 빛을 반사하는 투명 거울이 된다.

☞ A sheet of clear glass results in ~ mirror가 하나의 절이고, 그 속에 ____ with a film of metal이라는 두 번째 절이 끼어 든 형식이다. 두 번째 절이 부사절이 되어야 하는데 (B)와 (C)는 접속사가 없고, (D)는 it is로 어순이 바뀌어야 한다. (A)는 backed라는 분사구문 앞에 접속사 when이 추가된 모양이다.

4 정답: **(A)** 그는 소리를 내지 않으려고 애쓰면서 오랫동안 열리지 않았던 그 문의 열쇠를 꺼내었다.

☞ Try to make no sound와 he took out ~ years가 각각 하나의 절이다. 두 개의 절이 접속사/관계사/분사구문이 없이 연결되었으므로 틀린 표현이다. he에는 밑줄이 없으므로 Try를 Trying으로 고쳐 분사구문으로 만든다.

5 정답: **(A)** 그 행진은 기원은 알 수 없으나 우리나라의 국가적인 행사가 되었다.

☞ The parade has become ~이 하나의 절이고, 그 속에 its origin is unknown이라는 또 하나의 절이 끼어 들어간 형식이다. its를 관계사인 whose로 고치면 옳은 문장이 된다.

(2) 부사절을 제외한 나머지 주절이 완전한 절인가? 부사절 자체는 완전한 절인가?

[A] 문제

※　다음 빈칸에 들어갈 알맞은 것을 고르시오.

1 With the exception of mercury, _____ at standard temperature and pressure.

(A) metallic elements being solid

(B) the metallic elements are solid

(C) which is a solid metallic element

(D) since the metallic elements are solid

2 Whereas many people visit Internet sites where products are sold, a great number of them still _____ to make purchases online.

(A) hesitating　　　　　　　　　(B) hesitation

(C) are hesitant　　　　　　　　(D) being hesitant

※ 다음 밑줄 친 부분 중 어법상 어색한 것을 고르시오.

3 <u>Defects</u> occur when <u>liquid</u> helium <u>undergoing</u> a phase transition to <u>its</u>
　　(A)　　　　　　　　(B)　　　　　　(C)　　　　　　　　　　　　　(D)
superfluid phase.

[B] 해법

> ⓐ 문장의 구조를 분석하여 부사절을 찾아낸다.
>
> ⓑ 그 부사절을 제외한 나머지 주절이 완전한 절인지, 부사절은 완전한 절인지 최종 확인한다.

1　정답: (B)　수은은 예외로 하고 (나머지) 금속들은 표준온도와 압력에서는 고체이다.

☞ With an exception of mercury는 전치사구로 부사구이다. 그러므로 _____ at standard temperature and pressure는 주절이 되어야 한다. 주어와 본동사가 올바르게 되어 있는 것은 (B)뿐이다.

2　정답: (C)　많은 사람들이 상품이 판매되는 인터넷 사이트를 찾지만 그들 중 대부분이 아직도 온라인 상품구매를 주저한다.

☞ whereas가 ~are sold까지 부사절을 이끈다. a great number ~ online은 주절이 되어야 하므로 본동사가 올바르게 들어 있는 (C)의 are가 정답이다.

3　정답: (C)　액체 헬륨이 초유동체 단계로 단계전이를 하게 되면 결함이 발생한다.

☞ when liquid ~가 부사절인데 그 속에 동사가 없다. undergoing을 undergoes로 바꿔야 한다.

※ 다음 빈칸에 들어갈 알맞은 말을 고르시오.

1 _____ plants, which manufacture their own food, animals obtain nourishment by acquiring and ingesting their food.

(A) Unlike   (B) Different

(C) Whereas   (D) As much

2 _____ the best car brand to buy is a Hyundai.

(A) Because of its designs and price,

(B) Because it lasts long time and very cheap,

(C) Because of its designs and it is cheap,

(D) Because of better than all the others,

3 _____ go ahead with the punitive sanctions, China has said it will retaliate in kind.

(A) America that do   (B) If America does

(C) With America do   (D) For America does

4 _____ growing awareness of social ills, Edna Saint Vincent Millay wrote increasingly more somber poetry during her later years.

(A) A   (B) Because her

(C) When a   (D) Due to her

5 The Korean team vowed to fight to the end, _____.

(A) matter is not how long it takes

(B) no matter how long it takes

(C) how long it takes is no matter

(D) it takes how long is of no matter

6 During the flood, the Red Cross, _____ out of emergency headquarters in Miami, set up temporary shelters for the homeless.

(A) operates   (B) was operating

(C) has operated   (D) operating

※ 다음 문장의 빈칸에 명사절, 형용사절, 부사절 중 어느 절을 써야 할지 밝혀 쓰시오.

1 _____ , his primary instrumental expression was his orchestra.

2 _____ seems obvious to me.

3 The patients _____ don't need to have private physicians.

※ 다음 절이 무슨 역할을 하는 절인지 밝힌 다음 위 1~3번의 [ ] 에 알맞게 넣으시오.

4 although Ellington was an impressive pianist in his own right

5 who are treated at City Hospital

6 that people have a moral duty to help others in need

※ 다음 문장의 빈칸에 명사절, 형용사절, 부사절 중 어느 절을 써야 할지 밝혀 쓰시오.

7 Since Muhammad died rather suddenly, his community had no clear instrument on _____ .

8 At every major temple site there was a court _____ .

9 _____ , Susan also enjoys her work helping guide young scientists.

※ 다음 절이 무슨 역할을 하는 절인지 밝힌 다음 위 7~9번의 [ ] 에 알맞게 넣으시오.

10 despite such an impressive research background

11 how his successor should be chosen

12 shaped like a capital I where ball games took place

※   다음 빈칸에 들어갈 알맞은 말을 고르시오.

13 _____ pollution diminishes the quality of our lives is hard to deny.

(A) That   (B) Since   (C) The

14 The woman _____ lives next door to us is a weathercaster on a local TV station.

(A) she   (B) who   (C) to

15 _____ with uranium ore, Marie Curie discovered two new elements, radium and polonium.

(A) Work   (B) Working   (C) To work

16 Ms. Johnson regularly returns her e-mail messages _____ she has some free time from her principal duties.

(A) what   (B) as soon as   (C) that

17 In hot weather, many people enjoy lemonade, which is a drink _____ from lemon juice, water, and sugar.

(A) makes   (B) made   (C) with

18 To Ellen, the end justifies the means. She will do _____ she has to do in order to accomplish her objective.

(A) whatever   (B) because   (C) that

19 The Neanderthal face, _____ by a projecting and full nose, differed clearly from the faces of other hominids.

(A) dominated   (B) which dominating

(C) to dominate

20 I'm trying to convince my mother to buy a small car _____ has front-wheel drive instead of a large car with rear-wheel drive.

(A) which   (B) what   (C) as

정답 및 해설 → p.54

※ 다음 빈칸에 들어갈 알맞은 말을 고르시오.

1 Working like a telescope, _____ the size of objects at great distances.

(A) which magnifies a telephoto lens

(B) a telephoto lens magnifies

(C) a telephoto lens which magnifies

(D) and magnifying a telephoto lens

2 The Great Depression began _____ and the value of the dollar fell.

(A) the stock market had crashed

(B) of the crash of the stock market

(C) when the stock market crashed

(D) the stock market was crashing

3 Thunder occurs as _____ through air, causing the heated air to expand and collide with layers of cooler air.

(A) an electrical charge

(B) passes an electrical charge

(C) the passing of an electrical charge

(D) an electrical charge passes

4 _____, the record-industry hopes to slay Napster clones.

(A) By launching its own music distribution websites and uncopyable CDs

(B) Launched its own music distribution websites and uncopyable CDs

(C) If launches of its own music distribution websites and uncopyable CDs

(D) Its music distribution websites and uncopyable CDs are launched

5 From the very beginning, competing scenarios were developed
_____ .

(A) the decline of Mayan civilization is explained

(B) of explaining the decline of the Mayan civilization

(C) the explanation of the decline of the Mayan civilization

(D) to explain the decline of the Mayan civilization

6 But in truth _____ before the game dipped into a
tussling and ill-shaped frenzy.

(A) that fully a quarter of an hour was

(B) fully a quarter of an hour took

(C) it took fully a quarter of an hour

(D) when fully a quarter of an hour were over

7 _____, all set in the Chihuahuan Desert, offer scenery
ranging from underground caves to high mountain peaks.

(A) The national parks of the Southwest are

(B) The national parks of the Southwest

(C) Not only are the national parks of the Southwest

(D) In the national parks of the southwest

8 _____ that rational thinking does not suffice to solve
the problems of our social life.

(A) By painful experience we have learning

(B) By painful experience learned by us

(C) By painful experience we having learned

(D) By painful experience we have learned

9 _____ so incredible is that these insects successfully migrate to places that they have never even seen.

(A) That makes the monarch butterflies' migration

(B) The migration of the monarch butterflies is

(C) What makes the monarch butterflies' migration

(D) The migration of the monarch butterflies, which is

10 The early years of the United States government were characterized by a debate concerning _____ or individual states should have more power.

(A) whether the federal government

(B) either the federal government

(C) that the federal government

(D) the federal government

11 _____ the sails of a distant ship are visible before the body of the ship.

(A) The curve of the Earth makes

(B) The earth in that it curves, makes

(C) Because the curve of the Earth,

(D) Because of the curve of the Earth,

12 A group of Shakers, _____, settled around Pleasant Hill, Kentucky in 1805.

(A) members of a strict religious sect who

(B) whose members of a strict religious sect

(C) members of a strict religious sect

(D) were members of a strict religious sect

※   다음 밑줄 친 부분 중 어법상 어색한 것을 고르시오.

13   The first person believed <u>to have used</u> a series of <u>photograph</u>
(A)   (B)

to produce <u>an illusion</u> of <u>movement</u> was Coleman Sellers.
(C)   (D)

14   The roles of nature and <u>of nurture</u> <u>in making</u> us <u>what</u> we are
(A)   (B)   (C)

<u>have long debated</u>.
(D)

15   Although rape is an outrage <u>that cannot be tolerated</u> in civilized
(A)

society, feminism, <u>which has waged a crusade</u>
(B)

<u>for rape to be taken more seriously</u>, <u>have put young women in danger</u>
(C)   (D)

by hiding the truth about sex from them.

16   The conditions <u>stated in</u> the treaty which <u>has been drafted</u> by the
(A)   (B)

United Nations <u>has</u> not been <u>made</u> public.
(C)   (D)

17   Doctors believe <u>that</u> <u>during</u> adolescence, hormones <u>are produced</u>
(A)   (B)   (C)

by the adrenal glands increase the <u>activity</u> of the oil glands.
(D)

18   Children <u>enter school</u> are usually already <u>well socialized</u> into gender
(A)   (B)

roles, but the <u>differences</u> in their abilities are small in the <u>early years</u>.
(C)   (D)

19   One of the most important considerations affecting the President's
           (A)   (B)

decision were based on his desire to decrease the rising rate of
             (C)

unemployment.
     (D)

20   Mr. Park has always been a nonpartisan in local politics, favored
                    (A)   (B)

the man he thought best regardless of party affiliations.
                    (C)   (D)

21   Each of Hemingway's wives — Richardson, Pfeiffer, Gelhorn, and
         (A)

Welsh — were strong and interesting women, very different from the
                              (B)   (C)

often pallid women who populate his novels.
                            (D)

22   One often speaks of intellectual capacity and, possibly by a
          (A)   (B)   (C)

subconscious transference, suppose that this is in some way connected
                            (D)

to cubic capacity.

23   Although memory function is difficult to understand and analyze,
          (A)

memory loss is something that many people experience and worry
                                              (B)

about it as they age.
         (C)   (D)

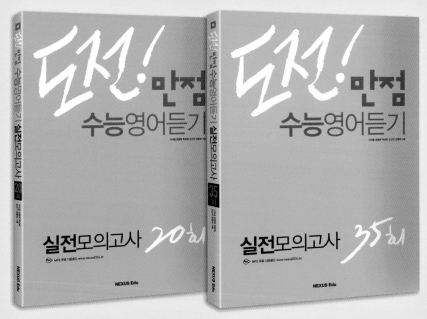

마구잡이 단어 학습법?
이젠 제대로 하자!

▶ 교육부 권장 어휘를 빠짐없이 수록하여 초급·중급·고급·어원편으로 어휘 학습을 완성한다.

▶ 주제별로 분류한 어휘를 연상학습을 통해 효과적으로 암기한다.

▶ 연어와 파생어 및 예문을 통해 어휘력을 확장한다.

▶ 주요 접사와 어원을 소개하여 영어 단어에 대한 이해도를 높인다.

▶ MP3 파일 무료 제공(www.nexusbooks.com)

초급	권기하 지음 | 신국판 | 316쪽 | 8,500원	
중급	권기하 지음 | 신국판 | 372쪽 | 9,500원	
고급	권기하 지음 | 4X6배판 변형 | 444쪽 | 11,000원	
어원편	권기하 지음 | 4X6배판 변형 | 344쪽 | 12,000원	

철저하게 현장의 NEEDS에 맞춘
바짝으로 빠짝!

NEXUS 수능 단기완성 시리즈 바짝!

수능 외국어영역 실전 대비 단기 완성에 알맞고,
단기간에 수능의 기본을 익히고자 하는 학생이라면, 누구에게나 적합하다.
'구문편', '어휘편', '어법편', '독해유형편'으로 구성되어 있다.

수능 구문편	홍미란 지음 | 국배변형판 | 140쪽 | 8,500원
수능 어휘편	송영규 지음 | 국배변형판 | 140쪽 | 8,000원
수능 어법편	넥서스영어교육연구소 지음 | 국배변형판 | 140쪽 | 8,000원
수능 독해유형편	강명희, 박성희, 나영실 지음 | 국배변형판 | 160쪽 | 8,500원

GRAMMAR.ZIP

유택상 지음 | Mark Holden 감수

문법집

정답 및 해설

2

NEXUS Edu

이미지로 한눈에 정리되는

GRAMMAR.ZIP

문법집

정답 및 해설

2

NEXUS Edu

10 절과 접속사

1. 절과 문장 및 접속사

• **Review TEST 1** p.17

1 **절**
우리는 많은 흥미로운 경험을 겪었다.

2 **절 아님**
어젯밤 댄스 파티에 모인 많은 참가자들

3 **절**
나는 Ann을 다시 만나기를 학수고대한다.

4 **절 아님**
너의 모든 가구를 어디에 놓을 것인가.

5 **절 아님**
너를 곧 만나러 올 많은 친구들

6 **F**
Like → As
내가 전에 말했듯이, 미안하다.

7 **F**
however → but
나는 그들을 찾아 모든 곳을 살펴 보았지만 그들은 어디에서도 찾을 수 없었다.

8 **F**
during → while
James의 첫 시는 대학 다닐 때 출판되었다.

9 **T**
나는 약간의 돈을 교환하기 위해 은행에 가야 한다. 그리고 나서 우표를 사기 위해 우체국에 갈 것이다.

10 **F**
because of → because
많은 질병의 치료법이 발견될 것이기 때문에 사람들은 더 오래 살 것이다.

11 **명사절**
돈이 나무에서 자라지 않는다는 사실은 누구나 알고 있다.

12 **등위절**
그는 심하게 넘어져서 팔이 부러졌다.

13 **부사절**
그들은 날씨가 좋지 않음에도 산책을 나갔다.

14 **명사절**
Susan은 그 대회에 어떤 수필을 써야 할지 결정할 수 없다.

• **Review TEST 2** p.18

1 **(C)**

명사 앞에는 접속사가 아닌 전치사가 붙는다. (D)의 despite of는 틀린 표현이다.
그는 병에도 불구하고 그 국제회의에 초청 연사로서 참가했다.

2 **(A)**
절과 절의 연결에는 접속사가 필요하다.
정보가 기억 속에 효율적으로 기호화되지 않으면 필요할 때 쉽게 떠오르지 않을 수도 있다.

3 **(D)**
that은 접속사이므로 뒤에는 절이 온다. 절 속에는 반드시 동사가 있어야 한다.
2002 월드컵의 긍정적 측면 중에 하나는 그것이 한국민을 국가적 자긍심과 조화 아래 하나로 묶었다는 것이다.

4 **(A)**
빈 칸 뒤가 절이 아니라 긴 명사이다.
지구가 동쪽으로 회전하기 때문에 북반구는 대개 서풍이 분다.

5 **(A)**
절과 절의 연결이므로 접속사 필요하다.
후각이 우리에게 중요한 신호를 제공해 줄 수 있지만 청각만큼 유용하지는 않다.

6 **(A)**
In spite of → Although
중간고사가 코앞으로 다가왔지만 나는 머릿속이 너무 복잡하여 공부에 집중할 수가 없었다.

7 **(C)**
to drop → drops: 절 속에는 동사가 반드시 있어야 한다.
석순은 물이 동굴 바닥으로 직접 떨어질 때 생성된다.

8 **(D)**
because → because of: a heavy overnight downpour는 명사이다.
우리는 우리 자동차가 전날 밤에 내린 호우 때문에 진흙에 빠졌다는 사실을 알지 못했다.

2. 등위접속사

• **Review TEST 1** p.21

1 **nor**
사장도 그의 비서도 요크로 날아가지 않을 것이다.

2 **or**
사장이나 비서가 베를린으로 날아갈 것이다.

3 **but**
영국에서뿐만 아니라 유럽에서도 항상 암시장이 있다.

4 **yet**

명사 앞에 형용사 둘이 나올 때 그 둘이 서로 대립적인 경우 but 또는 yet으로 연결한다.
그것은 우리 문제에 대해 저렴하지만 효율적인 해결책이다.

5 **nor**
nor 뒤가 도치되어 있다.
그도 그들을 돕지 않을 것이고, 나도 또한 그럴 것이다.

• Review TEST 2 ············ p.21

1 **(B)**
strict와 fair는 서로 대립적이다.
나의 부모님은 자녀들에게 엄격하지만 공정하셨다.

2 **(A)**
either가 힌트이다.
수업 계획을 바꾸고 싶으면, 담당 선생님이나 학업 상담역에게 이야기해라.

3 **(A)**
우리는 채식 전문 음식점에 갔다. 그리고 신선한 채소와 갖가지 곡물로 된 멋진 점심을 먹었다.

4 **(C)**
교사는 물론 학생들도 그 답을 알고 있다.

5 **(B)**
이 계란 대체품은 진짜 계란이 아니다. 그러나 요리되면 어느 정도 계란처럼 보인다.

3. 명사절 접속사

• Review TEST 1 ············ p.28

1 **where George lives**
나는 George가 어디 사는지 알고 싶다.

2 **how far it is to Denver from here**
나는 이곳에서 덴버까지 얼마나 먼지 알아야 한다.

3 **whom Alex saw at the meeting**
나는 Alex가 그 회의에서 누구를 만났는지 모른다.

4 **whether**
의문사절 속에서 필요한 명사는 없다.
나는 네가 이곳에서 그 여자를 알아볼 수 있는지 모른다.

5 **what**
for의 목적어가 필요하다.
나는 John이 무엇을 찾고 있는지 모른다.

6 **why**
의문사절에서 who[what]의 명사는 필요 없다.
그가 왜 우리와 함께 가지 않기로 결정했는지 Jane이 아마 우리에게 말해 줄 수 있을 것이다.

7 **which**
prefers의 목적어가 필요하다.
나는 그 여자가 무엇을 좋아하는지 모르겠다.

8 **which**
명사(book)와 같이 쓸 수 있는 의문사는 which[what]뿐이다.
Roberto는 우리가 어느 책을 살 것인지 알고 싶어 한다.

9 **who**
will be의 보어가 필요하다.
일부 전문가들은 이미 다음 번 대통령이 누가 될 것인지 예측했다.

10 **whether**
나는 네가 나를 도울 수 있는지 궁금하다.

11 **that**
뒤의 절이 완전하므로 접속사 that이 필요하다.
그 아이들이 그렇게 조용하다니 매우 이상하다.

12 **How**
sell은 팔리다의 뜻이므로 how를 쓰면 '그 책이 어떻게 팔릴 것인지'가 된다.
그 책이 어떻게 팔릴 것인지는 서평가에게 달려 있다.

13 **that**
뒤의 문장이 자체로 완전하다.
나는 그가 호주 억양으로 영어를 말한다는 것을 알았다.

14 **were they → they were**
경찰은 그 남자들에게 무엇을 하고 있느냐고 물었다.

15 **asked I → asked whether I**
ask 뒤에는 that절이 올 수 없다.
그 여자는 내가 한 잔 마시고 싶어 하는지 물었다.

16 **that → whether**
전치사 about 뒤에 that절이 올 수 없다.
나는 그가 그 사고에 연루되었는지 걱정된다.

17 **relating → related**
절 속에는 동사가 있어야 한다. was가 과거이므로 related로 고친다.
개의 행위가 그 방식과 관련이 있는지는 분명하지 않았다.

18 **made plain → made it plain**
that절이 5형식의 목적어일 때에는 가목적어 it이 반드시 필요하다.
그 그룹들은 어떠한 공식 견해에도 반대한다는 것을 분명히 했다.

• Review TEST 2 ············ p.29

1 **(B)**
그는 나에게 어디 사느냐고 물었다.

2 **(A)**
절이 완전하므로 what은 필요 없다. (B)를 답으로 하면

inherit의 시제와 predicted의 시제가 일치하지 않는다.
한 점쟁이가 내가 그해 말 전에 많은 돈을 물려받을 것이라
고 예언했다.

3 (A)
의문문이므로 의문문 어순이 필요하다.
경찰 아저씨, 브리스톨까지 가는 법을 알려 주세요. — 그러
죠, 브리스톨의 어느 지역으로 가고 싶은데요?

4 (B)
명사절이 필요하다. I could do such a thing 자체로 완
전하므로 it은 필요 없다.
어제 네가 수업 중에 잠이 들고 코까지 골았다는 것이 사실
이니? - 불행하게도 사실이야. 코까지 골았다니 믿어지지
않아. 너무 당황스럽다.

5 (D)
문장 속 is의 주어가 필요하다. 보기에는 모두 동사가 있으
므로 명사절이 되어야 한다. if절은 주어로 쓰일 수 없다.
어떤 사람이 신속하나 그렇지 않느냐는 우리 사장에게 중
요하다.

6 (B)
tell의 직접목적어인 명사절이 필요하고, 명사절 속에 bring
의 목적어가 없으므로 that이 아닌 what이 필요하다.
너는 Susan에게 내일 파티에 무엇을 가져올 것인지 잊지
않고 말했지? - 오, 저런. 까맣게 잊었네! 미안해.

7 (A)
의문사절의 어순은 평서문 어순이다.
이 비행기가 얼마나 오랫동안 착륙하고 있을지 누구 아니?
- 나도 몰라.

8 (A)
동격의 that이 필요하다.
여자들이 사석에서 너무 자유롭게 많이 이야기한다는 생각
은 잡담이라는 한 단어로 요약된다.

9 (A)
'___ ~ the room'이 명사절로 그 뒤의 is의 주어이다. 명
사절 속에서는 was의 주어인 who가 필요하다.
그 방을 누가 마지막으로 떠났는지가 그 사고의 핵심 포인
트이다.

10 (B)
전치사 on의 목적어는 that절이 아닌 의문사절이 필요하
다.
일반 대중을 설득시키느냐의 성공이 정보가 대중 매체에
의해 얼마나 잘 퍼지느냐에 달려있다.

11 (B)
평서문 어순이어야 한다. (D)는 another person이 되어
야 한다.
대화의 참가자들 중 한 명이 상대방이 말한 것을 의아해 한
다면, 참된 의사소통은 전혀 일어나지 않는다.

12 (D)
wonder 뒤에는 that절이 못 온다. 의문사절 자체가 완전
해야 하므로 (D)가 옳다.

John이 그 시험에 왜 떨어졌는지 나는 정말로 궁금하다.

13 (B)
will they → they will: 평서문 어순이다.
그들이 얼마나 오랫동안 건강을 유지할 것인지는 아무도
모르지만 결과는 낙관적이다.

14 (C)
because → that: 주어가 the reason이면 보어에
because절을 쓰지 않는다.
Bill Gates가 그렇게 크게 성공한 이유는 결코 포기하지
않기 때문이다.

4. 부사절 접속사

• Review TEST 1 ·································· p.38

1 If I find your lighter
내가 너의 라이터를 찾으면 너에게 전해 줄게.

2 in case you can't find our house
네가 우리 집을 찾지 못할 경우를 대비하여 너에게 지도를
그려 줄게.

3 없음
하루 종일 열심히 일했는데도 피곤하지 않다.

4 while he was taking the examination
Robert는 검사를 하던 중 갑자기 아프기 시작했다.

5 as long as
너는 조심스럽게 운전만 한다면 내 차를 사용해도 좋다.

6 in case
그 심판은 하나가 멈출 경우를 대비하여 시계를 두 개 찬다.

7 By the time
주절의 시제가 had left로 과거완료이면 접속사는 by the
time을 쓴다.
어젯밤 파티로 가는 도중에 Tom의 차가 고장이 났다. 그
가 도착했을 때에는 손님들 대부분이 이미 떠난 뒤였다.

8 as
as는 시간의 흐름을 나타낸다.
Tom이 자동차를 타고 갈 때 우리는 안녕 하며 손을 흔들
었다.

9 Although
주절과의 내용이 대립적이다.
그 여자는 하루에 40개피의 담배를 피지만 매우 건강하다.

10 whereas
arrogant와 shy가 대립 관계이다.
우리는 그 여자가 좀 교만하다고 생각했지만, 반면 사실은
단지 수줍은 것이었다.

11 so that

in order to는 뒤에 부정사가 온다.
네가 문을 열 수 있도록 내가 열쇠를 줄게.

12 if
Sam은 수강 과목 모두에 합격하지 못하면 졸업하지 못할
것이다.

13 F
despite → although
나는 필요한 모든 자격을 갖추었음에도 그 직업을 얻지 못
했다.

14 F
quite → so: quite를 so로 바꿔야 뒤의 that절이 설명된
다.
그 시험은 너무 쉬워서 모두가 높은 점수를 얻었다.

15 F
will be → is: 시간의 부사절에서는 미래를 쓰지 않는
다.
Owen 씨 부부는 그들의 아기가 태어나면 새 집으로 이사
갈 것이다.

16 F
Although → Despite: the fact는 명사, 그 뒤의 that
절은 fact를 꾸며주는 동격이다.
그 여자는 세 명의 어린아이를 돌보아야 한다는 사실에도
불구하고 시간제 MBA 과정을 이수하고 있다.

• Review TEST 2 ·································· p.39

1 (D)
find out 뒤에는 목적어인 명사절이 필요하다. 또한 어떤
사실을 알고 싶어하는 것이므로 의문사절이 와야 한다.
James 씨는 그 회의가 3시에 개최될 것인지를 알아보기
위해 전화를 했다.

2 (B)
For가 이유의 접속사로 쓰일 때에는 주절 앞에 올 수 없다.
나는 피곤했으므로 잠자러 갔다.

3 (A)
Jan이 도착할 때쯤이면 우리는 이 그룹 계획을 끝냈을 것
이다.

4 (D)
바닷물에서만 생존할 수 있는 물고기가 있는 반면, 민물에
서만 살 수 있는 종들도 있다.

5 (B)
even부터가 주절이므로 빈칸에는 부사절을 이끄는 접속사
가 필요하다.
햇볕으로 따듯해진 돌 주변에 공기가 차가워지면 가장 작
은 돌일지라도 작은 따뜻한 기류를 만들어 낸다.

6 (D)
although는 대립 관계가 분명할 때 쓴다. '자격이 있으므
로 과학반을 맡는다'가 옳은 논리이다.

Jackson 선생님이 교사들 중에서 최고의 자격을 갖추었으
므로 5학년 과학반을 맡게 되었다.

7 (B)
Timmy는 어떠한 한 가지 일에도 1~2분 이상을 집중하
지 못하기 때문에 학교 성적이 좋지 않다.

8 (C)
금년에는 강우량이 충분하지만 사과 나무들이 높은 수익률
을 내지 못했다.

9 (C)
양보를 나타내는 절이다.
그는 가난하지만 행복하다.

10 (B)
~ever절과 whether절은 부사절로 쓰인다. whether는
「~이든 아니든」의 뜻으로 여기에는 맞지 않는다.
사람들이 어디에 정착하든 첫 번째 관심 중 하나는 적절한
식수원의 위치를 찾아내는 것이다.

11 (A)
That → Although: 뒤의 the program ~이 주절이
므로 앞 절은 부사절이 되어야 한다. That절은 명사절이므
로 that을 부사절 접속사로 바꾼다.
현재 시스템에 특정한 장점이 있기는 하지만 그 프로그램
은 그러한 더 큰 조직에는 쓸모가 없다.

12 (A)
Even though → Because: 내용이 대립이 아니라 이유
이다.
그 호텔은 이미 만원이었기 때문에 그 매니저는 태풍에 발
이 묶인 사람들에게 내어 줄 객실이 없었다.

13 (A)
very → so: 뒤의 that절이 부사절이 되려면 very가 so
로 바뀌어야 한다.
중세에는 실 짜는 기술이 너무 발달해서 숙련공들은 태피
스트리를 짤 수 있었다.

14 (A)
Since → Because of: since는 접속사로 쓰일 때에만
이유가 된다. its low ~ taste는 절이 아니라 명사구이므
로 since는 전치사로 쓰였다.
스파게티는 저렴한 비용과 좋은 맛 때문에 검소한 학생들
이 자주 먹는다.

15 (C)
in case는 「~의 경우를 대비하여」의 뜻이다.
네가 나에게 연락할 필요가 있을 경우를 대비하여 내가 이
전화번호를 줄게. 해외에 나가 있는 동안 치료를 받을 경우
를 대비하여 보험을 들으라고 조언을 들었다.

실전 TEST 1   p.41

1 (B)
'the many efforts ~'는 긴 명사이므로 빈칸에는 전치사
가 필요하다.

나는 이유를 모르지만 이웃인 Morrow 씨는 나를 좋아하는 것 같지 않다. 그는 내가 친절하고 우호적이려고 하는 노력에도 불구하고 나를 향해 웃거나 말을 걸지 않는다.

2 (A)
now that은 since와 비슷한 의미이다.
Beth는 새 차를 사서 더 이상 통근 기차를 타고 출근하지 않는다. 매일 운전하여 출근한다.

3 (A)
목적의 so that이 필요하다.
지문이 범죄 현장에 숨겨져 있을 때에도, 지문이 보이고 사진 찍히도록 하기 위하여는 알루미늄 가루를 그 위에 뿌릴 수 있다.

4 (C)
⟨what + 명사⟩가 what과 동일한 역할을 한다.
이 정보는 그들이 겪는 변화와 당신이 그 과정을 어떻게 부드럽게 할 수 있는가를 이해하는 데 도움을 줄 것이다.

5 (D)
'that the language ____'는 that절이 되어야 한다.
decline을 동사로 쓰려면 declines가 되어야 한다.
이러한 항의는 그 언어가 쇠퇴하고 있고, 이 쇠퇴는 도덕적 쇠퇴와 관련이 있다고 늘 주장하는 것 같다.

6 (B)
전치사 on의 목적어이므로 의문사절만 가능하다. (B), (D) 중 의문사 어순이 옳은 것은 (B)이다.
사슴을 식사의 일부로 받아들이는 것은 정보와 요리법이 매체에 의해 얼마나 잘 보급되느냐에 달려 있다.

7 (B)
and 뒤에는 완전한 절이 온다.
커피는 아마 처음에는 이디오피아의 카프라는 지방에서 야생으로 자랐던 것 같다. 그리고 그곳으로부터 커피는 아라비아 남부로 옮겨졌다.

8 (A)
as → whether: know의 목적어가 필요하므로 명사절이 와야 한다.
나는 네가 이곳에서 그 여자를 알아볼 수 있는지 모르겠지만 신문을 읽고 있는 그 여자는 Susan이야.

9 (C)
nor → or: not A or B가 A와 B를 모두 부정하는 표현이다. or 자리에 nor를 쓰면 안 된다.
나는 이곳에서 투자 수입이 부당하다거나 자본주의를 없애자고 주장하는 것이 아니다.

10 (A)
taken → (should) be taken: that은 접속사이므로 그 뒤에는 절이 와야 한다. taken은 동사가 될 수 없으므로 이를 동사로 만들어 준다. require는 should가 필요하다.
정부는 정확한 통계 자료가 수집되도록 인구 조사가 10년마다 이루어져야 한다고 요구한다.

11 (B)
when → that: 'it was not until ~ that'이 숙어이다.

1895년이 지나서야 그 강의 남쪽 원천이 발견되었다.

12 (A)
too → so: 그래야 뒤의 that 절이 부사절이 된다.
낙태 문제는 많은 나라에서 너무 민감하여 그 결과를 아는 것은 항상 쉽지만은 않다.

13 (C)
if → that: sure, certain 이외의 형용사는 그 뒤에 if절을 쓰지 못한다.
Jerry는 그 책을 너에게 빌려주지 않을 것이다. 네가 반환할 것을 잊어버릴까봐 걱정하기 때문이다.

실전 TEST 2 p.43

1 animals live
의문사절의 어순은 평서문 어순이다.
야생 동물을 과학적으로 관찰하는 사람은 동물이 그들의 환경 속에서 어떻게 사는지에 대한 모든 세부 사항들을 기록해야 한다. 그들의 먹는 습관과 잠자는 습관, 사회적 관계, 그리고 자기 보호 방식 등이다.

2 unimportant
의문사절 내부는 그 자체로 완전해야 한다. seem의 보어가 필요하므로 형용사인 unimportant가 옳다.
너의 행동이 아무리 중요치 않게 보일지라도, 그것은 너를 옳은 방향으로 출발하게 해 준다. 행동을 매일 계속하라. 그러면 너는 타성을 얻기 시작한다.

3 ④
(A) 'his ~ reputation'이 명사이므로 전치사 because of가 필요하다.
(B) that절 속에는 동사가 있어야 한다. recommend의 영향을 받아 that절 속에는 원형(talk)을 쓴다.
(C) 동사 뒤에 목적어가 없으므로 수동태를 쓴다.
모든 사람들은 Frazier 교수의 수업을 듣고 싶어 한다. 학생들 다수가 그의 명성 때문에 그의 수업에 등록한다. 그는 모든 학생들을 공정하게 대한다. 그리고 그들은 항상 그의 도움과 격려에 의존할 수 있다. 소규모 토론이 그의 수업에서 이루어진다. 그는 자기 반의 모든 학생들이 그룹 내에서 서로 서로 토론하기를 제안한다. 모든 토론은 학생들의 관심과 분명한 관련을 맺는다. 논란의 소지가 있는 화제들 - 인종, 정치, 도덕 - 조차도 토론장으로 들어온다. Frazier 교수는 어려운 화제를 공개적으로 정직하게 맞닥뜨리는 것이 유용하다고 생각하기 때문이다.

4 ③
unless가 「~가 아니라면」의 뜻이다.
A: 제한 속도가 고속도로에서는 시속 100 킬로미터이고, 주거 지역 도로에서는 시속 40 킬로미터이고, 학교 지역에서는 시속 15 킬로미터입니다.
B: 항상 그런가요?
A: 특별히 다른 표지가 없으면 그렇습니다.

5 ①
(A) may seem ~ but은 「~일는지 모르지만 그러나」의

뜻으로 자주 쓰이는 관용적 표현이다. (B) 안경을 쓰지 않았을지도 모르지만 안경을 그려 넣은 것이므로 서로 대립의 관계이다.

안경은 1300년만큼이나 오래 전에 발명되었다. 안경이 중세에 그려진 한 인물 위에서 어색하게 보일지 모르지만 그러나 당시에 안경은 이미 지식인 또는 존경받는 사람의 표상으로 간주되었다. 1480년 이태리 화가 Domenico Ghirlandajo가 Jerome 성인의 초상화를 그렸는데, 그 초상화 속에는 책상에 걸려 있는 안경이 그려져 있었다. 그러한 세부 사항은 놀랍다. Jerome 성인은 이미 천 년 전에 죽은 사람이었기 때문이다. Jerome 성인이 실제로 안경을 쓰지 않았다 할지라도, 그 화가는 특별한 존경의 상징으로 안경을 그림에 덧붙인 것이었다.

1. 관계사절의 모양과 역할

• Review TEST 1 ·························· p.48

1 **옳은 표현**
우리는 Jane이 우리에게 추천해 준 바닷가에 갔다.

2 **is → are**
The paintings가 주어이므로 복수 동사가 옳다.
Flowers 씨가 자기 집에 갖고 있는 그림들은 대략 10만 달러의 가치가 있다.

3 **which 삭제**
which가 있으면 'which ~ images'가 관계사절이 되고, Lasers를 받는 동사가 없어서 틀린 표현이 된다.
레이저는 지금은 3차원 영상을 만드는 데 사용된다.

4 **의문사절(which I ~ supermarket)**
엄마는 내가 상점에서 무엇을 샀는지 알고 싶어 하셨다.

5 **관계사절(which I ~ supermarket)**
엄마는 내가 상점에서 산 음식으로 요리하셨다.

• Review TEST 2 ·························· p.48

1 **(A)**
'____ ~ gallery'이 관계사절이 되면 Thieves는 주어 have been은 동사가 된다.
노트포드 미술관에서 그림들을 훔친 도둑들이 파리에서 체포되었다.

2 **(C)**
'that ~ red dot'까지가 관계사절이다. The paintings가 주어, 빈칸에는 동사가 필요하다.
작은 붉은 점이 표시된 그 그림들은 이미 팔렸다.

3 **(C)**
she received → received: A woman이 주어 received가 동사이다.
대학에서 언어학을 가르치는 한 여자가 우수 연구상을 받았다.

2. 관계대명사

• Review TEST 1 ···································· p.56

1 He's the man who painted my house.
그는 나의 집에 색칠을 한 남자이다.

2 The fish that(which) we had for dinner was really delicious.
우리가 저녁 식사에 먹은 그 생선은 정말로 맛있었다.

3 Most of the people who work in Peter's office are very nice.
Peter의 사무실에서 근무하는 사람들 대부분은 매우 친절하다.

4 Who are Mr. and Mrs. Peters whose children were injured in the accident.
자녀가 그 사고에서 부상당한 Peter 부부는 누구이니?

5 Rex Carter is the farmer whose land Colin bought.
Colin이 땅을 산 그 땅의 농부가 바로 Rex Carter이다.

6 The jacket which(that) Melanie wore at the party is really nice.
Melanie가 그 파티에서 입은 그 쟈켓은 정말 멋있다.

7 I took a picture of the rainbow which(that) appeared in the sky after the rainshower.
나는 소나기 이후에 하늘에 나타난 무지개를 사진 찍었다.

8 Sonia Coldman is the house guest whose fingerprints were on the door handle.
Sonia Coldman이 문의 손잡이에 지문이 남겨진 숙박객이다.

9 who
관계사절에서 was의 주어가 필요하다.
그 사고에서 부상당한 그 여자는 지금 병원에 입원해 있다.

10 which
관계사절에서 tells의 목적어가 필요하다.
Tom이 말하는 그 이야기들은 대개 재미있다.

11 were
관계대명사 which는 the keys와 동일하므로 동사는 were가 쓰인다.
이 테이블 위에 있는 열쇠들이 사라졌다.

12 whose
whose passport가 주어, was stolen이 동사이다.
여권을 도난당한 그 여자 아이의 이름이 무엇이었니?

13 whom
관계사절에서 invited의 목적어가 필요하다.
내가 파티에 초대한 그 사람들 대부분이 올 수 없었다.

14 which
관계사절에서 gives의 주어가 필요하다.
사전은 우리에게 단어의 의미를 알려주는 책이다.

15 whose
whose sister가 주어, works가 동사이다.
일전에 나는 여동생이 방송국에서 일하는 한 남자를 만났다.

16 which
전치사 뒤에서는 that을 쓸 수 없다.
부엌은 사람들이 요리하는 공간이다.

17 which
in의 목적어가 필요하다.
이것이 네가 관심을 가졌던 그 기사이니?

18 who
who는 was의 주어이다. who was a detective가 I thought의 목적어이다.
빗속에서 나는 형사라고 생각되는 한 남자를 보았다.

19 whose
whose meanings가 know의 목적어이다.
우리는 뜻을 모르는 단어는 사전에서 찾아야 한다.

20 which
about의 목적어인 which가 필요하다.
전자 공학은 우리가 거의 알지 못하는 과목이다.

21 speak
who의 선행사는 class가 아니라 students이다.
우리 반에는 불어를 하는 세 명의 학생이 있다.

22 man paid → man who paid
관계대명사 주격은 생략 불가능하다.
그 식사 값을 지불한 남자는 Tom의 친구이다.

23 in that → in which
that은 전치사의 목적어로 쓰일 수 없다.
그 마을이 놓여 있는 그 계곡은 매우 오염되었다.

24 옳은 표현
numbers와 I 사이에 which(that)이 생략되었다.
내가 고른 그 숫자들이 일등을 하지 못했다.

25 needs → need
선행사가 students로 복수이다.
Mary는 기하학에서 특별 보충을 필요로 하는 학생들을 개인 지도한다.

• Review TEST 2 ································ p.58

1 (A)
made의 목적격이 필요하다. 선행사는 main points로 사람 아니다.
그가 강연회에서 행한 주제를 복습하자.

2 (B)
친구란 우리와 가까운 사람들이다.

3 (B)
whose book이 has의 주어이다.
Thomas Raven은 그의 책이 12개 언어로 번역된 물리학자이다.

4 **(B)**

those는 people과 같은 뜻이다.

많은 사람들이 그 지진으로 집을 잃었다. 정부는 집이 없는 사람들을 돌볼 더 많은 숙소를 만들어야 한다.

5 **(A)**

미국으로 보내진 흑인들은 이미 풍부한 음악적 전통을 소유하고 있었다.

6 **(B)**

people이 선행사이다.

그를 직접 볼 수 없었던 전 세계 사람들은 그의 음악을 레코드로 즐길 수 있었다.

7 **(D)**

whose parents가 had의 주어이다.

학교 교장이 자동차 사고에서 부모가 부상당한 그 학생을 찾기 위해 복도를 걸어 내려 왔다.

8 **(D)**

관계대명사 whom이 생략된 것이다.

나의 글쓰기가 이 수업에서 많이 향상되었어. 나의 글쓰기도 그래. Davis 선생님이 가르치는 모든 학생들은 글쓰기에서 성적이 좋아.

9 **(B)**

whose tenets가 find의 목적어로 쓰인다. unusual은 목적격 보어이다.

이것은 대부분의 사람들이 그 교리를 이상하다고 생각하는 그런 종교가 아니다.

10 **(A)**

선행사는 movie이다. 선행사가 단수이므로 (C)는 have가 틀린 표현이다.

그들은 가장 재미있는 풋볼 게임 중 하나를 못 보게 하는 영화, 하이디의 상영을 시청하고 있다.

11 **(A)**

who → which: 선행사가 Bangkok이다.

태국의 방콕은 아시아의 베니스라는 별명을 갖고 있는데 많은 운하가 있다.

12 **(C)**

whose → which: 소유격은 절대로 단독으로 쓰일 수 없다. are의 주어인 which가 필요하다.

그의 은행 카드는 NYCE 전산망에 연결되어 있지 않은 그런 은행에서는 소용이 없을 것이다.

13 **(C)**

works → work: 선행사는 persons이다.

John은 항상 열심히 일하는 그런 특이한 사람들 중 하나이다.

14 **(D)**

which → who: 선행사는 the man이다.

그렇게 많은 군중 속에서 Alice는 도와 달라고 요청한 그 남자를 찾는 데 상당한 어려움을 겪었다.

15 **(D)**

certify that → certifies that: 선행사가 a letter로 단수이다. certify 뒤의 that은 접속사이다.

대학 학생증을 얻기 위해서는 여러분은 정식 학생임을 입증하는 증명서를 가져야 한다.

16 **(B)**

on that → on which

미국인들이 대부분의 시간, 에너지, 돈을 들이는 가장 큰 단일 취미는 정원일이다.

17 **(C)**

organize it → organize: Sarah 앞에 생략된 which[that]이 organize의 목적어이므로 it이 삭제되어야 한다.

Sarah가 내 생일을 위해 계획하고 있는 그 파티에 대해 우리는 이야기했다.

3. 관계사절은 완전한 절

● **Review TEST 1** ⋯⋯⋯⋯⋯⋯⋯⋯⋯⋯⋯⋯ p.62

1 **There are a number of safety procedures (which[that]) you should be aware of.**
여러분이 알아야 하는 많은 안전 절차들이 있다.

2 **The speech to which we listened last night was informative. / The speech (which[that]) we listened to last night was informative.**
우리가 어젯밤 들은 그 연설은 매우 유익했다.

3 **The subject about which Dr. Gold spoke was interesting. / The subject (which[that]) Dr. Gold spoke about was interesting.**
Gold 박사가 강연한 그 주제는 흥미로웠다.

4 **The office to which Graham took us was filled with books. / The office (which[that]) Graham took us to was filled with books.**
Graham이 우리를 데려갔던 그 사무실은 책으로 가득 차 있었다.

5 **The other day I met someone whose brother I went to school with.**
일전에 나는 한 사람을 만났는데 그 사람의 형과 나는 학교 동창이다.

6 **visit it → visit**
관계대명사 that이 visit의 목적어이므로 it을 삭제한다.
우리가 가 보고 싶었던 그 박물관은 우리가 도착했을 때 문이 닫혀 있었다.

7 **옳은 표현**
내가 어젯밤 잠을 잤던 그 침대는 그렇게 편안하지는 않았다.

8 **leading → led**
관계사절 속에는 동사가 있어야 한다.

그는 베란다로 이어진 그 짧은 계단을 올라갔다.

9 **옳은 표현**

그들이 집에 불이 났던 사람들이다.

10 **him 삭제**

whom이 next to의 목적어이므로 him을 삭제한다.
비행기에서 내 옆에 앉은 사람은 계속 이야기했다.

11 **which → with which**

with가 없으면 which의 역할이 없다.
망치란 못을 박는 데 쓰는 도구이다.

12 **on which → which**

is의 주어인 which만 필요하다.
이것이 승객들로 매우 붐비는 비행기이다.

13 **coming → came**

관계사절 속에는 동사가 필요하다.
오늘 아침에 온 그 엽서는 Harriet으로부터 왔다.

• Review TEST 2 ······························· p.63

1 **(A)**

(D)는 적어도 sells가 되어야 한다.
나는 그 길 구석에서 꽃을 파는 할머니를 만났던 것을 그리워한다.

2 **(D)**

I 앞에 which/that이 생략된다. 이 which〔that〕은 expected의 목적어이다.
내가 예상했던 그 문제는 결코 일어나지 않았다.

3 **(D)**

write the people로 쓰지 않고, write about the people로 쓴다.
그 소설가가 글을 쓴 대상은 공장 노동자들과 그들의 가족이었다.

4 **(A)**

consist of는 「~로 구성되어 있다」, consist in은 「~에 있다」의 뜻이다.
영어는 26개의 문자로 구성된 알파벳을 갖고 있다.

5 **(C)**

she 앞에 생략된 whom이 knows의 목적어이다. him이 들어간 것은 모두 틀리다.
Lola의 결혼은 그의 가족에 의해 준비되었다. Lola는 거의 알지 못하는 남자와 결혼할 것이다.

6 **(A)**

about의 목적어이므로 that은 쓸 수 없다. (C)의 about it은 중복으로 쓰였다.
실례합니다만 당신에게 즉시 이야기해야 할 것이 있습니다. - 좋습니다.

7 **(C)**

excel in ~는 「~에서 뛰어나다」의 숙어이다. in school은 「학교에서」의 뜻이다.

내가 학교에서 뛰어난 과목은 영어이다.

8 **(C)**

permitting → permits
이 마을의 주민들은 낮 동안에만 도로 주차를 허용하는 그 법을 바꾸고 싶어 한다.

9 **(C)**

have it → have: 관계대명사 which가 have의 목적어이므로 it을 삭제한다.
그 숙녀는 가난한 사람들에게 기증되기를 바라는 무언가를 직접 갖고 있다.

10 **(D)**

which tend → which it tends: which는 in의 목적어이므로 더 이상 주어로 쓰일 수 없다. 그러므로 tend의 주어가 필요한데, 여기서는 marital violence인 it이 주어가 된다.
최근 경찰관들과 변호사들은 가정 폭력과 관련된 범죄와 가정 폭력이 발생하는 상황의 예방에 더 많은 주의를 기울이고 있다.

11 **(C)**

it 삭제: 관계대명사 that이 passing의 목적어이므로 it이 삭제되어야 that이 그 자리에 들어 간다.
우리는 국가 유산으로 우리 자손들에게 물려 주어야 할 무언가를 희생할 것이다.

12 **(B)**

who → whom: of의 목적어이므로 목적격 whom을 쓴다.
우리 반에는 40명의 학생들이 있는데 그 중 약 1/3이 여자이다.

13 **(B)**

threatening → threatened: 관계사절 속에는 동사가 필요하다.
뉴스 보도에 따르면 인도네시아 연안을 강타할 것으로 위협했던 그 태풍은 육지에서 벗어나서 공해상으로 가 버렸다.

14 **(B)**

are based → is based: the metric system이 주어이다.
미터법이 바탕을 두고 있는 그 표준들은 약간 부정확한 것으로 밝혀졌다.

4. 관계부사

• Review TEST 1 ······························· p.68

1 **when**

선행사가 the week이다.
Mike가 캠핑을 갔던 주는 1년 중 비가 가장 많이 내렸다.

2 why
선행사가 the reason이다.
나는 그가 왜 늦었는지 이해가 안 된다.

3 where
선행사가 the place이다.
이곳이 그 사고가 발생한 장소이다.

4 where
관계사절 속에서 장소 부사가 필요하다.
그곳이 나의 동생이 태어난 마을이다.

5 which
at의 목적어인 명사가 필요하다.
그곳이 Ken과 Kate가 결혼한 교회이다.

6 where
장소부사가 필요하다.
네가 점심을 먹었던 그 음식점의 이름이 무엇이니?

7 where
장소부사가 필요하다.
이것이 그 여자가 지갑을 잃어버린 기차이다.

8 when
선행사가 the date이다.
우리가 에세이를 제출해야 하는 날짜를 아니?

• Review TEST 2 ····························· p.68

1 (B)
선행사가 장소를 나타내는 the place이다.
너는 졸업식이 개최될 장소를 본 적이 있니? - 응. 5천명을 수용할 만큼 커.

2 (C)
선행사가 시간을 나타내는 the day이다.
4월 21일이 네가 도착할 날짜이니? - 아니 22일이야.

3 (A)
in의 목적어인 which가 필요하다.
그곳이 내가 10살이 될 때까지 살았던 도시이다.

4 (B)
장소부사가 필요하다.
나는 우리가 전에 만났던 우체국 근처에서 너를 만날 것이다.

---

5. 관계사절

• Review TEST 1 ····························· p.73

1 what
asking의 목적어인 what이 필요하다.
그 질문은 내가 몇 년 동안 계속 물어왔던 질문이다.

2 that(which)

the thing이 선행사이다.
나는 일어난 그 일을 누구에게도 말하지 않을 것이다.

3 whoever
관계대명사 who가 선행사까지 포함하면 whoever가 된다.
나는 그 집을 산 사람은 누구이든 부러워하지 않는다. 그 집은 엉망이다.

4 whatever
what은「~인 것」의 뜻이고 whatever는「~인 것은 모두」의 뜻이다.
너는 잘못된 것은 모두 왜 내 탓으로 돌리니?

5 what
what books는 '작지만 모든 책들'의 뜻이다.
나는 네가 요청한 모든 책들을 얻을 수 있었다.

6 that
선행사가 있으므로 that이 온다.
그 여자는 자녀들에게 그들이 원하는 모든 것을 준다.

7 what
선행사가 없다.
네가 원하는 것을 나에게 말해, 그러면 내가 너를 도와 줄게.

8 that
All이 선행사이다.
나는 너에게 어떤 돈도 빌려줄 수 없다. 내가 가진 돈은 1파운드뿐이다.

9 what
whose를 쓰면 그 앞에 선행사가 있어야 한다.
그 여자는 그에게 자기가 갖고 있던 돈을 전부 주었다.

10 whomever
like의 목적어이므로 목적격을 쓴다.
너는 그것을 네가 좋아하는 사람에게는 누구에게든 주어라.

11 what
선행사가 없다.
그들은 자기들이 하고 있는 일을 정말로 이해하나요?

12 what
직접목적어인 명사(선행사)가 없다.
나는 일어난 일을 아무에게도 말하지 않을게.

13 what
with의 목적어인 명사(선행사)가 없다.
나는 네가 방금 말한 것에 동의하지 않는다.

14 Whoever
선행사가 없다.
이것에 책임이 있는 사람은 누구든 벌을 받을 것이다.

15 that is → what(ever) is
that의 선행사가 없다.
나는 Norman이 성공하리라는 것을 안다. 그는 성공에 필요한 것은 모두 한다.

16 it 삭제

what he saw가 자체로 완전한 절이다.

그가 본 것이 그를 화나게 했다.

17 what → that(which)

bookcase가 선행사이다.

나는 몇 달 전에 구입한 그 작은 책꽂이를 동생에게 주었다.

18 옳은 표현

나는 네가 요리한 것은 무엇이든 맛있게 먹을 것이라고 확신해.

19 what it → what

what is left in his glass가 자체로 완전한 절이다.

그는 잔에 남아 있는 것을 마치 물인 것처럼 마신다.

20 that → what

that의 선행사가 없다.

나는 문 밖에서 발견한 것을 안으로 들여왔다.

21 that → what

hope 뒤에 접속사 that은 생략한다. what I learned는 명사로 주어, will serve가 동사이다.

나는 내가 배웠던 것이 나의 새 직장에서 유용하게 쓰이길 정말로 희망한다.

22 옳은 표현

그들은 갖고 있던 모든 돈을 써야 했다.

23 the restaurant 삭제

What Bob recommended가 자체로 완전한 절이고, 이는 문장 전체에서 주어로 쓰였다. 따라서 the restaurant은 필요 없다.

Bob이 추천해 준 것은 너무 비쌌다.

24 which → what

나는 더 이상 교복을 입을 필요가 없으므로, 내가 원하는 것을 입을 수 있다.

25 whomever → whoever

관계사의 격은 관계사절 속에서 결정한다. should의 주어가 필요하므로 whoever를 쓴다.

그 부자 여자는 자기의 잃어버린 자동사를 찾아 주는 사람에게는 누구에게든 보상을 하겠다고 제안했다.

• **Review TEST 2** ·········· p.74

1 (C)

for의 목적어인 명사(선행사)가 없다.

나의 아버지는 아름답다고 생각하시는 것을 찾고 계신다.

2 (B)

관계사절은 평서문 어순이다.

이 음식점은 매우 비싸. 그래, 그러나 원하는 것은 무엇이든 주문해. 너의 생일은 매우 특별한 날이야.

3 (A)

'그 여자가 말한 것'은 'what the woman was saying'으로 what을 써야 한다.

그 여자가 말하고 있었던 것은 너무 중요하여 나는 모두에게 조용히 하고 그 말을 들으라고 요청했다.

4 (B)

(A)의 that은 선행사가 없으므로 관계사로 쓸 수 없다. That을 접속사로 보면 그 절 속에 want의 목적어가 없으므로 틀리다.

너는 이 가게에서 무엇을 살 거니? 아무것도. 내가 원하는 것은 너무 비싸.

5 (A)

are 뒤에 보어인 명사(선행사)가 없다.

고기압, 저기압 체계는 일기 패턴을 변하게 한다.

6 (C)

선행사가 없으므로 ever를 붙인다. answers의 주어가 필요하므로 whoever이다.

나는 전화에 응답하는 사람 모두에게 말을 하고 싶다.

7 (A)

현재의 모든 전염병은 정복될 것이라고 사람들은 희망한다. 그러나, 어떤 질병에 대해 우리가 알고 있는 것(사실)은 그 질병들이 사람들 사이에서 쉽게 퍼지는 것을 막기에는 아직도 충분치 않다.

8 (C)

what → which(that): Walkman이라는 선행사가 있다.

나는 내가 몇 달 전에 구입한 그 아름다운 워크맨에 그렇게 충실하지 않았다.

9 (A)

That → What: what really ~ growth가 주어, is가 동사이다.

진정으로 경제 성장을 촉진시키는 것은 당신이 사후 생활을 믿느냐 아니냐이다.

10 (C)

what → that(which): liquids가 선행사이다.

물과 석유는 자연 속에서 대량으로 존재하는 유일한 두 가지 액체이다.

---

6. 한정절과 비한정절

• **Review TEST 1** ·········· p.80

1 I have four brothers, three of whom are professional athletes.

나는 네 명의 남자 형제가 있는데 그 중 세 명은 프로 운동선수이다.

2 Norman won $30,000, half of which he gave to his parents.

Norman은 3만 달러를 벌었는데, 그 중 절반은 자기 부모님께 드렸다.

3 Ten people, none of whom were suitable, applied for the job.
10명이 그 직업에 지원했는데 그 중 한 명도 적합하지 않았다.

4 Tom made a number of suggestions, most of which were very helpful.
Tom이 많은 제안을 했는데 그 중 대부분이 매우 유용했다.

5 옳은 표현
Tom의 아빠는 78살인데 매일 수영하러 간다.

6 that → which
콤마 뒤에서는 that을 쓸 수 없다.
그 여자는 나에게 자기의 주소를 말해 주었고, 나는 그것을 종이 쪽지 위에 적어두었다.

7 it → which
접속사가 없으므로 대명사를 관계사로 바꾼다.
그 자동차 공장의 파업은 10일 동안 지속되었는데 이제 끝났다.

8 none of them → none of which
접속사가 없으므로 대명사를 관계사로 바꾼다.
그는 세 개의 자켓을 입어 보았는데 아무 것도 그에게 맞지 않았다.

9 옳은 표현
Simon Bolivar는 남아메리카의 위대한 장군인데 19세기 초 독립 전쟁을 이끌었다.

10 what → which
what은 콤마 뒤에서 쓰이지 않는다. 앞 절 전체가 선행사일 경우는 반드시 which로만 받는다.
그 여자는 파티에 올 수 없었는데, 너무 아쉽다.

11 옳은 표현
Tom은 친구가 많은데 그들 대다수와 함께 Tom은 학교를 같이 다녔다.

12 and 삭제 또는 whom → them
접속사와 관계사를 중복해서 쓰면 안 된다.
Jack은 세 명의 남자 형제가 있는데 그들 모두 기혼이다.

13 옳은 표현
다행히 우리는 지도가 있었다. 그것이 없었다면 우리는 길을 잃었을 것이다.

• Review TEST 2 .... p.81

1 (C)
접속사가 없으므로 관계사를 쓴다.
Jerry는 몇 개의 벤처 기업에 종사했는데, 그 중 하나만이 이익을 낸다.

2 (B)
나는 남자 형제가 세 명 있는데 모두 사업가이다.

3 (A)
which의 선행사는 앞 절 전체이다.

Ann은 광고 회사의 직업을 그만두었는데 우리 모두가 놀랐다.

4 (B)
그는 여러 사람과 함께 산을 올랐는데, 그들 중 그러한 산행에 맞게 장비를 갖춘 사람은 거의 없었다.

5 (C)
그는 한 시간 늦게 도착했고, 그것이 우리를 매우 화나게 했다.

6 (C)
only 20 of them에서 them이 whom으로 바뀌어 앞으로 이동한다.
몇 명이 올 거니? —나는 80명에게 초대장을 보냈는데, 그들 중 20명만이 응답했다.

7 (A)
its → whose
그 행진은 기원은 알 수 없으나 우리 나라의 국가적 행사가 되었다.

8 (C)
that → which: 전치사(through) 뒤에는 that을 쓸 수 없다.
후무스는 흙 속에서 발견되는 물질인데 식물 뿌리가 잔털을 내 보내는 것을 가능케 해주고, 이 잔털을 통하여 뿌리는 수분과 영양분을 빨아들인다.

실전 TEST 1   p.82

1 (B)
나는 작년 뉴욕 마라톤 대회에서 달렸던 한 남자를 알고 있다.

2 (D)
관계대명사가 occurred의 주어이므로 it을 쓰면 안 된다.
지난 여름에 발생했던 심한 가뭄이 옥수수 농작물을 망쳤다.

3 (C)
콤마 뒤에서는 관계사를 생략하지 않는다.
Brad는 나에게 자기의 새 직업에 대해 그는 그것을 매우 좋아한다고 말했다.

4 (C)
whose trading이 is의 주어이다.
우리는 우리 자신의 거래보다 더 건전한 거래를 하는 회사들로부터 무언가를 배울 필요가 있다.

5 (A)
빈칸에는 is의 보어인 명사(절)가 필요하다. what절 속에서 what이 is의 주어이므로 it은 필요 없다.
연극의 주인공이란 비극에서 고통 받는 주인공이라고 알려진 것(사람)이다.

6 (D)
선행사가 the day이다.
그날은 화성으로 우주 여행을 떠나기로 되어 있는 날이다.

7 (B)
whose proposals가 called for의 주어이다.

그 유권자들은 그 후보자에게 압도적으로 반대했는데 그 후보자의 제안이 더 많은 세금을 요구하였다.

8 (A)

to의 목적어인 명사가 없으므로 명사 역할을 하는 -ever 종류의 관계사가 필요하다. 관계사의 격은 내부에서 결정되는데 pays의 주어가 필요하므로 whoever가 정답이다.

대학은 수업료를 내는 모든 사람에게 학위를 그저 주는 것은 아니다. 학생은 학문적 요구를 충족시켜야 한다.

9 (C)

'사회에서' 자란 것이므로 where나 in which가 필요하다.

그 작가는 자기가 성장한 사회를 완전히 이해했다.

10 (A)

the calcium과 their bodies 사이에 목적격 which[that]가 생략되었다. the food와 they 사이에도 목적격인 which[that]가 생략되었다.

사람들은 그들의 몸이 필요로 하는 칼슘의 충분한 양을 그들이 소비하는 음식으로부터 얻을 수 있다.

11 (A)

앞 절 전체가 선행사이므로 which이다. 관계사절 속에서 which는 have done의 목적어이다. 선행사를 my brother로 보고 whom을 쓰면 whom이 have done의 목적어가 되어 논리가 맞지 않는다.

나는 또한 나의 형을 의지하였다. 나는 어떤 상황에 처하게 되면 살아오면서 이와 같은 일을 여러 번 했다.

12 (C)

선행사는 the address이다.

이것이 네가 그 소포를 보낸 주소이니?

13 (A)

suggest A to B: A를 B에게 제안하다. suggest는 to가 필요하다.

Mary는 내가 제안한 생각을 받아들이지 않을 만큼 완고했다.

14 (C)

me which → me, which: 선행사가 앞 절 전체이다.

Tom은 항상 나를 방해하는데 그것이 나를 화나게 한다.

15 (C)

measure → measures: 선행사가 instrument로 단수이다.

보수계(步數計)란 사람이 걸은 거리를 측정하는 기계이다.

16 (B)

it 삭제: which가 came의 주어이다.

나는 모텔에서 내 옆방에서 나오는 웃음소리에 잠이 깼다.

17 (C)

John whose → John, whose: 선행사가 고유명사인 경우는 관계사 앞에 콤마를 찍는다.

그 회사는 John에게 그 직책을 제안했는데, John의 부서가 금년에 가장 잘했기 때문이다.

18 (D)

some of it → some of which

Tom은 자기의 성공을 자랑스러워했다. 성공의 대부분은

근면 때문이었지만 일부는 행운 때문이었다.

19 (A)

That → What: That the WHO fears most가 명사절인데 fears의 목적어가 없으므로 That을 What으로 바꾼다.

WHO가 가장 두려워하는 것은 바이러스가 일반 독감에 걸린 사람에게 감염되면 돌연변이를 할 수 있다는 것이다.

20 (C)

whom the → whose: whom이 관계사절 속에서 할 역할이 없다.

백악관은 James Hobar에 의해 설계되었는데, 그는 아일랜드 사람이고 그의 작품이 디자인 대회에서 500달러의 상금을 탔다.

21 (B)

them 삭제: whom이 met의 목적어이므로 them을 삭제한다.

우리가 지난 5월 여행할 때 만났던 그 사람들이 10월에 우리를 방문할 것이다.

22 (A)

what → which[that]: 선행사인 sound를 수식해야 하므로 which가 된다.

인간의 언어에서 발생하는 모든 소리는 음성 기호에 의해 나타날 수 있다.

23 (B)

which → in which 또는 where: which가 관계사절 속에서 할 역할이 없다. which의 선행사가 areas이므로 in which가 되면 장소를 나타내는 부사로 쓰인다.

농부들은 오랜 경작으로 흙에서 거름이 없어진 지역에서는 농작물에 거름을 준다.

24 (A)

whom → who: was의 주어인 who가 필요하다.

그는 내가 탐나는 상을 받으리라고 확신하는 작가이다. 그리고 모두가 나의 말에 동의했다.

25 (B)

which를 삭제: which부터 industries가 관계사절로서 jobs를 수식하는 형용사절이다. a lot of thousands of jobs를 받는 동사가 없어서 틀리다.

수천 개의 직업들이 북쪽의 석탄과 철강 산업의 몰락과 함께 사라졌다는 것은 사실이다.

26 (A)

appears → appear: 선행사는 those men으로 복수이다.

김 씨는 친절해 보이는 그런 사람들 중 한 사람이다. 그러나 그를 대하는 것은 매우 어렵다.

27 (B)

encouraging → encourage: that은 관계사이고, 그 관계사절 속에는 동사가 반드시 필요하다.

가족 식사를 준비하는 것은 이후에 아이들로 하여금 그들이 준비한 음식을 먹게 만드는 즐거운 학습 경험을 제공해 준다.

실전 TEST 2 p.86

1 ③

who dealing → who deal: 관계사절 속에는 동사가 반드시 필요하다.

미국에는 먹을 음식이 충분하지 않은 사람들이 많다. 그 속에는 아이들도 있다. 미국에는 가족이 충분한 음식을 갖지 못한 아이들이 3백만이 넘는다. 기아의 고통과 싸워야 하는 아이들은 학교에서 집중하는 데 어려움을 겪는다.

2 **most of which**

Bruce Lee의 영화를 즐겼던 사람들은 가라테와 그 밖의 다른 무술에 관심을 갖게 되었다. 무술이라는 용어는 일반적으로 다양한 싸움 경기를 뜻하는데 이들의 대부분은 극동 지역에서 시작되었다.

3 **whose achievements**

whose achievements가 주어, were가 동사이다.

마야 인디언들은 똑똑하고, 업적이 많은 문화적으로 풍요로운 사람들이다. 그들은 논밭과, 아름다운 궁전과, 많은 건물이 있는 도시가 있었다.

4 **which, What**

콤마 뒤에서는 that을 쓸 수 없다. That을 쓰게 되면 접속사로서 명사절을 이끄는데 makes의 주어가 없어서 틀린 표현이 된다. What을 쓰게 되면 명사관계사절이 되고, what은 makes의 주어 역할도 하므로 옳은 표현이 된다. What ~ live까지가 명사절로서 주어로 쓰였고, 그 뒤의 is가 동사이다.

William Shakespeare의 대다수 희곡들처럼 로미오와 줄리엣은 그 이전의 출처에 근거하고 있고, 이 출처들은 이번에는 1400년대 말 이태리에서 유행했던 몇 가지 이야기들로 거슬러 올라간다. 이 이야기들은 Brook이라는 한 시인에 의해 영시로 바뀌어졌다. 오늘날 Brook의 시는 잊혀졌지만, Shakespeare의 희곡은 살아남았다. Shakespeare의 희곡을 살아남게 만든 것은 그 극적인 힘과 놀라운 언어이다.

5 ④

help → helps: 선행사인 a chemical이 단수이다.

겨울이 오면 어떤 사람들은 슬퍼진다. 의사들은 자기네들이 SAD 또는 계절 장애라고 적절하게 이름붙인 이 의학적 장애의 원인을 최근에 공부하기 시작했다. SAD를 겪는 사람들은 겨울 동안에 매우 우울해진다. 그들의 우울은 그들이 받는 햇볕의 양이 감소한 결과로 보인다. 의사들은 감소한 햇볕이 뇌에서 생성되는 호르몬인 멜라토닌과, 신경 충격을 전달하는 데 도움을 주는 화학물질인 세로토닌의 생성에 영향을 끼친다는 이론을 세웠다. 우울은 몸 속의 이 두 가지 물질의 불균형 때문에 비롯된 것일 수도 있다.

6 ⑤

(A) live가 자동사이므로 which라는 명사가 필요 없다.

(B) accept 뒤에 목적어가 없고, by가 있으므로 수동태가 옳다.

(C) from의 목적어로 that절을 쓸 수 없다.

현대 미술가들은 사람들에게 사물을 보는 다른 방법을 보여주고 싶어 한다. 그들은 자기들이 살고 있는 사회에 대해 무언가를 말하고 싶어 한다. 현대의 그림들은 사람들에게 혼란을 주는데, 사람들이 화가가 말하려고 하는 것을 이해하지 못하기 때문이다. 화가의 작품이 일반 대중에게 받아들여지기까지는 몇 년씩 걸리기 일쑤이다. 예를 들어, Vincent Van Gogh는 인상파라고 불리는 그룹에 소속되었다. 그들은 1870년쯤에 프랑스에서 그림을 그리기 시작했다. 그들의 작품은 사람들이 익숙해 있는 것과 매우 달랐다. 그들은 강하고 밝은 색깔을 사용했고, 그들의 그림들은 항상 현실적이지는 않았다.

12 동명사

1. 동명사의 모양과 그 특징

• Review TEST 1 ·· p.90

1 **doing the housework**
나는 집안 일 하는 것을 끝 마쳤을 때 휴식을 취했다.

2 **my calling in like this, without an appointment**
주절의 주어 you와 동명사가 될 절의 주어인 I가 일치하지 않으므로 I를 생략하지 않는다.
나는 네가 사전 약속 없는 나의 이런 방문을 꺼려하지 않기를 바래.

3 **helping me with my homework**
he는 my classmate와 일치하므로 생략한다.
나는 나의 반 동료에게 나의 숙제를 도와 준 것에 대해 고마워했다.

4 **locking all the doors and windows**
모든 문과 창문을 잠그는 일은 Marie가 담당이다.

• Review TEST 2 ···································· p.90

1 **(B)**
뒤에 of라는 전치사가 있으므로 빈칸에는 명사를 쓴다.
그 경찰관은 그들이 마리화나를 소지한 것을 눈치채지 못했다.

2 **(C)**
invite them to dinner가 완전한 절의 형식이다. inviting으로 바뀌어 for의 목적어로 쓰였다.
Joyce는 그들을 저녁에 초대한 것에 대해 우리에게 고마워했고 다음 주에는 우리를 저녁에 초대하고 싶다고 말했다.

3 **(D)**
'편지를 쓰다'는 write letters이고, 이것이 동명사가 되면 writing letters가 된다.
편지 쓰기는 영작문에 있어서 좋은 연습이다.

4 **(D)**
election → electing: elect the President가 동명사가 되어 electing the President가 되었다. election으로 쓰면 명사가 연속 두 번 쓰이게 되어 틀린 표현이 된다.
헌법 집회에서의 중요한 화제는 대통령을 선출하는 방법에 관한 결정이었다.

2. 동명사의 역할

• Review TEST 1 ·· p.94

1 **repairing**
너의 자동차가 이제 움직이니? 아니 그들이 아직 수리를 끝내지 못했어.

2 **living**
Mike는 처음에는 아프리카가 이상하다고 생각했다. 그렇게 더운 지역에서 사는 것에 익숙해져 있지 않았다.

3 **Examining**
환자를 신중하게 검사하는 것은 많은 시간을 필요로 한다.

4 **seeing**
오늘 밤 TV에서 좋은 영화 한 편을 방영한다. 나는 정말 보고 싶다.

5 **changing**
버스 여행은 너무 복잡하다. 그것은 도심에서 버스를 바꿔 타는 것을 수반한다.

6 **watching**
너는 풋볼을 좋아하니? 글쎄, TV로 보는 것은 좋아해.

7 **Inviting**
invite all these people to the party가 완전한 절인데, inviting으로 바뀌어 동명사가 되었다.
이 모든 사람들을 파티로 초대하는 것은 Susan의 생각이었다.

8 **to pass**
거의 모든 사람들이 운전면허 시험을 첫 번째 시도에서 합격하지 못한다.

9 **having**
확실하지는 않지만 누군가가 파티를 갖자고 제안했다.

10 **having**
나는 그 논문을 다시 써야만 하는 것에 반대한다.

11 **eating**
나는 그렇게 매운 음식을 먹는 것에 익숙하지 않다.

12 **to have**
나는 1 라운드의 골프를 하기로 결정했다.

• Review TEST 2 ···································· p.94

1 **(C)**
excuse는 동명사를 목적어로 취한다.
방해해서 미안합니다만 해야 할 말이 있습니다.

2 **(D)**
내가 다음에 마을에 올 때 너를 꼭 만나고 싶다. 우리가 함께 만날 수 있도록 미리 너에게 알려 줄게.

3 **(C)**

네가 그것을 비밀로 유지해 주면 고맙겠다.

4 (A)
⟨be used to -ing⟩「~에 익숙하다」
교사는 학생들의 질문에 대답하는 것에 익숙해 있다.

5 (A)
⟨his keeping ~ records⟩가 동명사로서 주어로 쓰였다.
그가 정확한 기록을 한다는 것은 누구에 의해서도 의심받
지 않았다.

6 (C)
⟨get used to -ing⟩에서 get이 have gotten으로 시제 변
화하였다.
나는 혼자 사는 것에 익숙해졌다.

7 (C)
inside는 부사이므로 go to inside로 쓰지 않는다.
사람들이 안으로 들어가는 것을 피할 수 있다면, 그들은 많
은 역의 이익이 되는 커피, 담배, 껌을 사지 않을 것이다.

8 (A)
used to가 조동사로 쓰였다.
페니키아와 같은 고대 문명들은 돈을 사용하지 않고 물품
을 교환했다.

9 (D)
consider는 -ing를 목적어로 취하고, 쇼핑하다는 go
shopping이라고 쓴다.
우리는 퇴근 후 쇼핑할 것을 고려했다.

10 (D)
been seen → being seen : without이 전치사이므로
그 뒤를 동명사로 만든다.
그 도둑은 틀림없이 Smith 씨가 외출할 때까지 기다렸다
가 뒷창문을 통하여 들어가서 아무에게도 들키지 않고 그
은을 가져갔다.

11 (B)
delay three months → delaying three months
그 판사들은 Gandhi측에서 고소를 하기 위해 3개월 지연
시켜달라는 것에 반대했다.

3. 동명사 절의 성격

• Review TEST 1 .... p.99

1 washing
your hair라는 목적어가 있으므로 능동이다.
너는 머리 감는 것을 벌써 끝냈니?

2 having been
in my youth가 과거를 나타낸다.
나는 젊었을 때 게으름 피운 것을 후회한다.

3 his

동명사 failing의 주어가 필요하다.
나는 그가 시험에 떨어진다는 것은 상상할 수도 없다.

4 changing
need 뒤에서는 수동일지라도 능동의 -ing를 쓴다.
이 라디오의 배터리는 교환할 필요가 있다.

5 not having
부정문이므로 not이 꼭 필요하다.
그는 공부할 시간이 없다고 불평했다.

6 having taken
regret의 시점과 didn't의 시점이 다르므로 완료형을 쓴다.
너는 그 일자리를 얻지 못한 것을 후회하니?

7 watering
need는 뒤에는 수동일지라도 능동의 -ing를 쓴다.
이 정원은 물을 줄 필요가 있다.

• Review TEST 2 .... p.99

1 (B)
전치사 on의 목적어가 필요하므로 동명사이다. rescue의
목적어가 없고, 뒤에 by 이하가 있으므로 수동이다.
너는 어려운 시절을 대비하여 돈을 저축해 두어야 한다. 네
가 재정적 어려움에 처할 때마다 부모님께 의존할 수 없다.

2 (A)
need 뒤이므로 능동의 -ing를 쓴다.
내 자동차의 브레이크는 잘 작동하지 않는다. 새것으로 바
꿀 필요가 있는 것 같다.

3 (A)
understand 뒤에도 -ing가 온다.
나는 네가 그렇게 갑자기 일을 그만 둔 것을 이해하지 못한
다. 왜 그랬니?

4 (D)
not의 위치는 항상 -ing 앞이다.
나는 졸업하지 못해서 유감이다. 나는 대학을 졸업하지 못
한 것을 항상 후회했다.

4. 동명사 관련 유용한 표현들

• Review TEST 1 .... p.102

1 trying
it's no use -ing「~해 봐야 소용없다」
나를 설득하려고 해 봐야 소용없다. 안 될 것이다.

2 going
worth -ing「~할 가치가 있다」
우리가 집에 도착했을 때는 너무 늦었다. 잠자러 갈 필요가
없었다.

3 **finding**
have difficulty -ing 「~하는 데 어려움을 겪다」
그는 일자리 하나를 얻었다. 그렇게 어렵지 않았다. 그는 어렵지 않게 일자리를 얻었다.

4 **studying**
there is no point in -ing 「~할 필요가 없다」
피곤하면 공부하지 마라. 공부할 필요는 없다.

5 **writing**
spend + 목적어 + -ing 「~를 …에 쓰다」
그는 자신의 삶의 절반을 이 책을 쓰는 데 썼다.

6 **visiting**
museum이 visiting의 목적어이므로 it은 쓰지 않는다.
내가 너라면 그 박물관을 찾아 볼 것이다. 그 박물관은 찾아 볼 가치가 있다.

7 **smoking**
it is a waste of money[time] -ing 「~하는 것은 돈[시간] 낭비다」
담배 피지 마라. 돈 낭비다. 담배 피는 것은 돈 낭비다.

• Review TEST 2 ······························ p.102

1 **(B)**
feel like -ing 「~하고 싶다」
저녁에 무엇 먹고 싶니? 닭고기와 밥은 어때?

2 **(A)**
worth 뒤에는 동명사 쓰고, 동명사 뒤에는 목적어를 쓰지 않는다.
너는 그 영화가 정말로 볼 가치가 있다고 생각하니?

3 **(C)**
it's no good -ing 「~해 봐야 소용없다」
너의 잃어버린 돈에 대해 나에게 얘기해 봐야 소용없다.

4 **(C)**
spend 목적어 -ing 「~하는 데 …를 쓰다」
우리는 축구하느라고 어제 오후를 모두 썼다.

실전 TEST 1   p.103

1 **(D)**
avoid는 동명사를 목적어로 취한다. 같은 시점이므로 (A)처럼 완료형을 쓰지 않는다.
나는 교통을 모두 꽁꽁 마비시킨 대형 사고가 났다는 사실을 들었다. 그 시합에 제 때에 도착하고 싶다면 고속도로로 가는 것을 피하는 것이 좋겠다.

2 **(B)**
have difficulty[trouble] -ing 「~하는 데 어려움을 겪다」
때때로 매우 어린 아이들은 사실과 허구를 구별하는 데 어려움을 겪는다. 그리고 용이 실제로 존재한다고 확신하기도 한다.

3 **(C)**
hope는 뒤에 부정사가 온다.
나는 죽기 전에 자서전을 쓰고 싶다. 누군가는 읽겠지?

4 **(A)**
mind 뒤에는 동명사가 온다. give 뒤에 목적어가 있으므로 능동이다.
그 건축 물품 상점의 주인은 고객들이 대량으로 구매할 때에는 기꺼이 할인해 준다.

5 **(D)**
전치사 뒤에는 명사나 동명사가 온다. all of the exam questions가 answer의 목적어이므로 answer 이하는 완전한 절이고, 이것이 answering이 되어 동명사가 된다.
선생님은 우리가 시험 문제에 옳게 답한 것을 기뻐하셨다.

6 **(C)**
watching ~ activities가 동명사로서 주어로 쓰였다.
다른 모든 활동에 우선하여 TV만 보는 것은 자라나는 어린이에게 건강한 습관이 아니다.

7 **(B)**
명사 excuse는 뒤에 for를 필요로 한다. for는 전치사이므로 뒤에는 동명사가 온다.
너는 이틀 연속 수업에 지각한 것에 대해 변명할 것이 있니?

8 **(B)**
finish 뒤에는 동명사가 온다. design 뒤에 the office가 목적어이므로 능동이다.
당신의 그 새 고객에 대한 건물 디자인을 끝마쳤습니까?

9 **(C)**
deny는 뒤에는 동명사가 오며, inform 뒤에 목적어가 없으므로 수동이다.
그 주식 중개인은 그 비밀 사업 거래에 대해 정보를 받은 것을 부인했다.

10 **(B)**
understand 뒤에는 동명사가 온다. (A)의 failure는 명사이고, 그 뒤의 the ~ test도 명사여서 틀린 표현이 된다. fail은 뒤에 of는 쓰지 않는다.
Tony가 열심히 공부했음에도 불구하고 경제학 시험에 떨어진 것은 누구도 이해할 수 없다.

11 **(D)**
질문을 받은 것이므로 수동이다. recall은 지나간 일을 회상하므로 그 뒤에는 완료 동명사를 쓴다.
'burn up'과 'burn down'의 차이가 무엇이니? - 흠, 재미있는 질문이다. 전에는 그런 질문을 받아본 기억이 없어.

12 **(B)**
of 뒤이므로 동명사이고, 해고당한 것이므로 수동이다.
우리는 네가 해고당했다는 소식을 듣고 놀랐다.

13 **(D)**
worth -ing 「~할 가치가 있다」로 쓰였고, talk가 자동사이므로 전치사 about까지 써야 the issue가 목적어가 된다.
재무부 차관은 회의가 끝나기 전에 떠났다. 논의 중인 그 화제가 언급할 가치가 없다고 생각했기 때문이다.

14 (B)

동명사 앞에는 관사를 쓰지 못한다.

어떤 개들은 기분 좋은 표시로 꼬리를 흔든다.

15 (B)

to hire → hiring

위원회는 그 계획의 조언자로서 외부 상담원을 고용할 것을 제안했다.

16 (B)

make up → making up

대부분의 학생들은 대학 전공을 결정하는 데 어려움을 겪는다.

17 (A)

using of → using: use는 타동사이므로 목적어를 바로 취한다.

레이저 빔을 사용하여 외과 의사들은 신체 내부의 수술을 할 수 있다.

18 (C)

me playing → my playing: 동명사의 주어는 소유격이다.

내가 그 파티에서 피아노를 연주하는 것에 엄마가 왜 반대하는지 이해할 수 없다.

19 (C)

to live → to living: 〈get used to -ing〉 구문

그 할머니는 남편이 죽은 후 혼자 사는 것에 익숙해져야 했다.

20 (D)

worth of → worth

모든 개인은 역사의 일부라는 것을 그가 확신하지 않았더라면 그의 이야기는 언급할 가치가 없었을 것이다.

21 (C)

silent → silently: communicating ~ signs는 동명사이다. 그 속에서 동사 communicate를 수식하는 것은 silently의 부사가 되어야 한다.

ASL은 몸짓과 기호로 생각을 조용히 전달하는 체계이다.

실전 TEST 2   p.106

1 ④

(A)의 contribute to의 to는 전치사이므로 동명사가 오고, (B)는 부상(wounds)가 감염되는 것이므로 수동이 되어야 한다.

페니실린의 전쟁 중 사용은 수천 명의 목숨을 구하는 일에 기여했다. 1차 세계대전 중 미국 군대의 모든 사망자 수의 80%는 폐렴이 원인이었다. 2차 세계대전 중 그 비율은 1% 미만으로 줄어들었다. 게다가, 페니실린은 상처가 감염되는 것을 막는 데 유효했고, 그러한 상처가 치유되는 과정을 빠르게 해 주는 데도 유효했다.

2 **requires**

주어가 'keeping a whole ~ good condition'의 동명

사이므로 단수 취급한다.

사무실 건물의 관리인으로 근무하는 것은 아파트 한 채를 좋은 상태로 유지하는 일과 별반 다르지 않다. 관리인이나 아파트 거주인이나 모두 새는 수도꼭지를 고치고, 가구를 수리하고, 때로는 페인트칠도 해야 한다. 비록 일의 양과 장소가 다르긴 하지만 건물 한 동과 아파트 한 채를 깨끗하고 좋은 상태로 유지하는 것은 동일한 종류의 일을 필요로 한다.

3 ④

(A)는 go -ing 구문이고, (B)의 enjoy는 동명사를 목적어로 취한다. (C)에서 '냉동 식품'이란 이미 얼어버린 식품이므로 완료의 frozen이 적절하다.

엄마 대신에 쇼핑을 가 본 적이 있나요? 만약 그랬다면 엄마가 써 준 목록의 물품을 담으면서 수레를 할인점 통로로 끌고 다닌 것이 재미있었을 겁니다. 그리고 야채 통조림, 냉동 식품, 고기 그리고 신선한 과일을 들고 집으로 왔을 겁니다.

13 to부정사

1. to부정사의 모양과 특징

1 **to tell the police about the accident**
그녀는 나에게 그 사고를 경찰에 알리라고 조언했다.

2 **for the customers to put their purchases in**
상점은 손님들이 구매 물품을 넣을 수 있는 바구니를 제공한다.

3 **to have a quick look at the car**
나는 차고에 도착했을 때 그 차를 재빨리 볼 수 있었다.

4 **for someone to look after her dog next week**
look의 주어인 someone과 my mother가 다르므로 someone을 생략할 수 없다.
어머니는 누군가가 다음 주에 개를 돌볼 수 있도록 조치해 놓으셨다.

5 동명사: **Jane's answering the question briefly**
to부정사: **for Jane to answer the question briefly**
Jane이 그 문제에 간단히 대답한 것

1 (A)
recommendation → recommend: to부정사는 〈to + 동사원형〉의 형태이다.
나는 우리가 그곳에서 함께 사업을 할 회사를 추천하고 싶다.

2 (C)
of → for: to부정사의 의미상 주어는 〈for + 목적격〉이다.
어떤 도구로도 탐지할 수 없을 만큼 너무 멀리 떨어져 있는 별들이 매우 많다.

2. to부정사의 명사 역할
3. to부정사의 형용사 역할

1 **to pay more than $1,000 / afford의 목적어**
나는 그 영업사원에게 1,000달러 이상은 지급할 능력이 없다고 말했다.

2 **to have ~ month / 주어**
자동차를 매달 점검 받는 것은 꼭 필요한 일은 아니다.

3 **to get ~ for the car / expect의 목적어**
그 영업사원은 그 자동차에 대해 적어도 1,750달러는 받을 것으로 기대했다.

4 **to produce ~ see them / 보어**
그 단체의 목적은 값진 물품을 생산하여 파는 일이다.

5 **where to park the car / 의문사와 함께 쓰여 wonder의 목적어**
우리는 자동차를 어디에 주차할 것인지 고민하고 있었다.

6 **to look**
나는 그 영업사원이 사무실에서 나오기 전에 자동차를 재빨리 볼 수 있었다.

7 **resigning**
나는 사임할 것을 심각하게 고려했었다.

8 **being**
Tom은 그 좋은 뉴스에 흥분하지 않고, 무관심한 것처럼 보였다.

9 **working**
5형식의 목적어에는 to부정사를 쓸 수 없다. working together가 목적어, easy가 목적격보어이다.
그들의 협동은 함께 일하는 것(협력)을 쉽게 했다.

10 **to try**
그때 나는 다른 무언가를 시도하기로 결정했다.

11 **to go**
그녀는 내년에 대학에 가기를 희망한다.

12 **to lock**
너는 이 문을 잠글 열쇠가 있니?

13 **to solve**
그는 그 문제를 해결할 능력이 없다.

14 **to accept**
물론 그 영업사원은 그러한 보잘것없는 제안을 받아들이지 않았다.

15 **receiving**
우리 부모님은 네가 보내준 감사 쪽지를 받고 고마워했다.

16 **hitting**
그는 자기 자동차 앞으로 갑자기 튀어 나온 그 작은 강아지를 피할 수 없었다.

1 (C)
파티를 앞으로 열 계획이므로 완료부정사를 쓰면 안 된다.
그 사무실 직원들은 Dolores를 위해 은퇴 파티를 열기로 결정했다.

2 (C)
의문사 뒤에 절을 쓰려면 how we should solve로 써야
한다.
선생님이 이 문제를 푸는 방법을 설명해 주었니?

3 (D)
Jack은 내가 마을에 없는 동안 우리 정원을 보살펴 주겠다
고 제안했다(말했다).

4 (A)
건강을 돌보는 것은 중요하다.

5 (D)
명사 속에 first가 있으면 to부정사로 수식하고, 관계사절로
연결하려면 who was가 되어야 한다.
M. Byrne은 시카고의 시장으로 선출된 최초의 여자가 되
었다.

6 (B)
관계사절로 연결하려면 exhibit와 sell을 과거시제로 쓴다.
독립 화가들이 자신의 작품을 전시하고 판매할 기회는 거
의 없다는 것을 그녀는 깨달았다.

7 (D)
to use → how to use: know는 to부정사를 목적어로
취하지 못한다.
엔지니어가 컴퓨터 사용 방법을 아는 것은 매우 중요하다.

8 (C)
expanding → to expand: effort는 to부정사로 수식한
다.
여자들이 교육 기회를 넓히고 개선시키려는 노력의 중심에
있었다.

4. to부정사의 부사 역할

• Review TEST 1 ································· p.125

1 to drive / 그는 자동차를 운전할 만큼 나이가 들지 않
았다.

2 not to disturb / 우리는 이웃 사람들에게 방해가 되
지 않으려고 그 음악을 줄였다.

3 to hear / 나는 네가 시험에 합격했다는 소식을 듣고
기뻤다.

4 to have / 우리가 저녁을 먹기에는 너무 이르다.

5 to forget / 그 표를 잊어버렸다니 나는 너무 어리석었
다.

6 him 삭제
〈too ~ to부정사〉에서 to부정사의 목적어(him)가 전체
주어(John)와 일치하면 목적어를 쓰지 않는다.
John은 너무 무거워서 내가 들릴 수 없다.

7 enough intelligent → intelligent enough
enough의 위치는 수식어 뒤에 쓴다.
그는 시험에 합격할 만큼 똑똑하지 않다.

8 It, of
성품 형용사 뒤에서는 〈for+목적격〉이 아니라 〈of+목적격〉
을 쓴다.
나에게 돈을 빌려 주다니 너는 참 친절했다.

9 The, car
easy 등의 형용사는 to부정사의 목적어를 주어로 쓸 수 있
다.
그 자동차는 운전하기가 쉽다.

10 to wear to the party / 형용사 역할
나는 그 파티에 입고 갈 새 옷이 필요하다.

11 to watch more of this program / 명사 역할(목적
어)
TV 채널을 다른 곳으로 돌릴까 아니면 너는 이 프로를 계
속 더 보고 싶으니?

12 to live on your own / 명사 역할(it에 대한 진주어)
네가 많은 사람들과 함께 있는 것에 익숙해져 있다면 혼자
살기 매우 어렵다.

13 to have a haircut / 부사 역할
나는 머리를 깎으러 이발소에 갔다.

14 where to build the nest / 명사 역할
어디에 둥지를 지을 것인가의 선택은 나뭇가지 자체에 달
렸다.

• Review TEST 2 ································· p.126

1 (D)
it을 받는 진주어, 완료부정사는 시제가 다를 때에만 쓴다.
극심한 가뭄 때문에 대도시 지역에서 물을 배급하는 것이
필수적이 되었다.

2 (B)
enough는 to부정사와 함께 명사를 수식할 때는 enough
를 명사 앞에 쓴다.
너는 지금 당장 휴가를 갈 수 있을 만큼 돈이 충분하니?

3 (C)
뒤의 to부정사 to get ~과 어울리려면 빈칸에는 too 뿐이다.
그 음악회에 갈 표를 얻기에는 너무 늦은 것 같다. 모두 매
진되었다고 들었다.

4 (B)
easy 등의 형용사 뒤에는 능동의 to부정사를 쓴다.
그 샤워 설비는 설치하기가 쉽다.

5 (C)
stupid는 성품 형용사로 그 뒤에는 for가 아닌 of를 쓴다.
열쇠를 잊고 왔다니 나는 어리석었다.

6 (A)

for working → to work: able 뒤에는 반드시 to부정 사를 써야 한다.
스턴트맨은 직업상 당하는 부상 때문에 종종 한 달에 이 주 정도만 일할 수 있다.

7　(A)
very → too: ⟨too ~ to부정사⟩ 구문이 되어야 형식과 내용상 적절하다.
그 아이들은 너무 바빠서 내가 차고를 청소하는 것을 도와 주지 못했다, 그래서 내가 직접 청소했다.

5. 동사 + 목적어 + (to)부정사
6. 원형부정사

• Review TEST 1 ·································· p. 130

1　**to jump**
　갑작스런 소리 때문에 놀라 나는 펄쩍 뛰었다.

2　**smoking**
　allow는 목적어 뒤에서만 to부정사를 쓴다. 목적어가 없으 면 동명사를 쓴다.
　그는 자기 집에서 담배 피우는 것을 허용하지 않는다.

3　**read**
　let이 사역동사이므로 목적격보어로 동사원형이 와야 한다.
　그녀는 내가 그 편지를 읽는 것을 허락하지 않을 것이다.

4　**go**
　heard가 지각동사이므로 목적격보어로 동사원형이 온다.
　우리는 모두 폭탄이 터지는 소리를 들었다.

5　**to go**
　Annie의 부모님은 Annie에게 9시에 자러 가라고 말했다.

6　**was expected to sing an aria**
　Mary가 아리아를 부를 것으로 예상한다.

7　**was seen to smash the bottle**
　그가 병을 박살 내는 것이 목격되었다.

8　**to travel**
　자동차가 있는 것은 주위를 더 쉽게 돌아다니게 해 준다.

9　**laugh**
　그녀는 웃음을 참지 못했다.

10　**to sing**
　Peter는 몇 년 동안 노래 부르는 것을 배웠다.

11　**to accept**
　우리는 다수 의견을 받아들이는 것 외에 다른 대안이 없었 다.

12　**to take**
　사역동사도 수동태가 되면 그 뒤에는 to부정사를 써야 한다.
　일반 대중들이 우리를 알아볼 수밖에 없게 되었다.

13　**drive**
　saw가 지각동사이고 get과 drive가 원형부정사이다.
　나는 Tom이 차를 타고 멀어져 가는 것을 보았다.

14　**to argue**
　hear가 지각동사이지만 수동태가 되면 그 뒤에는 to부정사 를 쓴다.
　Jack과 Martha가 옆 방에서 다투는 소리가 (여기서) 들 렸다.

• Review TEST 2 ·································· p. 131

1　(A)
　come의 시제가 expect보다 과거가 아니므로 완료부정사 는 어색하다.
　나는 Mary가 오늘 밤 이곳에 일찍 오기를 바란다. 30분 후면 도착하겠지.

2　(C)
　그것은 그들이 직장과 가정 사이를 선택하는 것을 가능하 게 한다.

3　(C)
　encourage가 수동태가 되면 뒤에 to부정사가 온다.
　develop은 그 뒤에 목적어가 있으므로 능동태를 쓴다.
　아이들은 자신의 개인적 흥미를 발달시키도록 격려받아야 한다.

4　(B)
　to부정사를 목적어로 취하는 동사는 선택지 중 offer뿐이다.
　그들은 입원해 있는 Janet을 방문하자고 제안했다.

5　(C)
　organizing → to organize: ⟨motivate + 목적어 + to 부정사⟩의 구문이다.
　이익을 내려는 욕구가 기업 경영자들로 하여금 회사를 효 율적으로 조직하고 경영하도록 자극한다.

6　(C)
　wandered → to wander: ⟨cause + 목적어 + to부정사 ⟩의 구문이다.
　지주들이 자유 소작인들을 자신의 농토에서 쫓아내서 그들 이 일용 노동자로 시골을 방황하게 하였다.

7　(C)
　hurry away → to hurry away: see 동사가 수동태가 되면 그 뒤에는 to부정사가 와야 한다.
　그 용의자는 희생자를 죽인 후, 범죄 현장에서 서둘러 떠나 는 것이 목격되었다.

7. to부정사의 다양한 형태 및 be to 용법

• Review TEST 1 ·································· p.135

1 not to
to부정사의 부정은 to 앞에 not을 붙인다. to만 쓰면 대부정사가 된다.
그는 내가 그러지 말라고 명령했음에도 홀 안으로 들어갔다.

2 have been
when young은 어렸을 때로 과거시점이므로 앞의 seems와 시제가 다르다.
그녀는 어렸을 때 예뻤었던 것 같다.

3 to be excited
그 아이들은 여행에 대해 흥분하는 것 같다.

4 in order not to
not은 to부정사 앞에 붙인다.
그는 기차를 놓치지 않으려고 역으로 서둘러 갔다.

5 have happened
yesterday가 시제 차이를 보여준다.
그 사고는 어제 오후 1시쯤 발생한 것 같다.

6 to open
뒤에 his briefcase가 목적어이므로 능동으로 써야 한다.
Jack이 가방을 세관원에게 열어 보이지 않았을 때 어려움에 부닥쳤다.

7 had better not
had better는 하나의 조동사로 바로 다음에 부정어를 쓴다.
너는 그러한 사람과 잘 지내지 않는 것이 좋다.

8 to be
hold는 「개최하다」이므로 수동태로 쓰고, 앞의 was to는 be to 용법이다.
그 회의는 다음 주에 개최될 예정이다.

• Review TEST 2 ·································· p.135

1 (A)
꼭지를 트는 시점과 소리가 나는 시점이 같다.
저 이상한 소리 들리니? 내가 꼭지를 틀 때마다 저 소리가 나는 것 같다.

2 (B)
be believed 뒤에는 to부정사로 연결한다. BC 8~9세기는 과거이므로 앞의 are와 시제가 다르다.
Etruscans 인들은 기원전 8~9세기에 이탈리아에 도착한 것으로 믿어진다.

3 (D)
mean은 타동사여서 목적어를 취한다. 목적어가 to부정사인 경우 to만 쓴다.
나는 그녀의 시계를 가져간 것을 인정한다, 그러나 그럴 의도는 아니었다.

8. 동명사 or to부정사?

• Review TEST 1 ·································· p.138

1 saying
전에 말한 것이므로 과거이다.
Ken이 바보라고 네가 말했지.—그렇게 말한 기억이 없어.

2 to buy
미래의 일이므로 to부정사를 쓴다.
나는 쇼핑가면 빵을 살 것을 기억해야 한다.

3 to come
나는 그 회의에 가려고 하겠지만 그럴 수 있을지는 장담할 수 없다.

4 eating
「~하는 것을 중단하다」의 의미이므로 〈stop -ing〉가 와야 한다.
나는 채식주의자이다. 고기 먹는 것을 5년 전에 중단했다.

5 visiting
과거의 일은 동명사형으로 쓴다.
나는 1983년에 이스탄불을 방문했던 것을 결코 잊지 않을 것이다.

6 to push
뒤에 but이 있으므로 push의 행위가 이루어지지 않았다.
나는 자동차를 언덕 위로 올리려고 노력했으나 자동차를 움직이게 할 수 없었다.

7 being bothered
「방해받는 것을 멈추는」것이므로 수동형 동명사가 적절하다.
네가 내적 평온을 발달시키고 싶다면 발생하는 모든 사소한 일들에 의해 방해받는 일을 중단해야 한다.

8 to disappoint
〈mean + to부정사〉는 「~할 의도이다」의 의미이고, 〈mean + 동명사〉는 「~를 의미하다」의 의미이다.
나는 너를 실망시킬 의도는 아니지만, 그 영화의 끝 부분을 보여줄 수가 없다.

• Review TEST 2 ·································· p.138

1 (C)
뒤의 but으로 미루어 보아 일이 발생하지 않은 것이다.
나는 청구서는 기한 안에 지급하려고 항상 노력하지만 때로는 약간 늦기도 한다.

2 (B)
우리가 지금 여행을 떠난다면, 여행길의 절반을 운전한 다음 점심을 먹기 위해 멈출 수 있다.

3 (C)
regret 다음에 tell / inform 등의 동사가 오면 대개 to부정사를 쓰고 미래를 나타낸다.
편지는 다음과 같이 쓰였다, "당신의 지원이 거부되었음을 알려드리게 되어 유감입니다."

실전 TEST 1

p. 139

1 **(B)**
Shelley는 나에게 그 회의가 취소되었음을 알리려고 이 메일을 보냈다.

2 **(A)**
for는 전치사이므로 그 뒤에는 to부정사는 올 수 없다.
이러한 끔찍한 날씨에 외출하고 싶지 않은 것에 대해 너를 비난하고 싶지 않다.

3 **(A)**
나는 불법적인 어떤 것에도 동참할 것을 절대적으로 거부한다.

4 **(B)**
need + 목적어 + to부정사 / help + 목적어 + (to) 부정사
이리로 오실 수 있지요? 내가 이 냉장고를 운반하는 일을 당신이 도와주기를 바란다.

5 **(A)**
목적어 the rock이 있으므로 능동이 적절하다.
Tommy는 돌덩이를 창문 안으로 던진 것을 인정했다.

6 **(B)**
나는 Barbara에게 주말 동안에 내가 그녀의 차를 빌리는 것을 허락해 주도록 요청했다.

7 **(A)**
〈mean + -ing〉는 「~를 의미하다」의 의미이다.
그 기차를 놓친다는 것은 한 시간을 기다려야 한다는 것을 뜻한다.

8 **(C)**
〈의문사 + to부정사〉가 절이 되려면 should가 추가되어야 한다.
나는 양고기 스튜에 쓸 고기를 어디서 사야 할지 모르겠다.

9 **(C)**
advise 뒤에 목적어가 없을 때에는 동명사를 목적어로 취한다.
시 당국은 비상시에는 모든 식수를 끓이라고 당부했다.

10 **(A)**
어젯밤 일은 지금보다 과거이므로 완료부정사가 적절하다.
그 죄수들은 어젯밤 깨진 창문을 통하여 탈출한 것으로 간주한다.

11 **(A)**
to live in이나 in which to live로 쓴다.
그는 살 집이 없다

12 **(B)**
effort 뒤에는 to부정사가 온다.
노동비용을 절감하려는 노력으로 그 새 기계가 도입되었다.

13 **(B)**
to부정사의 부정은 to 앞에 not을 붙인다. name 뒤에 목적어가 없으므로 수동이다.
그는 그 돈을 기부한 사람으로 불리지 않기를 요청했다.

14 **(A)**
과거의 일을 나타낼 때는 동명사가 온다.
Alex는 헬리콥터를 처음 탔던 기억을 결코 잊지 않을 것이다.

15 **(C)**
dislike는 동명사를 목적어로 한다.
우리는 저녁 9시에 저녁 먹는 것을 싫어한다.

16 **(C)**
나의 룸메이트가 내 목소리가 끔찍하다고 말한다. 그래서 나는 샤워하면서 노래하는 것을 멈췄다.

17 **(D)**
sent로 보아 나를 이미 보낸 것이므로 '과거'의 일이다. 따라서 기회를 받은 것도 '과거'이므로 현재의 시제와 다르다.
나는 회사가 나를 다른 나라로 유학 보내 준 것에 대해 기쁘다. 다른 문화를 배울 기회를 얻게 된 것에 매우 기쁘다.

18 **(B)**
〈encourage + 목적어 + to부정사〉 구문을 취한다.
대화방에서는 다른 사람들이 당신에게 이 메일로 연락을 취할 수 있다. 어떤 온라인 서비스 업체들은 그들의 대화방을 감시하고 아이들에게 무례한 대화자를 보고하도록 격려한다.

19 **(A)**
by 이하는 teach의 수동을 말해준다. 사람이 주어이므로 sing이 수동이 될 수는 없다.
Peter는 몇 년 동안 Price 씨에게 노래 부르는 법을 가르침 받았다.

20 **(C)**
far too에서 far는 too에 대한 강조 부사이다.
아메바는 너무 작아서 현미경 없이 관찰될 수 없다.

21 **(D)**
careless가 성품 형용사이므로 뒤에는 for가 아닌 of를 쓴다.
문을 잠그지 않았다니 너는 부주의했다.

22 **(D)**
〈cannot (help) but + 동사원형〉는 「~할 수밖에 없다」의 의미이다.
그것은 영화와 문학의 관련 단상에 대한 시끄러운 은유에 불과하다고 그는 생각할 수밖에 없었다.

23 **(C)**
시제 차이가 나지 않으므로 완료부정사를 쓰지 않는다.
거의 모든 사람들이 운전면허 시험을 첫 번째 시도에 합격하지 못한다.

24 **(D)**
tell 뒤에 to부정사는 목적어로 올 수 없고, tell이 수동태가 되면 뒤에는 to부정사가 온다.
나는 오래된 장난감을 버리라는 말을 들었다.

25 **(D)**
공연이 무대에 올려지는 것이므로 수동이 되어야 한다. is to be staged중 is to는 be to 용법이다.
John Stobbard는 그의 최초의 신작 희곡을 15년 동안

썼다. 그 첫 공연이 뉴 빅토리아 극장에서 상연될 것이다.

26 (C)

(A) to leave → leaving: 과거의 일이므로 동명사를 써야 한다.

(B) not being late → not to be late: promise 다음에는 to부정사가 온다.

(C) need 뒤에는 수동의 의미일지라도 능동의 동명사를 쓴다.

(D) to take an umbrella → take an umbrella: had better가 조동사이므로 다음에 동사원형이 온다.

(A) 누군가가 내 가방을 가져갔음이 틀림없다. 그것을 창가에 둔 것이 분명하게 기억이 나는데, 지금 없어졌다.

(B) 나는 지금 가야 한다. 늦지 않기로 약속했다.

(C) 창문들이 더럽다. 닦아야 하겠다.

(D) 비가 올지도 모른다. 우산을 가져가는 것이 좋겠다.

27 (D)

(A) that I couldn't put down → that I couldn't put it down: 목적어 it이 다른 절 속에 있으므로 생략할 수 없다.

(B) to say → saying: 과거에 말한 것일 때는 동명사를 쓴다.

(C) putting → to put: 문맥의 내용상 to부정사가 와야 한다.

(D) 〈too ~ to부정사〉에서 to부정사의 목적어와 주절의 주어가 일치하면 목적어를 생략한다.

(A) 그 책은 너무 훌륭하여 손에서 내려놓을 수가 없었다.

(B) 나는 내가 말한 것이 공정하다고 확신한다. 그렇게 말한 것을 후회하지 않는다.

(C) 우리는 그 화재를 진압하려고 했지만 성공하지 못했다. 소방서에 전화해야만 했었다.

(D) 그 지갑은 너무 커서 주머니 속에 넣을 수 없었다.

실전 TEST 2 p.143

1 would find it

find가 5형식으로 쓰였고, helpful이 목적격보어, 뒤의 to have ~가 진목적어이다. 따라서 가목적어인 it을 반드시 써야 한다.

여러분이 정말로 집을 지으려면, 건축하는 데 있어 당신을 안내해 줄 일련의 설명서가 매우 도움이 된다는 것을 알게 될 것이다. 예를 들어 여러분은 벽과 기둥을 어디에 세워야 할지 알아야 할 것이다.

2 ①

need가 일반동사로 쓰이면 뒤에 to부정사가 온다.

include한 것이 아니라 include할 것이므로 forget 뒤에 to부정사를 쓴다.

지도에 관하여 아는 제일 나은 방법 중 하나는 자신의 지도를 직접 만드는 것이다. 먼저 지도를 그리고 싶은 지역을 선택할 필요가 있다. 공원을 나타내는 소풍 테이블, 학교를 나타내는 깃발 등의 상징들을 반드시 포함하라. 범례에 다른 중요한 정보를 포함하는 것을 잊지 마라.

3 too

뒤의 to부정사와 결합하여 〈too ~ to〉용법을 나타낸다.

전국적인 한 여론조사에서 조사 대상 미국인들의 62퍼센트가 너무 바빠서 식사할 때 앉지도 못한다고 말했다. 많은 사람들이 책상에서 일하면서 점심을 먹거나 운전하면서 식사를 한다고 전했다. 그러나 이러한 습관은 건강에 좋지 않다. 우리를 살찌우게 하는 경향이 있다.

4 Then stop to talk and listen → Then stop talking and listen

stop to talk은 「대화를 중단하라」가 되어야 하므로 동명사가 와야 한다.

좋은 대화란 생각과 감정을 함께 나눈다는 것을 의미한다. 이것은 모든 사람들이 차례로 무언가를 말해야 한다는 것을 뜻한다. 여러분이 시간의 절반 이상을 말한다면 그것은 너무 많이 말하는 것일 수 있다. 다른 사람에게 질문을 해라. 그리고 말을 멈추고 (남의 말을) 들어라.

5 ④

to yield → yield: 〈watch(지각동사) + 목적어 + 원형부정사〉 구문으로 쓰인다.

너의 뇌를 불빛으로 가득 찬 집이라고 상상하라. 이제 누군가가 그 불들을 하나씩 끈다고 상상하라. 그것이 알츠하이머 질병(노인성 치매)이 하는 일이다. 그 병이 불을 꺼서, 생각, 감정, 기억들의 이 방에서 저 방으로의 흐름이 느려지고 결국에는 중단된다. 그리고 슬프게도, 부모나 배우자가 이 어둠의 확산(알츠하이머병)에 굴복해 가는 것을 지켜본 사람이라면 누구나 알듯이, 그 불이 꺼지는 것을 막을 방법도 없고, 이미 어두워진 다음에는 불을 다시 켤 방법도 없다.

6 ③

(A) 〈watch + 목적어 + 원형부정사〉나 〈wait + for 목적어 + to부정사〉는 「목적어가 ~하기를 기다리다」의 의미이다.

(C) pushing, depressing, sliding 모두가 전치사 by의 목적어이다.

대부분의 지하철에서 문은 역마다 자동으로 열린다. 그러나 당신이 파리의 전철인 Metro에 타면, 상황이 다르다. 나는 Metro에 탄 한 남자가 전철에서 내리려고 하다가 실패한 것을 보았다. 기차가 그가 내리려는 역에 왔을 때, 그는 일어나서 문 앞으로 나와 참을성 있게 서 있었다, 문이 열리기를 기다리면서. 문이 열리지 않았다. 기차는 다시 출발했고, 다음 역으로 갔다. Metro에서는 버튼을 누르거나, 레버를 아래로 당기거나, 문을 옆으로 밀어서, 자신이 직접 문을 열어야 한다.

1. 분사란?

• **Review TEST 1** ································· p.147

1 **leading to the church / the path를 수식**
   이 길은 교회로 이어지는 길이다.

2 **used in the murder / The weapon을 수식**
   그 살인 사건에서 사용된 무기가 이제 발견되었다.

3 **carrying concrete pipes / A truck을 수식**
   콘크리트 파이프를 운반하던 한 트럭이 도시 한 복판에서
   전복되었다.

4 **published last week / The book을 수식**
   weapons와 find는 수동관계이므로 과거분사가 적절하다

5 **travelling to work / people을 수식**
   오늘 아침 출근하는 사람들에게 지연이 있다.

6 **happening in Alfred Road / The accident를 수식**
   Alfred 도로에서 발생한 그 사고는 많은 사상자를 냈다.

7 **educated in the physics department during
   the 1980s / students를 수식**
   나는 1980년대 물리학과에서 교육 받은 학생들의 재결합
   을 하러 갔다.

8 **live next door → living next door**
   옆집에 살고 있는 사람들은 이태리 출신이다.

9 **says 'Entry forbidden'
   → saying 'Entry forbidden'**
   '출입금지' 라고 쓰인 표지판이 입구에 있다.

10 **was built → built**
   우리는 1906년에 지어진 집에서 산다.

• **Review TEST 2** ······························ p.147

1 **(C)**
   who stands로 써도 옳은 표현이다.
   저기 서 있는 저 남자를 만나본 적이 있니? – 아니, 누군데?

2 **(B)**
   옆집에 살고 있는 그 부부는 모두 대학 교수이다.

3 **(C)**
   여러분은 여러 나라에서 말해지는 영어를 배워야 한다.

2. 현재분사(-ing), 과거분사(-ed)

• **Review TEST 1** ····························· p.150

1 **A lot of people dancing at the party**
   파티에서 춤을 추는 많은 사람들

2 **Flour made by grinding wheat or other grains**
   밀이나 다른 곡식을 갈아서 만든 흰 가루

3 **The Indians living in Peru ~ Europeans**
   유럽인들이 신세계를 발견하기 전에 페루에서 살았던 인디
   언들

4 **A girl working in the library**
   A girl being working으로 쓰지 않는다.
   도서관에서 근무하는 한 여자

5 **arriving**
   arriving는 자동사이므로 과거분사는 안 된다.
   지각자란 늦게 도착하는 사람을 뜻한다.

6 **produced**
   automobiles와 produce는 수동관계이다.
   1960년대 미국 산업에 의해 생산된 자동차의 대부분은 결
   함이 있었다.

8 **found**
   weapons와 find는 수동관계이므로 과거분사가 적절하다
   Bristol의 한 아파트에서 발견된 무기들은 IRA의 것이다.

9 **employing**
   company와 employ는 능동관계이므로 현재분사가 적절
   하다.
   3천 명을 고용하고 있는 한 화학 회사가 도산했다.

10 **built**
   bridge와 build는 수동관계이다.
   2년 전에 지어진 다리인데도 안전하지 않은 것으로 드러났
   다.

11 **telling**
   뒤에 you와 what to do의 목적어가 두 개 있으므로 tell은
   능동이다.
   설명서란 우리에게 어떻게 해야 할지를 알려주는 글(말)이
   다.

12 **waiting**
   wait는 자동사이므로 과거분사를 쓰지 않는다.
   대기실에는 창가에서 기다리고 있는 젊은 남자 한 사람만
   있었다.

13 **following**
   뒤에 목적어가 있으므로 능동이 와야 한다.
   내가 집으로 걸어가고 있을 때 내 뒤를 따라오는 한 남자가 있
   었다.

14 **called**
   call이 5형식으로 쓰인 경우, 뒤에 명사(목적격보어)가 하
   나 있으면 수동이다.

Jack이라고 불리는 누군가가 네가 외출해 있는 동안 전화했다.

15 **delayed**
뒤에 목적어가 없고, by가 있으므로 수동형이 와야 한다.
나는 교통 혼잡으로 지연된 사람들에게 할 말이 있다.

16 **flowing**
발틱 해로 흘러들어가는 강들이 10년 전보다 훨씬 더 깨끗해졌다.

• **Review TEST 2** ································· p.151

1 **(A)**
consist of를 하나의 타동사로 보면 뒤에 cartoons라는 명사가 있으므로 능동이다.
그 아이들은 Donald Duck과 Mickey Mouse가 주연인 만화들로 구성된 특별 영화 프로그램에 참가했다.

2 **(D)**
show 뒤에 명사가 없으므로 수동이다.
그레이 극장에서 상영되는 영화 중에는 어린이들에게 적합한 것은 거의 없다.

3 **(C)**
「알을 낳다」는 lay eggs로 쓴다. eggs가 앞에 있으므로 빈칸에는 「낳아진」의 수동의 형태가 와야 한다.
물고기에 의해 낳아진 알들 중 소량만이 실제로 부화하고 성인기까지 살아남는다.

4 **(B)**
뒤에 adjust to라는 본동사가 있으므로 빈칸에는 분사를 쓴다. 동물이 태어나는 것이므로 수동으로 써야 한다. 「태어나다」의 뜻일 때에는 borne을 쓰지 않는다.
동물원에서 태어난 동물들은 야생에서 잡힌 동물들보다 감금상태에 더 잘 적응한다.

5 **(B)**
call은 목적어와 목적격보어를 모두 취하는 5형식 동사이다. 따라서 call 뒤에 명사가 두 개 있으면 능동, 명사가 한 개 있으면 수동이다.
오늘날 전 세계 사람들은 경제라고 불리는 것에 자신이 의존하고 있다는 것을 안다.

6 **(A)**
listed → listing: 뒤의 was가 본동사이므로 list는 분사가 되어야 한다. list 뒤에 the employees' wages라는 명사가 있으므로 능동이 와야 한다.
직원들의 임금을 목록으로 만든 챠트 하나가 게시판에 부착된 채로 발견되었다.

7 **(A)**
sold → selling: 뒤에 goods라는 명사가 있으므로 능동이 와야 한다.
중고 물품을 판매하는 시장은 벼룩시장으로 알려져 있다. 헌 물품은 벼룩으로 가득 차 있을 것으로 생각되어지기 때문이다.

8 **(C)**
waited → waiting: wait는 자동사이므로 항상 능동이 와야 한다.
우리가 극장 옆을 걸어갔을 때 매표소 밖에서 길게 줄을 서서 기다리고 있는 많은 사람들이 있었다.

3. 분사 역할의 확장

• **Review TEST 1** ································· p.155

1 **running**
water와 run은 능동관계이다.
그 도시의 남쪽 판자촌에 사는 가난한 사람들은 수돗물이 없다.

2 **invited**
초대된 손님들을 제외하고는 아무도 그 강연을 듣지 않는지 모른다.

3 **exhausting**
여행이 우리를 피곤하게 하는 것이므로, trip과 exhaust와의 관계는 능동이다.
12시간 동안의 피곤한 여행 후에 Jason은 저녁 식탁에서 잠이 들었다.

4 **spoken**
'언어가 말해지는 것' 이므로 수동이다.
그 인류학자는 그 부족의 말을 작은 녹음기에 녹음했다.

5 **approaching**
'태풍이 다가오는 것' 이므로 능동이다.
Brenda는 다가오는 태풍에 대한 소식을 들었다.

6 **welcoming**
'분위기가 환영하는 것' 이므로 능동이다.
그 호텔은 환영하는 분위기를 갖고 있다.

7 **Frozen**
freeze는 자동사이지만 '고기가 이미 언 것' 이므로 '완료'의 과거분사를 쓴다.
냉동 생선은 신선한 생선만큼 영양은 있지만, 맛은 그만큼 좋지 않다.

8 **manufactured**
'상품이 제작되는 것' 이므로 수동이다.
그곳의 경제는 다양한 제작 상품의 수출에 의존하고 있다.

9 **suggested**
'치료법이 제안되는 것' 이므로 수동이다.
보통 감기에 대해 제안되는 치료법은 휴식을 취하는 것과 많은 물을 마시는 것이다.

10 **annoying / annoyed**
표를 잃어버린 것이 나를 화나게 하는 것이므로 '표를 잃어버린 것' 과는 능동관계이고, '나' 와는 수동관계이다.
표를 잃어버려서 화가 났었다.

—네가 표를 또 살 때 정말로 화가 나 보였다.

11 fascinated / fascinating
두 번째 문장은 it이 가목적어, to see ~가 진목적어, to see ~와 fascinate과의 관계는 능동이다.
—나는 이 오래된 사진들에 의해 매혹되었다.
—아이들처럼 보이는 사람들을 보는 것은 항상 매혹적임을 발견한다.

12 heard
make oneself heard는 '자신의 말이 들리게 하다' 라는 숙어이다.
그는 자신의 말이 들리게 할 수 없었다.

13 wondering
wondering 뒤에 what ~이라는 목적어가 있으므로 능동이다.
그 소식은 나로 하여금 다음번에는 무슨 일이 일어날 것인지 궁금하게 했다.

14 careful → carefully
〈부사 + p.p. + 명사〉의 형식이다.
이것은 신중하게 준비된 계획이다.

15 balancing → balanced
〈부사 + -ing + 명사〉의 형식은 거의 없다.
새로운 연구에 따르면, 인종이 균형 잡힌 학교는 교육에 좋다.

• Review TEST 2 ·································· p.156

1 (B)
소음이 우리를 방해하는 것이다.
Anna의 자동차에서 소음이 난다. 그것은 짜증나는 소음이다.

2 (B)
contaminate는「오염시키다」의 뜻이다.
공장에서 나오는 폐수가 강으로 흘러들어가서 강을 오염시켰다. 마을 사람들 일부가 오염된 물고기를 먹고 병이 났다.

3 (D)
move는「감동시키다」의 뜻이다.
청중은 그 부드러운 러브스토리에 의해 감동하였다.

4 (B)
'활동이 우리를 자극하는 것'이므로 능동의 관계이다.
대도시에는 자극적인 활동들이 많다.

5 (B)
'합의서가 기록된 것'이므로 수동의 관계이다.
우리는 기록한 합의서가 있으므로 우리의 지주가 2년 동안은 집세를 올리지 않을 것이다.

6 (B)
〈부사 + p.p. + 명사〉의 구조이다.
이것은 잘 조직된 회사이다.

7 (A)

interesting → interested
Paul은 소규모 인쇄 회사 하나를 곧 구입하는 것에 관심이 있다.

8 (D)
amused → amusing: 재주(tricks)가 우리를 재미있게 만드는 것이므로 능동이 와야 한다.
서커스의 그 코끼리들은 재미있는 재주들을 보여 주었다.

9 (D)
interesting → waiting: wait는 자동사이므로 항상 능동〈had + 목적어 + -ed〉의 형태이다. had + copies + distributed(초상화 사본들이 배포되게 하다)
그 여자는 군중을 선동하거나 시민을 매혹시킬 수 있었다.
그 여자는 멋진 초상화를 그리게 하고 그 사본들을 널리 배포되게 하였다.

4. 분사구문

• Review TEST 1 ·································· p.160

1 Arriving at the party
우리는 파티에 도착했을 때 Ruth가 혼자 서 있는 것을 보았다.

2 (Being) anxious to please him
나는 그를 기쁘게 하고 싶어서 그에게 멋진 선물 하나를 사 주었다.

3 Having spent his childhood in Oslo
그는 Oslo에서 어린 시절을 보냈으므로 그 도시를 잘 알고 있었다.

4 Not knowing the way
나는 길을 알지 못해서, 방향을 물어야만 했었다.

5 T
picking의 주체와 Mitchell이 일치한다.
Mitchell은 전화기를 들고 전화번호를 돌렸다.

6 F
having been ill의 주체와 more time이 일치하지 않는다.

7 F
running down의 주체와 a letter가 일치하지 않는다.

8 T
leaving의 주체와 Nick이 일치한다.
Nick은 여행을 떠날 때에 그의 비서에게 여행일정표를 주었다.

9 F
taking a trip의 주체와 Jane's camera가 일치하지 않는다.

10 T
There being low sales는 there was low sales를 분사구문으로 바꾼 것으로 옳은 표현이다.

매출이 낮아서 회사들은 신제품을 개발하기로 결정했다.

11 오후 내내, Vicky는 인생에 대해 고민하며 소파에 누워 있었다.

12 우리는 일을 끝내고 나서 집으로 갔다.

13 나는 캔을 열려고 하다가 손을 다쳤다.

• Review TEST 2 ·· p.161

1 (C)
not wanting ~이 분사구문이므로 빈칸부터는 주절이 와야 한다.
나는 수업 첫날 늦고 싶지 않아서 버스를 놓친 후에 학교까지 뛰어갔다.

2 (C)
I realized ~가 주절, 빈칸부터 pool까지는 부사절이고 (C)는 분사구문으로서 정답이다.
(B)는 am이 현재시제로서 주절의 과거시제와 맞지 않는다.
(D)는 Even though라는 접속사의 뜻이 내용에 맞지 않는다.
수영장 옆에 누워 있는 동안, 나는 햇볕에 타는 것을 알았다.

3 (D)
admiring부터 분사구문, admire 뒤에 it이라는 목적어가 있으므로 능동의 관계이다.
그 그림은 아름다웠다. 나는 오랫동안 감탄하면서 그곳에서 있었다.

4 (C)
분사구문의 주어와 주절의 주어는 일치하고, watch의 주어는 '사람'이므로, 주절이 '사람'으로 시작되는 것을 고르면 된다.
아이들이 공원에서 연을 날리는 것을 보고, 나는 내가 똑같은 일을 했던 오래전의 시절들을 떠올렸다.

5 (C)
「~하기 위하여」라는 목적을 나타낼 때는 to부정사를 쓴다. 분사구문에는 '목적'의 뜻이 없다.
정부는 더 많은 돈을 거두려고 세금이 증가할 것이다.

6 (C)
(A)와 (D)는 본동사가 쓰였는데 주어와 접속사가 없어서 제외한다.
(B)는 to부정사로 「~하기 위하여」로 해석해야 하는데 뒤 내용과 맞지 않는다.
나는 어쩔 줄을 몰라 그녀를 두 팔로 꼭 껴안아 주었다.

7 (A)
listen → listening: he stood ~ sun이 완전한 절이므로 listening의 분사구문이 되어 부사절의 역할을 해야 한다.
대통령의 연설을 들으며 찌는 듯한 태양 속에 서 있어서 평소에 빳빳하던 Powell도 흐늘흐늘해지고 헝클어졌다.

5. 분사구문의 능동(-ing)과 수동(p.p.)

• Review TEST 1 ·· p.163

1 Taken in excessive amounts
아스피린과 take는 수동이다.
아스피린은 지나친 양으로 복용되면 독이 될 수 있다.

2 Taking aspirin
you와 take는 능동이다.
여러분은 아스피린을 복용할 때 병에 있는 주의 사항을 반드시 따라야 한다.

3 Going
go는 자동사여서 능동으로 쓰인다.
그들은 어젯밤 너무 늦게 자서 오늘 매우 피곤하다.

4 Used
use 뒤에 명사가 없으므로 수동으로 쓰인다.
이 시스템은 학교에서 사용되는데 매우 성공적이다.

5 Painted
뒤에 목적어가 없으므로 수동으로 쓰인다.
이 집은 하얗게 칠해져서 더 좋다.

6 changing
뒤에 목적어가 있으므로 능동으로 쓰인다.
나는 오늘 아침 너에게 전화를 했다, 나의 계획을 바꾸려고.

7 knowing
뒤에 his address라는 목적어가 있으므로 현재분사가 와야 한다.
나는 그의 주소를 알지 못해서 연락할 수 없었다.

8 Spending
뒤에 our money라는 목적어가 있으므로 현재분사가 와야 한다.
우리는 우리의 거의 모든 돈을 다 써서 호텔에서 머물 여유가 없었다.

9 Written
뒤에 목적어가 없으므로 수동을 나타내는 과거분사가 와야 한다.
이 책은 쉬운 영어로 쓰여서 초보자에게 알맞다.

10 Being unemployed
뒤에 목적어가 없으므로 수동을 나타내는 과거분사가 와야 한다. Unemployed라고 써도 된다.
Keith는 실직하여서 취직 서류를 쓰는 데 많은 시간을 소비했다.

11 Found
목적어가 없으므로 수동을 나타내는 과거분사가 와야 한다.
그 식물은 안데스 산맥에서만 발견되는데 피부병을 치료하는데 사용된다.

1 **(D)**
접속사 없이 쓸 때에는 분사구문으로, that절이 목적어이므로 능동을 나타내는 현재분사로, Since를 쓰려면 그 뒤에 적어도 동사는 있어야 한다.
담배가 암을 유발할 수도 있다는 알고 많은 사람들이 담배를 끊었다.

2 **(C)**
뒤에 light bulb라는 목적어가 있으므로 능동을 나타내는 현재분사로, 〈having p.p.〉도 능동을 나타낸다.
Thomas Edison은 전구를 발명한 후 계속하여 다른 많은 유용한 발명들을 했다.

3 **(B)**
뒤에 목적어가 없으므로 수동을 나타내는 과거분사가 와야 한다.
Andrew Shredder는 복음 가수로 훈련받고서 리듬 앤 블루의 요소를 포함하여 노래 스타일을 넓혔다.

4 **(A)**
to see를 쓰면「~를 보기 위하여」가 되어 뒷부분과 연결이 자연스럽지 않다.
그녀는 그 개가 자기 쪽으로 다가오는 것을 보고서 길을 급히 건넜다.

5 **(C)**
being written → writing: 주어가 Jane으로 사람이므로 write은 능동으로 쓴다.
Jane은 피플 잡지에 기자로 근무하고, 자기가 만나는 모든 유명인사들에 대하여 글을 쓴다.

6 **(A)**
Noted → Noting: 뒤에 목적어가 있으므로 능동을 나타내는 현재분사가 와야 한다.
그 이사는 연사가 긴장한 것을 알고서 그 연사를 소개하기 전에 농담을 해서 얼음 같은 분위기를 깼다.

7 **(B)**
finding → found: 뒤에 목적어가 없으므로 수동을 나타내는 과거분사가 와야 한다.
동물의 고기에서 보통 발견되는 고급 단백질은 필수 아미노산을 충분히 갖고 있는 단백질이다.

6. 그 밖의 내용들

1 **drove**
while 뒤에 주어 I가 있으므로 drive는 본동사 역할이다.
나는 숙부의 집으로 차를 몰고 가던 중 길을 잘못 들어 출발한 곳으로 다시 돌아왔다.

2 **driving**
while 뒤에 주어가 없으므로 drive는 분사구문이 되어야 한다.
나는 숙부의 집으로 차를 몰고 가던 중 길을 잘못 들어 출발한 곳으로 다시 돌아왔다.

3 **studying**
After 뒤에 주어가 없으므로 분사구문으로, 뒤에 the stars라는 목적어가 있으므로 능동을 나타내는 현재분사가 와야 한다.
중앙아메리카의 고대 마야인들은 별을 연구한 후에 매우 정확한 양력 달력을 만들어냈다.

4 **flies**
앞에 an astronaut라는 주어가 있으므로 fly는 본동사로 주절이 미래이지만 시간의 부사절에서는 단순 현재를 쓴다.
우주 비행사는 우주 임무를 띠고 날아가기 전, 수천의 훈련 시간을 보낸다.

5 **moved**
주어 we가 있으므로 move는 본동사로 주절이 haven't had로 현재완료이므로 since에는 과거시제를 쓴다.
우리는 런던으로 이사 온 후, 극장에 갈 시간이 없었다.

6 **moving**
분사구문의 주어가 없으므로 주절의 주어 we와 같다. we가 move하는 것이므로 현재분사 moving이 적절하다.
우리는 런던으로 이사 온 후, 극장에 갈 시간이 없었다.

7 **Having bought**
then은「그리고 나서」의 뜻이므로 시간의 차이가 있다. 완료분사구문은 주절의 시제보다 더 앞선 과거이다.
우리는 표를 구매하고 나서 극장으로 갔다.

8 **Having traveled**
know는 현재, traveled는 과거로서 시제 차이가 난다.
그는 여행을 많이 했기 때문에 다른 나라에 대해서 많이 알고 있다.

9 **closed**
his eyes와 close는 수동관계이다.
그는 눈을 감은 채로 잠깐 조용히 앉아 있었다.

10 **waving**
her hair와 wave는 능동관계이다.
그녀는 바람에 머리칼을 날리며 그곳에 서 있었다.

11 **T**
접속사 뒤에 분사구문이 올 수 있다. 분사구문이 being으로 시작하면 being은 생략할 수 있다. 따라서 접속사 뒤에 being이 생략된 형용사/명사 등이 올 수 있다.
그녀 아이는 아직 6개월이 안 되었지만, 보조 없이 걸을 수 있었다.

12 **T**
접속사 whether 뒤에 being이 생략되었다.
그는 옳든 그르든 항상 논쟁에서 최악으로 끝난다.

13 **T**
pleased라는 형용사 앞에 being이 생략된 분사구문이다.
James는 하루의 일에 만족하며 휴식을 취했다.

1 (C)

when 뒤에 being이 생략된 분사구문으로 heat은 타동사
이므로 수동태로 쓰였다.
모든 기체와 대부분의 액체 고체는 가열되면 팽창한다.

2 (D)

before 뒤에 주어가 없으므로 분사구문이고, accept 뒤에
목적어가 있으므로 능동을 나타내는 현재분사가 와야 한다.
나는 승진과 함께 다른 도시로의 전근을 받아들이기에 앞
서 전 가족과 충분히 상의할 것이다.

3 (C)

fit은 주로 타동사로 쓰이고, 목적어가 없으므로 수동을 나
타내는 과거분사가 와야 한다.
안경은 잘 맞춰지면 대부분의 시력 결함은 교정할 수 있다.

4 (B)

unprepared는 형용사 취급한다.
나는 그 시험에 준비가 되어 있지 않아서 낮은 점수를 받을
것이라고 확신했다.

5 (D)

when 뒤에 주어가 없으므로 분사구문이고, use 뒤에 목적
어가 있으므로 능동, 시제 차이를 둘 필요가 없으므로 완료
형은 쓰지 않는다.
우리는 사전을 이용할 때 사전 속에 들어 있는 상징들과 생
략 부호들을 이해해야 한다.

6 (C)

〈with + 목적어 + 분사〉구문이다.
이봐, Lisa. 그가 나를 그렇게 쳐다보는데 내가 어떻게 편
안함을 느낄 수 있겠어?

7 (A)

Having eaten → Eating: 완료분사구문을 쓰면 체리 파
이를 다 먹은 후에 씨를 씹었다가 되어 논리가 맞지 않는다.
나는 체리 파이를 먹다가 씨 몇 개를 씹어서 이가 거의 부
러질 뻔했다.

실전 TEST 1   p. 170

1 (C)

tiring → tired: 사람에 대해서는 tired(피곤한)를 쓴다.
나는 그렇게 튼튼하지는 않다. 산을 오른 후 매우 피곤했다.

2 (C)

led → leading: led는 「이끌린」, leading은 「이끄는」
의 의미이다.
Ms 잡지는 1972년에 창간했는데 여권 운동의 선도적인
출판물 중의 하나로 오랫동안 간주하여 왔다.

3 (C)

marked → marking: marked 뒤에 목적어가 있으므
로 능동으로 나타낸다.
Olga와 Ivan은 주의를 기울이지 않았다. 그래서 그들은
고속도로의 출구를 알려주는 표지판을 보지 못했다.

4 (B)

telling → told: telling 뒤에 목적어가 없으므로 수동
으로 나타낸다.
우리나라 사람들 사이에서 17세기에 살았던 한 남자에 대
해 전해지는(말하여지는) 오래된 전설 하나가 있다.

5 (D)

well-dressing → well-dressed: dress는 「옷을 입히
다」라는 타동사이므로 보통 수동을 쓴다.
처음으로 그는 자기의 외모에 주의를 기울여야 했고, 사실
그는 그 이후로 옷을 매우 잘 입게 되었다.

6 (A)

Seriously burned → As he(John) was seriously
burned: 분사구문의 주어와 주절의 주어가 다를 경우에는
접속사 있는 부사절로 쓴다. Seriously burned를 그대로
두면 the doctor가 화상을 입은 것이 되어 논리가 맞지 않
는다.
John이 끔찍한 사고로 심하게 화상을 입었으므로 의사는
John이 (2차) 감염으로부터 보호될 수 있는지 확신할 수
가 없었다.

7 (A)

Comparing → Compared: compare 뒤에 목적어가
없으므로 수동으로 나타낸다.
도시의 삶은 시골의 삶과 비교하여 훨씬 더 복잡하고, 심장
질환과 같은 스트레스 관련 질병을 더 잘 일으킨다.

8 (C)

Asking why → Asked why: he가 질문을 받은 것이
므로 수동으로 나타낸다.
Albert Einstein이 한 때 폭우를 만났을 때, 모자를 벗고
그것을 코트 아래에 넣었다. 왜냐고 질문을 받았을 때, 그
는 비가 자기 머리가 아니라 모자를 망가뜨릴 것이라고 천
천히 설명했다.

9 (C)

racially balancing → racially balanced: balance
는 목적격보어로 school과의 관계가 수동(balance 뒤에
목적어 없음)으로 나타내고, 분사(balanced)를 수식하는
품사는 부사(racially)를 쓴다.
새로운 연구에 따르면 학교를 인종적으로 균형 있게 하려
는 노력이 무익해지고 있다.

10 (A)

Having studied → As she had studied: Having
studied의 주어는 'Sarah,' 주절의 주어는 'Sarah의 발
음'으로 서로 일치하지 않는다.
Sarah는 몇 년 동안 그리스어를 공부해서 그녀의 발음이
이해하기 쉬웠다.

11 (B)

giving → given: give 뒤에 목적어가 없으므로 수동
으로 나타낸다.
지난 토요일 나는 한 친구에 의해 준비된 파티에 참가했다.
내 친구는 집이 다른 마을에 있었는데 내가 갈 수 있어서
매우 즐거워했다.

12 (C)

is located → located: 분사가 되어 city를 수식해야 한다.
세상에서 내가 가장 좋아하는 장소는 브라질의 남쪽 연안에 있는 한 작은 도시이다.

13 (A)

embedding → embedded: dirt(먼지)와 grease(기름)이 끼워져 있는 것이므로 수동으로 나타낸다.
이 액체 약은 깊이 박혀 있는 먼지와 기름때를 제거하여 당신 말의 피부가 더 편하게 숨 쉬게 해준다.

14 (B)

concerning → concerned: concern(염려하게 하다)은 타동사이므로 보통 수동태로 써야 한다.
어떤 영화제작자들은 영화가 어떻게 만들어지는가 보다 무엇이 상영되고 있는가를 더 걱정한다.

15 (C)

walks away → walking away: 〈with + 목적어 + 분사〉의 구문으로 나타낸다.
우승한 제안물은 E-Chron의 연례 기업 경영 대회의 준결승에 진출하게 될 것이고, 우승자는 우승 상금으로 백만 달러를 받고 유유히 걸어나갈 것이다.

16 (D)

affect areas → affected areas: affect는 동사이므로 분사로 만든다.
5억 달러 이상의 보조금이 그 지역으로 쏟아 부어졌지만 그 상당수가 그 영향 받은 지역에 도달하기에는 시간이 걸렸다.

17 (B)

(A) astonished progress → astonishing progress
(C) bored → boring
(D) embarrassed → embarrassing: It은 when이하의 내용이고 그 내용이 우리를 당혹스럽게 한다.
(A) 그녀는 매우 빠르게 배웠다. 놀랄만한 발전을 이루었다.
(B) 나의 직업은 나를 우울하게 만든다.
(C) 그 강연은 지루했다. 나는 잠이 들었다.
(D) 사람들에게 돈을 부탁해야만 할 때 때로는 당혹스럽다.

실전 TEST 2
p.173

1 Standing

뒤의 he engaged 이하가 완전한 주절, stand는 분사구문이 되어야 한다. stand는 자동사이므로 능동으로 나타낸다.
그 장군은 적의 병력이 철군 항해하는 것을 허용하지 않고 그들을 바닷속 깊은 곳으로 보내기로 결정했다. 그는 장군선 높은 곳에 서서 그의 전 함대를 수백 척의 전함과의 싸움에 투입시켰다.

2 calling → called

call 뒤에 명사가 두 개 있으면 능동(calling), call 뒤에 명사가 한 개 있으면 수동(called)으로 나타낸다.
'시카고 대화재'라고 자주 불리는 그 사건은 O' Leary 부인이라는 한 여자 소유의 헛간에서 시작했다. 몇 분 안에 그 도시 전체의 건물들이 화염에 휩싸였다.

3 ②

(A) 〈with + 목적어 + 분사〉의 구문, filmmakers와 turn to는 능동관계이다.
(B) 〈be based on〉은 「~에 근거하다」라는 숙어이므로 앞의 animated film과 base on은 수동관계이다.
서양인들에게 아시아는 호기심의 대상이어서 영화제작자들이 자주 영감을 얻으러 동양으로 발길을 돌린다. 디즈니도 예외는 아니다. 아시아 전설에 근거한 만화 영화인 '불의 반지의 전설'은 디즈니 채널을 통해 현재 방영되고 있다.

4 asked for → asking for

앞의 명사 the single man을 수식하는 분사로 뒤에 spare change라는 목적어가 있으므로 능동으로 나타낸다.
무주택이라는 주제가 떠오르면 전형적으로 대부분의 사람들은 거리 구석에서 잔돈을 구걸하는 독신 남자의 이미지를 떠올린다.

5 ③

(A) 주어인 That이 사람이 아닌 내용이므로 -ing를 쓴다.
(B) Both는 복수 취급한다.
(C) 앞의 명사 a study를 수식하는 분사인데 연구가 이루어지는 것이므로 수동으로 쓴다.
음악을 잘 하는 사람들은 언어도 또한 잘한다. 그것은 놀라운 일이 아니다, 음악 공부와 언어 공부는 공통점이 많기 때문이다. 그 둘은 모두 우리에게 '좋은 귀'를 갖기를 요구한다. 그 둘은 또한 우리에게 우리가 들은 소리를 재생하기를 요구한다. 마지막으로 우리가 음악이나 언어를 배울 때, 우리는 복잡한 규칙도 배워야 한다. 언어에는 그 규칙이 문법과 의미에 관한 것이다. 음악에는 그 규칙이 소리와 리듬에 관한 것이다. 독일에서 이루어진 한 연구에 따르면 우리는 그 두 가지 주제에 대해 뇌의 동일한 부분을 사용한다.

6 ①

(A) locate은 타동사로 locate 뒤에 목적어가 없으므로 분사가 되면 수동인 located가 된다.
(B) 〈부사 + p.p.(분사) + 명사〉의 구조이고, product가 주어이고 동사가 was이므로 product는 복수가 아닌 단수이다.
유전자는 모든 생명체 안에 있는 유전의 작은 단위이다. 1953년에 과학자들은 DNA의 구조를 알아냈는데, DNA란 일정한 형태의 유전자를 포함한 산(酸)이다. 그러나 과학자들은 개별 유전자들을 분리시키고 변화 - 유전공학이라 불리는 과정 - 시키는 것을 1970년대까지는 할 수 없었다. 식품 의약 안전청(FDA)에 의해 승인된 최초의 유전 공학 제품은 인슐린이었다. 당뇨병을 앓는 사람들은 그들의 신체가 당분을 정상적으로 처리하도록 돕는 데에 인슐린을 사용한다.

15 비교표현

1. 비교급의 모양과 의미

• Review TEST 1 ································ p.179

1 busy - busier - busiest

   nice - nicer - nicest

   tidy - tidier - tidiest

   boring - more boring - most boring

   surprised - more surprised - most surprised

   afraid - more afraid - most afraid

   frequent - more frequent - most frequent

   modern - more modern - most modern

   reliable - more reliable - most reliable

   important - more important - most important

   comfortable - more comfortable - most comfortable

   well - better - best

   little - less - least

   many - more - most

   smartly - more smartly - most smartly

2 longer
   아마존 강은 미시시피 강보다 더 길다.

3 thinner
   너는 더 날씬해 보인다. 몸무게가 빠졌니?

4 more beautiful
   그 곡예사는 광대보다 더 아름답다.

5 more exciting
   이 시합은 지난 시합보다 더 흥미롭다.

6 earlier
   너는 아침마다 항상 피곤하다. 좀 더 일찍 자는 것이 좋겠다.

7 worse
   나는 어제보다 몸이 더 안 좋다.

8 elder
   Ann의 여동생은 아직도 학생이다. 언니는 간호사이다.

9 further
   더 이상의 정보가 필요하시면 우리의 본사로 연락해주세요.

10 more big → bigger
    런던은 버밍엄보다 더 크다.

11 옳은 표현
    피아노는 소파보다 더 무겁다.

12 more를 삭제 또는 more → much
    better가 비교급이므로 more는 필요 없다. 또는 more를 비교급 수식어인 much로 바꾼다.
    나의 새 직업은 이전 직업보다 더 좋다.

13 later → latter
    later는 '시간' 은 latter는 '순서' 를 나타낸다.
    21세기를 둘로 나눈 것 중에서 순서가 두 번째인 것을 뜻한다.
    우리는 지금 21세기 후반기에 살고 있다.

• Review TEST 2 ································ p.180

1 (C)
   어떤 아이들은 다른 아이들보다 다루기가 더 어렵다.

2 (B)
   이 상세한 지도는 지도책보다 더 유용하다.

3 (C)
   내가 일본어를 하는 것보다 우리 형이 영어 하는 것이 더 낫다.

4 (D)
   (A), (B)는 뒤의 that절의 연결이 어색하고, replenish(공급하다)는 타동사이므로 수동태로 쓴다.
   보충되는 것보다 더 빠르게 자원을 소비하면 우리는 미래 세대로부터 자원을 사용할 기회를 박탈하고 있는 것이다.

5 (A)
   getting heavy → getting heavier: 뒤에 than이 있는 것으로 보아 비교급이 와야 한다.
   Sandy는 원하는 것보다 더 뚱뚱해지고 있다; 옷이 너무 꽉 낀다.

6 (B)
   closely → more closely: 뒤의 than이 있는 것으로 보아 비교급이 와야 한다.
   땅콩은 견과류라기보다는 콩류에 더 가깝다.

7 (D)
   as him → than him: 앞의 more가 있는 것으로 보아 than이 비교급으로 와야 한다.
   나는 그 이웃에서 그보다 더 똑똑한 사람을 알지 못한다.

2. 비교급 문장 만들기:
문장 구조 이해하기

• Review TEST 1 ································ p.184

1 more expensive than

유화가 수채화보다 더 비싸다.

2 **a greater volume of water than**
전에는 거대한 나일 강이 오늘날보다 더 많은 물을 실어 날랐다.

3 **am**
앞의 동사가 are이므로 than 뒤에 적절한 be동사를 쓴다
너는 나보다 더 크다.

4 **can**
can't로 쓰지 않는다.
나는 그보다 더 빨리 달릴 수 없다.

5 **does**
앞의 동사가 enjoys로 일반동사이므로 than 뒤에는 do동사가 온다.
James는 Susan보다 연극을 더 좋아한다.

6 **do**
앞의 동사가 range로 일반동사이고, apes와 do가 도치된 구문이다.
늑대는 원숭이보다 더 좁은 지역에 퍼져있다.

7 **more deep → deeper**
그 강은 내가 예상했던 것보다 더 깊다, 그래서 나는 돌아가기로 결심했다.

8 **the prime minister → the prime minister's**
비교대상의 일치로 그의 봉급과 수상의 봉급이 비교대상이다.
그의 봉급이 수상의 봉급보다 더 많다.

9 **often → more often**
than이 온 것으로 보아 often의 비교형이 와야 한다.
그는 나보다 극장을 더 자주 간다.

10 **recently → recent**
look의 보어이므로 부사가 아닌 형용사가 필요하다.
이 그림은 17세기 것이야.
—정말? 그보다 더 현대적으로 보인다.

11 **옳은 표현**
다른 연사가 말하기 시작했지만, 나는 전보다 훨씬 더 지루함을 느꼈다.

12 **that → than**
that을 그대로 쓰면 관계사절이 되어 people을 수식하는데 그러면 해석이 어색해진다.
이곳 아래에 관리할 수 있는 것보다 더 많은 사람이 있다.

13 **do herpes → are herpes**
than 뒤의 herpes viruses는 주어이고, 동사는 앞의 is 동사와 일치시켜야 하므로 are를 쓴다.
인간의 papilloma 바이러스가 herpes 바이러스보다 경부 암에 더 밀접하게 관련이 되어 있다.

14 **more greater → greater**
주택 가격의 변동이 가뭄보다 CPI에 더 큰 충격을 준다.

• Review TEST 2 ⸱⸱⸱⸱⸱⸱⸱⸱⸱⸱⸱⸱⸱⸱⸱⸱⸱⸱⸱⸱⸱⸱⸱⸱⸱⸱⸱⸱⸱⸱⸱ p.185

1 **(D)**
비교대상은 일치해야 하므로 that이 앞의 the total weight를 받는 (D)가 적절하다.
이 세상의 모든 개미의 총 무게는 인간의 총 무게보다 더 많이 나간다.

2 **(A)**
비교대상은 western part와 eastern part이다. 동사는 receives이므로 does로 받는다.
그 주의 서부는 동부보다 일반적으로 비가 더 많이 온다.

3 **(D)**
처음부터 ~ more damage to the skin까지가 완전한 절로 than뒤가 또 하나의 절이 온다.
태양으로의 과잉 노출이 유독 물질보다 피부에 더 큰 피해를 준다.

4 **(B)**
비교대상은 some people과 others로 앞의 동사가 are이므로 than 뒤에도 are를 쓴다. are others는 도치된 것이다.
왜 어떤 사람들은 다른 사람들보다 정신적 스트레스 질병에 더 잘 걸리는가?

5 **(B)**
great → greater
현대의 운동선수들은 전 세대의 선수들보다 그들의 행위에 대해 더 많은 봉급을 받는다.

6 **(C)**
rather than → than : than은 하나이므로 비교 rather와 more 중 하나를 없애야 한다.
Tom은 일을 잘하는 것에 대해서 보다 명성에 대해 더 걱정한다.

7 **(D)**
durable → more durable
아주 오래된 인형들은 옷감보다 더 튼튼한 물질로 만들어졌다.

3. 그 밖의 표현들

• Review TEST 1 ⸱⸱⸱⸱⸱⸱⸱⸱⸱⸱⸱⸱⸱⸱⸱⸱⸱⸱⸱⸱⸱⸱⸱⸱⸱⸱⸱⸱⸱⸱⸱ p.191

1 **the more impatient he became**
〈비교급 ~, 비교급 …〉는 「~하면 할수록 …하다」의 의미이다.

2 **The better the weather is, the more crowded the beaches get.**

3 **The more electricity you use, the higher your bill will be.**

4 **옳은 표현**

그녀의 병은 우리가 처음 생각했던 것보다 훨씬 더 심각했다.

5 **very → much**
very는 비교급을 수식할 수 없다.
기차로 가자. 그것이 훨씬 더 싸다.

6 **옳은 표현**
Janet은 작년보다 더욱 약간 더 날씬하게 보인다.

7 **more polluted and polluted → more and more polluted**
세계의 바다와 강의 상당수가 점점 더 오염되어 간다.

8 **옳은 표현**
Laura는 전에는 비행을 싫어했지만, 지금은 비행에 대해 덜 긴장감을 느낀다.

9 **more older → older**
나의 할머니가 늙어가면 갈수록 점점 더 건망증이 심해진다.

10 **more better → (much) better**
비교급을 중복해서 쓰면 안 된다.
나는 그것을 훨씬 더 잘할 수도 있었을 것이다.

11 **athletic more → more athletic**
athletic의 비교급 표현이 와야 한다.
Tom은 더는 예전만큼 운동을 잘하지 못한다.

12 **옳은 표현**
more than이 「무척, 매우」의 뜻으로 쓰였다.
너의 돈을 갖는다면 우리는 너무 행복할 것이다.

13 **him → he**
his sister와 he가 비교대상으로 모두 주어이다.
그의 여동생은 그보다 덜 똑똑하다.

14 **naughtier → more naughty**
동일인 비교에 대해 쓰는 〈more A than B〉의 구문을 써야 한다.
Sam은 정말 나쁜 아이가 아니다. 부정직하다기보다는 개구쟁이이다.

15 **no more → no less**
전체가 긍정의 뜻이 되어야 한다. no more가 되면 전체가 부정의 의미이다.

16 **I'm not → I'm**
than 뒤에는 부정의 의미일지라도 not을 쓰지 않는다.

17 **big and big → bigger and bigger**

• **Review TEST 2** p.192

1 **(A)**
<the 비교급, the 비교급> 구문으로 old의 비교급은 older이다.
Mark는 나이가 들면 들수록 그의 할아버지를 닮는다.

2 **(C)**
비교급 수식은 much, far, even, still로 한다.

나의 새 직업은 멋있다. 이전 직업보다 훨씬 더 좋다.

3 **(D)**
비교급의 반복으로 나타낼 수 있다.
이 장소는 여름마다 관광객들로 인해 점점 더 붐빈다.

4 **(C)**
〈no+우등비교+than〉은 전체가 부정의 의미이다.
네가 불어를 못하는 것처럼 그도 독일어를 못한다.

---

4. 원급

• **Review TEST 1** p.197

1 **than → as**
앞의 as를 more로 바꿀 수도 있으나 그러면 내용이 약간 어색하다.
그것은 브라질만큼 들떠있고 꿈이 있는 나라에서만 예상되는 것이다.

2 **quickly → quick**
is의 보어이므로 형용사가 필요하다.
걸어가자. 그것은 버스를 타는 것만큼 빠르다.

3 **the United States → that of the United States**
비교대상의 일치 문제로 그 나라의 인구와 미국의 인구를 비교한다.
그 나라의 인구는 미국 인구의 절반이라고 예상된다.

4 **very pleasant → so/as pleasant**
뒤의 a place와의 어순으로 볼 때도 그렇고, 그 뒤의 as와의 관계에서도 so라는 원급으로 고치는 것이 적절하다.
다운타운 호텔은 스트랜드 호텔만큼 머물기에 유쾌한 장소가 아니다.

5 **we are → we have**
그들은 우리(가 산 것)만큼 이곳에서 오래 살지 않았다.

6 **so, high**
원급의 부정은 열등비교와 같다.
나의 봉급은 너의 것만큼 많지 않다.

7 **so, many, as**
few의 반대는 many이다.
이번 회의에는 지난번 회의만큼 사람들이 많지 않았다.

8 **as, big, as**
the same ~은 원급과 같다.
그 테이블은 그 책상만큼 크다.

9 **four, times**

10 **half, half, size**

11 **same, as**

1 (A)
원급에서 두 번째에는 반드시 as만 써야 한다.
다행히도 나의 새 상관은 지난 상관 Crossley 부인만큼 무뚝뚝하지 않다.

2 (D)
비교대상의 일치 문제로 that은 the social system을 가리킨다.
땅벌의 사회체계는 꿀벌의 사회체계만큼 복잡하지 않다.

3 (C)
일본인들은 미국인들보다 생선을 먹는 것이 7배나 된다.

4 (C)
since → as: 비교대상이 from peers와 from instructors이다. 따라서 〈as ~ as〉의 원급으로 쓴다.
연구의 결과 대학생들은 강사로부터 배우는 것만큼이나 동년배들로부터도 배울 수 있다.

5 (C)
very → so/as: 뒤의 as가 있는 것으로 보아 as가 와야 한다.
연구의 결과 그 새 전략이 이전 전략만큼 효율적이지 않다.

6 (C)
that → as: as ~ as one can은 강조 구문이다.
생산적인 사고와 함께, 사람들은 가능한 많은 대안 방법을 생산해 낸다.

7 (C)
are less → is as: 주어가 contribution으로 단수로 뒤의 as와 함께 원급을 나타낸다.
물리학과 수학에 대한 Einstein의 기여는 Newton의 기여만큼이나 중요하다고 과학자들이 최근에 주장했다.

5. 최상급

1 the cheapest
그곳은 매우 싼 음식점이다. 그것은 마을에서 가장 값싼 음식점이다.

2 the most valuable
그것은 매우 귀중한 그림이다. 그것은 화랑에서 가장 귀중한 그림이다.

3 the most boring
나는 그러한 지루한 영화는 본 적이 없다. 그것은 내가 본 가장 지루한 영화이다.

4 the least
나는 세상에서 음악적 재능이 가장 없는 사람이다.

5 largest

large를 그대로 쓸 수도 있지만 뒤의 in the country로 미루어 largest가 더 적절하다.
그것은 이 나라에서 가장 큰 회사이다.

6 longer
〈the + 비교급 + of the two〉는 「둘 중에서 더 ~한」의 의미이다.
그 두 개의 코트 중 어느 것이 더 기니?

7 in
장소명사인 the hotel 앞에는 전치사 in이 와야 한다.
우리는 호텔에서 가장 멋진 객실 중 하나를 얻게 되어 운이 좋았다.

8 of
day와 week는 같은 종류의 명사이다.
금요일은 일주일 중 가장 바쁜 날이다.

9 F
of the town → in the town: town이 장소명사이므로 of를 in으로 고쳐야 한다.
저기 저 집이 마을에서 가장 오래된 집이다.

10 T
most는 very에 해당하는 강조어이다.
네가 나에게 빌려준 그 책은 가장 재미있었다.

11 F
The most → Most: most는 부정대명사이다.
대부분의 십대 아이들은 파티에 가고 싶어 한다.

12 F
taller → the tallest: 세 사람을 비교하고 있으므로 최상급이 와야 한다.
John, Mary, Sue 중에서 누가 가장 키가 크니?

13 F
the most → most: most는 최상급이 아니라 very에 해당하는 강조어이다.
그 돈에 대해 고맙다. 너는 참으로 마음씨가 넓구나.

14 more, time
〈부정주어 + 비교급 ~ than…〉은 비교급으로 최상급을 표현할 수 있다.

15 more, than
비교급으로 최상급의 의미를 표현한다.

1 (B)
최상급이 병치로 연결한다.
이번 세기 초에 지어진 의회 도서관은 세상에서 가장 크고 가장 멋진 장서를 간직하고 있다.

2 (A)
I've ever met으로 미루어 최상 표현이 적절하다.
그녀는 내가 만난 적이 있는 사람 중 가장 불친절한 사람이었다.

3 (C)
the hardier → the hardiest: 앞의 three가 있으므로 최상급이 와야 한다.
나의 아파트에 있는 세 개의 식물 중 가장 강한 담쟁이덩굴만이 겨울을 지낼 수 있었다.

4 (C)
any another → any other: any가 a의 역할을 하며 비교급 구문 〈비교급+ than any other + 단수명사〉가 최상급의 의미를 나타낸다.
쟁기의 발달은 다른 어떤 기술 발전보다 농업에 중요했다.

5 (D)
highest → higher: 앞에 both는 둘을 나타낸다.
비록 그 둘 다 장학금을 타려고 했지만 그가 더 높은 성적을 받았다.

실전 TEST 1   p.206

1 (A)
뒤의 as가 있는 것으로 보아 as가 와야 한다.
나쁜 점은 그 출퇴근이 이전 직업에서만큼 단순하지 않다는 것이다.

2 (C)
뒤의 than이 있는 것으로 보아 비교급이 와야 한다.
그 회사는 한 그룹의 지원자들을 다른 그룹보다 더 많이 고용하려 한다.

3 (C)
비교대상의 일치 문제로 자동차 사고와 비행기 사고가 비교대상이다.
자동차 사고는 비행기 사고보다 훨씬 더 빈번하다.

4 (C)
very는 exciting을 수식할 수 있지만 그러면 뒤의 of 이하와의 연결이 어색하고, by far는 최상급을 수식하는 어구이다.
개의 특질 중 가장 재미있는 특질은 타고난 열심히 일하는 능력이다.

5 (D)
John, 어떤 호텔을 추천해줄래?
―글쎄, 이 호텔에 머무는 것이 저 호텔에 머무는 것보다 두 배 비용이 들어.

6 (B)
〈the 비교급, the 비교급〉의 구문으로 (C)의 more는 「많이」라는 뜻이 되어 앞과의 연결이 옳지 못하다.
그 건물이 일찍 준공될수록 회사는 새 사무실을 그만큼 일찍 개설할 수 있을 것이다.

7 (D)
나는 그의 형이 머리가 좋다기보다는 현명하다고 생각한다.

8 (D)
〈three times + 명사〉 구문으로 배수사와 명사 사이에 아무 단어도 쓰지 않는다.

이 푸른 상자는 저 붉은 상자 크기의 세 배이다.

9 (D)
비교대상인 facilities(시설)는 복수로 those는 the facilities를 가리킨다.
그 오래된 호텔의 시설은 새 호텔의 시설만큼 좋거나 그 이상이다.

10 (B)
비교대상의 일치 문제로 the rays를 those로 받는다.
그 새 요소에서 나오는 광선은 우라늄에 의해 방출되는 광선보다 5백만 배나 더 강했다.

11 (C)
어떤 사실을 강조할 때 원급을 쓰기도 한다. New England가 먼 동쪽에 있음을 강조하는 표현이다.
토네이도가 New England만큼의 먼 동쪽에서도 가끔 발생한다.

12 (D)
〈배수사 + 원급〉의 구문으로 as 뒤의 is the Earth는 도치된 것이다.
해왕성이 태양에서 떨어져 있는 거리는 지구가 태양에서 떨어져 있는 거리의 30배가 된다.

13 (C)
〈no later than A〉은 「A 이내에」라는 숙어이다.
그 지원은 언제가 마감이니?
―지원서를 오늘 오후 5시까지 제출해야 해.

14 (A)
〈not so much A as B〉는 「A가 아니라 B이다」의 구문이다.
그 최근의 연구에 따르면, 사람의 관심은 다른 신호의 강도에 의해서가 아니라 그 신호의 내용과 의미에 의해서 이끌린다.

15 (B)
occurs라는 동사를 수식하므로 부사인 frequently를 쓴다.
서리는 인접한 언덕에서보다 계곡과 얕은 지역에서 더 자주 발생한다.

16 (D)
정확한 비교급의 모양은 (D)뿐이다.
그 시험은 매우 어려웠다. ―자, 변명은 하지 마. 너만큼 똑똑하지 못한 다른 아이들도 합격했어.

17 (C)
뒤의 ever절이 힌트가 되어 여기에는 최상급을 쓴다.
그 음식점은 Dooley 씨가 먹어본 적이 있었던 것 중 가장 맛있는 파이를 제공했다.

18 (B)
비교급이므로 비교급 수식어인 much가 적절하다.
이 과는 저번 과보다 훨씬 더 쉽다.

19 (C)
(A)는 has의 목적어로 populous라는 형용사가 와서 어색하다.
(B)는 country와 population이 같다로 되어 어색하다.
(D)는 population과 미국의 크기가 비교대상이 되어 어색

하다.
그 나라에는 미국의 인구의 절반이 있다고 추정된다.

20 (C)
두 명을 비교하므로 비교급을 쓴다.
그 두 명의 후보자 중에서 Grant 씨가 더 적합하다고 생각한다.

21 (A)
less가 있는 열등비교이고 than 뒤는 도치되었다.
소음공해가 대기오염보다 일반적으로 관심을 덜 끈다.

22 (D)
최상급 뒤에 ever가 들어간 관계사절이 왔다.
'육아'는 지금까지 읽은 것 중 가장 폭넓게 읽힌 육아서이고, 그 저자인 Benjamin Spock은 지금까지 살았던 사람 중에서 가장 유명한 소아과 의사이다.

23 (A)
⟨no more ~ than⟩의 구문으로 전체가 부정의 의미이지만 than 뒤에는 부정의 형식을 쓰지 않는다.
우리는 빛을 시각장애인에게 설명할 수 없듯이 열정을 경험하지 못한 사람에게 열정을 설명할 수 없다.

24 (C)
전체가 긍정의 의미를 나타내야 하므로 ⟨no less ~ than⟩의 형식을 써야 한다.
(A) 그녀는 누이만큼 예쁘지 않다.
(B) 그녀는 미인이 아니라 누이이다.(not so much A as B의 구문)
(D) 그녀는 누이보다 아름답지 않다.

실전 TEST 2   p.210

1 than
cheaper ~ than의 비교급 구문이다.
또 어떤 때에는 영화 세트가 '현장에서' 만들어진다, 현장에서란 스튜디오 밖을 의미한다. 이것은 영화 제작자로 하여금 실제 물리적 풍경을 영화의 장면으로 사용할 수 있게 해준다. 영화가 강, 산 또는 정글을 요구하면 실제 장소에서 영화를 찍는 것이 모형 장면을 만드는 것보다 값이 더 쌀 수도 있다.

2 the better it is
⟨the 비교급 ~ the 비교급···⟩ 구문이다.
다른 모든 근육과 마찬가지로 심장은 사용함에 따라 더 튼튼해진다. 운동은 규칙적이어야 하고 자주 해야 한다. 그리고 운동이 더 활발할수록 그만큼 당신의 건강에 좋다. 열심히 수영하는 것이 공원에서 산책하는 것보다 당신의 건강에 더 좋다.

3 than that of antlers
faster가 있으므로 than이 필요하고 비교대상이 일치해야 하므로 bone growth에 해당하는 that이 필요하다.
4~5개월 후면 수컷 사슴의 뿔은 완전하다. 사슴뿔은 두개골의 이마 뼈에 작은 융기로 시작한다. 이 융기를 감싸는 껍질 또는 벨벳은 융기와 함께 자란다. 늦여름에 사슴뿔은

성장을 멈춘다. 봄의 짝짓기 시즌이 끝날 무렵에 사슴뿔은 떨어져 나가고 새로운 세트가 자라게 된다. 생물학자들은 사슴뿔의 뼈 성장보다 더 빠른 뼈 성장을 알지 못한다.

4 more
⟨more than 숫자⟩는 「그 숫자 이상」의 뜻이다.
Hale County의 Farm & Ranch 박물관에서 여러분은 말이 끄는 기계에서부터 거대한 증기 트랙터에 이르기까지 200개가 넘는 농사 장비 견본을 발견할 수 있다.

5 ④
as from the challenge → than from the challenge : 앞의 less와 함께 비교급 구문이다.
큰 폭의 임금 상승은 여러분을 직장에 대해 행복을 느끼게 만든다. 일이 그렇게 중요하다면, 봉급 규모는 직업 만족의 척도가 되지 않을까? 미국인들은 척도가 된다고 생각한다. 작년에 행해진 한 조사에 의하면 응답자의 거의 70퍼센트가 자신의 가족이 가구수입이 두 배로 늘어나면 더 행복할 것이라고 말했다. 그러나 여러 연구에 따르면 직업 만족은 사람들이 얼마나 버느냐보다 그들 직업의 도전성으로부터 온다고 한다. 사람을 집중시키지 못하는 일은 봉급이 아무리 많아도 가치가 없는 것 같다.

6 ②
(A) to부정사이므로 동사원형인 surprise를 써야 한다.
(B) most는 뒤에 형용사나 부사가 있어야 그 형용사/부사의 최상급이 되고, best는 good의 최상급이다.
(C) 긍정의 원급은 so ~ as가 아니라 as ~ as가 적절하다.
주 연주곡목에서 작품을 선택하는 것은 사람들을 놀라게 하지 못할 것이다. 현실적으로 대부분의 연주자들은 명성을 굳히려고 이러한 연주곡목을 연주해야만 할 것이다. 그러나 주 연주곡목은 최고의 연주곡목과 반드시 일치하지는 않는다. 다른 작품과는 달리 어떤 특정한 작품이 유명해지는 데에는 몇 가지 이유가 있다. 그리고 이러한 이유들은 그 음악의 탁월한 특징과 관련이 있는 것만큼이나 음악의 역사적 유용성과도 관련이 있다.

16 가정법

1. if문장
2. 직설법과 가정법
3. if절 가정법

• Review TEST 1 ························· p.218

1 **그대로**
주절의 will과 상응해야 한다.
우리가 기름과 석탄을 더 많이 사용하면 오염이 늘어날 것이다.

2 **were**
주절의 would과 상응한다.
내가 너라면 그 직업에 지원할 텐데.

3 **won**
주절의 might와 상응한다.
내가 큰 돈이 생기면 직장을 그만둘 텐데.

4 **If he had set his alarm, Matthew would not have overslept.**
과거사실을 가정법으로 만들면 가정법 과거완료가 된다.
Matthew가 알람시계를 작동시켰다면 늦잠을 자지 않았을 것이다.

5 **If he had not got to the station in time, Tom would have missed the train.**
과거시제의 가정법이므로 가정법 과거완료가 된다.
Tom이 제때에 역에 도착하지 못했더라면 기차를 놓쳤을 것이다.

6 **had missed**
뒤의 would have been과 상응해야 한다.
그가 기차를 놓쳤더라면 면접에 늦었을 것이다.

7 **went**
next week가 미래시점을 나타낸다. 미래시제의 가정법은 가정법 과거이다.
우리가 다음 주 그들의 파티에 간다면 그들은 매우 놀랄 것이다.

8 **will speak**
if절의 get이 현재시제이다.
기회가 있으면 오늘 상관에게 휴가에 대해 이야기를 할 것이다.

9 **be → were / take → would take**
우주비행사가 아니라고 했으므로, 가정법 과거가 되어야 한다.
나는 우주비행사가 아니다. 내가 우주비행사라면, 다음 우주여행에 카메라를 직접 가져갈 것이다.

10 **be → is / cancel → will be canceled**
tomorrow가 있으므로, 가정법이 아닌 직설법으로 표현한다.
선생님이 오늘 결근하셨다. 그래서 수업이 취소되었다. 내일 결근하면 내일의 수업이 또 취소될 것이다.

11 **tell → had told / give → would have given**
실제 과거사실이므로 이를 가정법으로 바꾸면 가정법 과거완료가 된다.
네가 공항까지 택시를 타야만 했다니 미안하다. 네가 자동차를 필요로 한다는 것을 몰랐어. 네가 나에게 말했더라면 너를 기꺼이 태워 주었을 텐데.

• Review TEST 2 ························· p.219

1 **(D)**
if절의 had taken이 힌트이다.
그 화산 폭발이 하와이에서 발생했더라면 뉴욕에 살고 있는 사람도 그것을 들었을 것이다.

2 **(D)**
내가 네가 되는 것은 실제 불가능하므로 가정법이다.
내가 너라면 그 전화에 응답하지 않을 것이다.

3 **(D)**
뒤의 might have failed가 힌트이다.
네가 내 친구에게 적시에 조언을 하지 않았더라면 그는 그 사업에서 실패했을지도 모른다.

4 **(A)**
주절의 will로 미루어 직설법이다. 조건절에는 현재시제가 온다.
그가 다음 달에 준비가 된다면 아메리카로 갈 것이다.

5 **(A)**
가정법 과거완료이다.
독일어에 대해 어떻게 생각하니? — 독일어가 그렇게 어렵다는 것을 알았더라면 수강하지 않았을 거야.

6 **(C)**
태양에 가까이 가면 어떤 일어날지 아무도 모르므로 직설법보다는 가정법이 적절하다. would를 will로 고쳐 직설법으로도 생각할 수 있으나, 그렇더라도 앞의 warned가 과거이므로 flow를 flowed로 써야 한다.
Daedalus는 아들에게 태양에 너무 가까이 날아가면 무슨 일이 일어날지 모른다고 경고했다.

7 **(D)**
if절의 are와 soon으로 미루어 미래임을 알 수 있다(조건의 부사절에서는 미래대신에 현재를 쓴다). 주절에는 미래 조동사 will이 필요하므로 will become이 되어야 한다.
교통 문제가 곧 해결되지 않는다면 도시에서의 운전은 불가능해질 것이다.

8 **(B)**
if절이 had received이므로 주절에 해당하는 can prevent를 could have prevented(가정법 과거완료 형태)로 고

처야 한다.
그 첩보원들이 녹색 불(신호)을 좀 더 일찍 받았더라면 그 공격을 예방할 수 있었을 것인지는 결코 알 수 없을 것이다.

4. 그 밖의 사항들

• Review TEST 1 ·············· p.224

1 **If I had eaten breakfast, I would not be hungry now.**
if절과 주절의 시제가 다른 혼합가정법이다.
내가 아침식사를 했더라면 지금 배고프지 않을 텐데.

2 **If she had not been studying, Carol would have answered the phone.**
가정법 과거완료로 표현될 수 있다.
Carol이 공부하고 있지 않았더라면 그 전화를 받았을 것이다.

3 **If she had got some sleep last night, Rita would not be exhausted today.**
if절과 주절의 시제가 다른 혼합가정법이다. 부정문의 any는 긍정문의 some으로 바뀌어야 한다.
Rita가 어젯밤에 잠을 좀 잤더라면 오늘 피곤하지 않을 텐데.

4 **have helped**
둘 다 같은 시점이므로 앞의 had known의 시제를 따라 뒤에도 have helped로 쓴다. Had he known은 If he had known과 같은 표현이다.
그가 나의 어려움을 알았더라면 틀림없이 나를 도왔을 것이다.

5 **had had / be**
in the morning은 과거시점이므로 가정법 과거완료, now는 현재시점이므로 가정법 과거로 표현한다.
네가 오전에 아침식사를 했더라면 지금 배고프지 않을 텐데.

6 **be**
가정법 과거 Were it not for ~는 If it were not for ~와 같은 표현이다.
너의 도움이 없다면 나는 집 없는 사람이 될 것이다.

7 **be**
then은 과거시점, now는 현재시점이다.
네가 그때 내 말을 들었더라면 지금 어려움에 처해 있지 않을 것이다.

8 **without**
without은 if it had not been for의 뜻이며, unless는 접속사이다.
John이 없었더라면 우리는 그것을 해내지 못했을 것이다.

9 **would have returned**

과거사실에 대한 가정법이므로 가정법 과거완료가 되어야 한다.
나는 어젯밤 자정이 한참 지나서야 집에 들어갔다. 그렇지 않았다면 너의 전화에 답전화를 했을 것이다.

10 **forgot**
〈가정법 + but + 직설법〉 구문으로, 가정법이 과거완료이므로 직설법 시제는 과거로 쓴다.
Sara의 아빠가 Sara를 태워 주었을 것이다, 그러나 나는 Sara가 자동차가 필요하다는 것을 깜빡 잊고 그의 아빠에게 말하지 못했다.

11 **had not been for the storms**
가정법 과거완료이다.
폭풍우가 없었더라면 우리는 많은 수확을 거두었을 것이다.

12 **were not for your help**
가정법 과거이다.
너의 도움이 없다면 우리는 궁지에 몰릴 것이다.

• Review TEST 2 ·············· p.225

1 **(B)**
If you should see Tom = Should you see Tom이다. 가정법 문장에서는 if를 생략하여 그 뒤를 도치할 수 있고, 직설법 문장에서는 그렇게 하지 못한다. If ~ should은 가정법 미래이다.
네가 혹시 Tom을 만나거든 나에게 전화하라고 전해 줘.

2 **(B)**
Had she listened = If she had listened이다. 주절의 would not have failed가 가정법 과거이다.
Jane Austen 양이 내말을 들었더라면 실패하지 않았을 것이다.

3 **(A)**
if절에 then(과거시점)이 있으므로 가정법 과거완료가 되어야 한다.
내가 그때 너의 충고를 따랐더라면 지금 더 행복할 텐데.

4 **(B)**
가정법 과거완료이므로 가정법 과거인 (B)는 제외된다. without과 but for는 가정법과거와 과거완료 모두에 쓸 수 있다.
너의 도움이 없었더라면 나는 실패했을 것이다.

5. if절 이외의 가정법

• Review TEST 1 ·············· p.232

1 **should / help**
insist 뒤에 should를 써서, 명령 가정법을 나타낸다.

그는 내가 자기를 도와야 한다고 주장했다.

2 had / gone
직설법 시제가 과거(went)이므로 가정법 과거완료로 표현한다.
그 여자는 우산 없이 빗속으로 나가지 않았었더라면 하고 바란다.

3 knew
직설법 현재(know)이므로, 가정법 과거가 된다.
나는 사람들에게 어떻게 말해야 할지 알면 좋겠다.

4 were
Tim이 상관이 아니라고 했으므로 as if 뒤에는 가정법이 와야 한다.
Tim은 마치 상관인 것처럼 행동한다.

5 needs
앞에서 피곤하다고 했으므로 as if 뒤에는 직설법 문장이 와야 한다.
Tom은 매우 피곤해 보인다. 휴식이 필요한 것 같다.

6 do
essential 뒤에 that절이 오면 〈(should+)원형〉을 쓴다.
너는 그것을 혼자 해야 한다.

7 was
it's time 뒤에는 과거시제를 쓴다.
도심의 교통문제에 대하여 무언가 조치가 이루어져야 할 때이다.

8 be mailed
request 동사도 뒤에 〈(should+)원형〉을 쓴다.
그 이사는 모든 소포가 본사에서 발송되어야 한다고 요청한다.

9 became
would rather 뒤에 절이 오면 시제는 가정법을 쓴다.
Jim의 부모는 Jim이 의사가 되기를 바란다.

10 afford
뒤에 now가 있으므로 가정법 과거이다.
나는 지금 새 차 하나를 살 수 있으면 좋겠다.

11 act
imperative 뒤의 that절 속에는 〈(should+)원형〉을 쓴다.
그는 가능한 자연스럽게 행동할 것이 요구되었다.

12 would listen
If only는 I wish와 같으므로 그 뒤에 현재형인 listen은 쓸 수 없다. I wish 뒤에 would이 오면 불만을 나타낸다.
Daniel은 매우 고집이 세다. 제발 내 말을 들으면 좋겠는데.

13 go
necessary는 뒤의 that절 속에 〈(should+)원형〉을 필요로 한다.
그는 그곳에 꼭 가야 한다.

14 phoned
would rather 뒤에는 과거시제가 온다.

나는 네가 내 대신 Tom에게 전화하면 좋겠다.

15 should be
issued an order는 order(명령하다)와 같은 뜻이다. order 동사 뒤 that절 속에도 should을 쓴다.
경찰은 모든 무기가 즉시 반납되어야 한다는 명령을 내렸다.

• Review TEST 2 ·································· p.233

1 (C)
suggest 뒤 that절 속에 〈(should+)원형〉이 온다.
나는 그가 즉시 떠나야 한다고 제안한다.

2 (B)
뒤의 would have stopped가 가정법 과거완료이다.
내가 너를 보았더라면 좋았을 걸. 그랬으면 너와 이야기하기 위해 멈추었을 것이다.

3 (D)
recommend이므로 that절 속에 〈(should+)원형〉을 쓴다.
학습자가 단어를 연상하고 이름을 외우기 위해서는 심상을 이용해야 한다고 많은 심리학자들이 권했다.

4 (B)
remembers를 remember로 바꾸어야 하는데, insist가 힌트이다.
자연이 주는 교훈은 타당성이 없어 보여도 이후에 오랫동안 기억해야 한다고 전통의 지혜는 강조한다.

5 (D)
실제로 일이 발생한 것이므로 as though 뒤에는 가정법을 쓴다. 즉, had happened로 고친다.
비록 그 소식이 방 안에 있는 모두에게 놀라움으로 다가왔지만, 모두는 마치 아무 일도 일어나지 않은 것처럼 자기의 일을 계속하려고 했다.

6 (B)
puts → put: it's about time 뒤에 that절 속에는 과거시제를 쓰므로, put으로 고친다.
여성의 평등을 위해 싸우는 사람들은 미국이 지폐에 여자 초상화를 넣을 때가 되었다고 말한다.

실전 TEST 1 p.234

1 (B)
직설법이다.
네가 나의 모든 질문에 대답하지 않는다면 나는 너를 돕기 위해 어떤 것도 할 수 없다.

2 (C)
가정법 과거이다.
내가 너라면 내일 시합 전에 어느 정도 휴식을 취할 것이다.

3 (B)

가정법 과거완료이다.

내가 잠깐 멈추었을 때, Sam이 마치 나의 생각을 읽은 것처럼 내 대신 문장을 완성해 주었다.

4 (D)

가정법 과거완료로, Had it prepared = If it had prepared이다.

그 팀이 준비를 더 잘했더라면 상대방을 이길 수 있었을 것이다.

5 (D)

뒤의 we had는 우리가 실제로 보냈던 과거시점을 나타내므로 가정법으로 쓰려면 과거완료가 된다.

나는 우리가 함께 보냈던 그 시간 동안에 서로를 더 잘 알게 되었더라면 하고 바란다.

6 (C)

it's about time 뒤에는 과거시제가 온다.

그 이유가 무엇인지 이제 그녀가 알아야 할 때이다.

7 (B)

혼합가정법이다.

나의 후보자가 선거에서 이겼더라면 나는 지금 행복할 것이다.

8 (C)

essential 뒤 that절 속에는 〈should(+원형)〉을 쓴다.

어제 연안에 지진이 있었다. 다행이 인명 손실은 없었다. 그러나 안벽(岸壁)이 붕괴할 위험 때문에 그 지역은 즉시 철수되어야 했다.

9 (C)

보모가 없었더라면, 그들은 어젯밤 록 콘서트에 갈 수 없었을 것이다.

10 (D)

앞 문장의 walked가 과거시제이고, 가정법은 이 과거시제에 반대이므로 과거완료가 옳다. 뒤의 she would regret의 would는 추측의 의미이지 가정법은 아니다.

Marge는 그 토론장에서 걸어 나갔다. 그렇지 않았더라면 나중에 후회할 무언가를 말했을지도 모른다.

11 (C)

앞의 Had I known은 If I had known과 같고, 주절에도 이에 상응하여 과거완료를 쓴다.

그 목수가 나타나는 데 3일 걸린다는 것을 알았더라면 나는 재료를 얻어 그 일을 직접 했을 것이다. (그러면) 그 일은 지금쯤 끝나 있을 텐데.

12 (B)

would kill ~이 가정법 과거임을 나타낸다.

세균이 몸 안으로 들어가자마자 그들과 싸우기 위해 즉시 달려가는 작은 방어자들이 없다면 세균들은 모든 살아있는 물질을 죽일 것이다.

13 (A)

necessary가 힌트이다.

Jane은 그 세미나에 참석해야 한다.

14 (A)

has → had: 주절의 동사가 could nourish로 가정법 과거이다.

낙타가 일정 기간 동안 음식 없이 지내야 한다면 혹에 있는 지방이 며칠 동안은 낙타에게 영양을 공급할 수 있다.

15 (C)

wish 뒤에는 가정법 동사를 쓴다.

그 시골 학교에는 파탄 가정의 자녀들이 꽤 많았다. 교장은 완전한 가정이 더 많았더라면 하고 바랐다.

16 (B)

needing → need: If a foreign student should need가 변형된 형태이다.

외국 학생이 도움이 필요하면 외국 학생 담당자를 찾아가야 한다.

17 (B)

현재 중국 공장을 이용하고 있고, 누구나 그럴 것이기(값이 싸기 때문) 때문에 중국 공장을 이용하지 않는다는 것은 가정법이다.

미국의 골프채 생산업자들은 왜 아직도 중국 공장들을 이용하나요? 우리가 그렇게 하지 않으면 당신이 갖고 있는 400달러짜리 골프채는 1000달러가 될 것이라고 Adams가 말한다.

18 (A)

With → Without: 뒤의 I would have ~과 내용으로 미루어 「~이 없다면」의 without이 옳다.

우리 부모님의 도움이 없었다면, 나는 아마도 완전히 엉망이 되었을 것이다. 그러나 그럭저럭 버틸 수 있었다.

19 (D)

had crashed → was going to crash: 버스가 실제로 기울어져 있는 것이므로 as if 뒤는 직설법이다.

버스가 오른 쪽으로 위험하게 기울어져 있었고, 언제라도 쓰러질 것처럼 보였다.

20 (D)

becomes → become: insist 뒤의 that절 속에 overcome과 become이 병렬로 쓰인 것이다.

유럽은 그 자신의 분열을 극복하고 지역 통치의 모델이 되어야 한다고 전문가들이 주장한다.

실전 TEST 2 p.237

1 would be

앞 if절의 tried에 맞추어 주절에는 〈would+원형〉을 쓴다.

아프리카의 종교와 의식은 유럽인들에게 매우 이상하게 보였다. 그러나 그 종교와 의식은 모두 논리적인 방식으로 결합되어 있다. 만약 유럽인들이 아프리카의 종교와 의식을 바꾸려 했다면 아프리카의 삶은 전보다 더 나빠졌을 것이라고 Mary는 확신했다.

2 ①

had been kept → have been kept: 앞의 insist가 있으므로 동사원형으로 쓴다.

대통령은 수술이 비밀로 되어야 한다고 고집했다. 그의 건강에 대한 걱정들이 그 나라가 당시에 직면하고 있는 어려운 경제 문제를 악화시킬지도 모른다고 그는 걱정했다.

3 ⑤
(A) 주절이 he could have told로 과거완료이므로, if 대신에 although가 쓰였어도 had been이 되어야 한다.
(B) 과거 시점에서의 가정법이므로 과거완료이다.
(C) machine은 가산 명사인데 주어가 they(복수)이므로 be동사 뒤에서 복수인 machines로 쓴다.

미래를 내다볼 수 있는 천재가 100년 전에 있었더라면 어땠을까? 비록 이 남자 스스로가 컴퓨터 같은 기계를 만들어내지는 못했을지라도 그러한 기계가 21세기에는 생겨날 것이라고 사람들에게 말을 할 수는 있었을 것이다. (그렇다면) 모든 사람들은 그가 미쳤다고 생각했을 것이다. 그러나 오늘날 사람들에게 컴퓨터의 힘을 믿으라고 강요할 필요는 없어졌다. 컴퓨터는 우리의 일상생활에서 전화만큼이나 평범한 것이 되어버렸다. 컴퓨터는 삶의 대부분 영역에서 사용될 수 있는 엄청 강력한 기계이다.

17 도치 · 일치 · 병치 강조 · 생략

Chapter

1. 도치

• Review TEST 1 ······ p.246

1 **Away ran the terrified boy.**
away가 부사이므로 일반 도치가 일어난다.
그 겁에 질린 아이는 도망가 버렸다.

2 **Only in this way was she able to complete the report by the deadline.**
부정어(only)가 문두에 오면 정동사 도치를 한다.
이러한 방법으로만 그 여자는 보고서를 마감시한까지 완성할 수 있었다.

3 **Never does she come home late.**
Never는 부정어이므로 정동사 도치가 일어난다.
결코 그 여자는 집에 늦게 오지 않는다.

4 **In the doorway stood her father.**
문간에 그녀의 아빠가 서 있었다.

5 **In none of the countries they visited did the tourists speak their language.**
in no country는 부정어이므로 정동사 도치를 해 주어야 한다.
어떠한 나라에서도 그 여행객들은 자기네 언어를 말하지 않았다.

6 **Only when she apologizes will I speak to her again.**
only는 부정어이므로 정동사 도치를 한다.
그녀가 사과를 해야만 나는 다시 그녀와 말을 할 것이다.

7 **Hardly had I stepped out of bed when the phone rang.**
hardly는 부정어이다.
내가 침대에서 나오자마자 전화벨이 울렸다.

8 **At no time did they actually break the rules of the game.**
at no time은 부정어이다.
어떠한 때에도 그들은 시합의 규칙을 어기지 않았다.

9 **Only then did I realize how dangerous the situation had been.**
나는 상황이 얼마나 위험한지를 그때에서야 깨달았다.

10 **Not until August did the government order an inquiry into the accident.**
no until ~도 부정어로서 정동사 도치를 한다.

8월이 지나서야 정부는 그 사고에 대한 조사를 명령했다.

11 So dangerous did the weather conditions become that all mountain roads were closed.
so ~ that구문에서 so부분이 문두에 나가면 정동사 도치를 한다.
날씨 상황이 너무 위험해서 모든 등산로가 폐쇄되었다.

12 So was I.
긍정이므로 so, was는 be동사이므로 그대로 쓴다.
나는 어제 아팠다. — 나도 그랬어.

13 So did I.
긍정이므로 so, spent는 일반동사이므로 do를 쓴다.
나는 저녁 내내 TV를 보면서 보냈다. — 나도 그랬어.

14 Neither could I.
부정이므로 neither, could은 조동사이므로 그대로 사용한다.
나는 오늘 아침 일어날 수 없었다. — 나도 그랬어.

15 Neither have I.
부정이므로 neither, have -ed의 have는 정동사이므로 그대로 사용한다.
나는 아프리카에 가 본 적이 없다. — 나도 그래.

16 So would I.
긍정이므로 so, would은 조동사이므로 그대로 사용한다.
그는 가고 싶어 한다. — 나도 그래.

17 F
nor he does → nor does he: nor 뒤에서는 도치가 이루어진다.
Bruce는 비판을 잘 받아들이지 않는다, 또한 귀 기울여 듣는 것 같지도 않다.

18 T
never before는 숙어처럼 쓰인다.
전에는 결코 이 나라에 그렇게 많은 후보자가 있지 않았다.

19 F
appearing → appear: 도치구문이므로 〈did + 주어 + 동사원형(appear)〉이 되어야 한다.
17세기가 지나서야 원자 개념이 출현했다.

20 T
방식 접속사 as 뒤에서 도치가 자주 일어난다. (did는 believed를 대신)
나의 동료들이 그런 것처럼(확신하는 것처럼) 나도 그 계획이 유효할 것이라고 확신한다.

21 F
lives → live: 도치된 문장이므로 주어 a wizard and three witches에 맞추어 복수형 동사가 되어야 한다.
강 너머에 마법사 한 명과 마녀 세 명이 살고 있다.

22 T
under no circumstance가 문두에 나온 도치구문이다.
어떠한 상황에서도 승객들은 문을 직접 여는 것이 허락되어 있지 않다.

23 T
nor 뒤에서는 도치가 일어난다. wanted가 일반동사이므로 did로 받는다.
위원회도 새 슈퍼마켓이 지어지기를 원하지 않았고, 지역 주민들도 그랬다.

24 F
has → have: 주어가 all the students로 복수이다.
시험이 시작한 이후로 모든 학생들은 한 마디도 하지 않았다.

25 T
The popularity of the play is such that ~ 라는 such ~ that구문에서 such가 앞으로 나가 도치된 문장이다.
그 연극의 인기가 너무 좋아서 극장은 매일 밤 가득 찰 것이다.

26 T
If McGrath had not resigned에서 If가 생략되고 그 뒤가 도치된 것이다.
McGrath가 당 지도자로서 사임하지 않았더라면, 그는 해고되었을 것이다.

27 F
did Jim found → did Jim find: 도치구문이므로 주어 뒤에 원형인 find를 쓴다.
기차가 유스톤 역으로 들어선 후에야 Jim은 그의 코트가 없어진 것을 알았다.

28 F
world governments will → will world governments: Only ~ worse가 앞에 나와서 뒤에는 정동사 도치를 한다.
기근이 더 심해지고 나서야 세계의 정부들이 행동하기 시작할 것이다.

29 F
are their children → do their children: than 뒤에 도치가 일어났고, 동사는 앞에 watch가 쓰였으므로 do동사로 대신한다.
연구에 따르면 부모들이 자녀들보다 TV를 더 많이 본다.

• Review TEST 2 ·········· p.248

1 (B)
「~도 또한 그렇다」는 〈so + 동사 + 주어〉의 형식을 쓴다.
나는 어렸을 때 경주용 자전거가 있었고, 내 형도 그랬다.

2 (C)
Scarcely (부정어)가 문두에 와서 그 뒤에 도치가 일어난다. ever는 주어 뒤에 쓴다. scarcely가 부정이므로 never와 함께 쓰지 못한다.
어제보다 더 즐거웠던 적은 없었다.

3 (A)
if가 생략되어 도치된 구문이다. 도치된 경우에는 (B)처럼 쓰지 않는다.

그 비행기가 딴 데로 돌려지지 않았더라면 일찍 도착했을 것이다.

4 (C)
(B)는 뒤에 콤마가 없으면 도치된 구문이므로 정답이 될 수 도 있다.
Marie의 사업은 너무 성공하여 50의 나이에 은퇴할 수 있었다.

5 (A)
never before가 문두에 와서 그 뒤에 도치가 일어난다.
(D)는 did the leaders of the two countries meet로 되면 옳다.
이 두 나라의 지도자들은 그들의 차이를 해결하기 위해 진지하게 만난 적이 결코 없다.

6 (C)
developed → develop : did conservation develop은 conservation이 주어, develop동사가 정동사 도치된 구문이다.
루즈벨트가 대통령이 되고 나서야 보존이라는 개념이 중요한 환경문제로 발전했다.

7 (C)
it leaves → does it leave : 정동사 도치를 해야 하는데 leaves가 일반동사이므로 do동사를 빌려서 does it leave 로 한다.
새끼 고슴도치는 눈을 뜨고 나서야 둥지를 나서서 엄마를 이리 저리 따라다닌다.

2. 일치

• Review TEST 1 ································· p.259

1 has
every는 단수 취급한다.
모든 좌석에 번호가 있다.

2 have
all은 복수 취급한다.
모든 좌석은 번호가 있다.

3 is
주어가 one이므로 단수동사가 와야 한다.
그 사진들 중 하나가 없어졌다.

4 were
a number of는 many와 같은 뜻이다.
많은 질문들이 이루어졌다.

5 is / are
pollution은 단수, trees는 복수이다.
매년 많은 오염이 생겨난다, 그리고 많은 나무들이 베어진다.

6 is

무게는 단수 취급한다.
90킬로그램은 내가 들어올리기에는 너무 무겁다.

7 have
goods가 「물품」이라는 의미일 때는 단수형으로 쓰이지 않는다.
그 상품은 우리 공장에서 여러분에게 곧 바로 보내졌다.

8 is
학문이름은 단수 취급한다.
경제학은 어려운 과목이다.

9 was
news는 불가산 명사로 단수 취급한다.
그 뉴스는 내가 예상했던 것보다 더 나빴다.

10 saves
means는 단 · 복수 동일형이지만 앞의 this가 단수임을 나타낸다.
이 운송수단은 에너지를 절약한다.

11 is
주어는 either이고 단수 취급한다.
그 대안 중 어느 것이 좋은 생각인지 궁금하다.

12 weren't
주어는 Those tables로 복수이다.
우리가 지난달에 보았던 그 테이블들은 그렇게 비싸지 않았다.

13 was
주어는 the mayor이고, 도치 문장이다.
초대된 사람들 중에는 시장이 있었다.

14 is
주어는 to be honest로 부정사이다. 부정사는 단수 취급한다.
정직한 것은 좋다.

15 is
책 제목은 단수 취급한다.
『죄와 벌』은 도스토예프스키의 소설 중 하나이다.

16 agrees
주어 No one은 단수 취급한다.
그 자신의 지지자들을 제외하고는 아무도 그에게 동의하지 않는다.

17 have
more members는 복수이다.
한 명 이상의 위원들이 그 제안에 항의했다.

18 are
the couple은 '둘' 이므로 복수 취급한다.
그 부부는 결혼생활이 행복하다.

19 have
주어는 half이지만 실제로는 the books이다.
그 책들의 절반이 선반에 놓였다.

20 was
nobody가 주어이다.

아무도 심지어는 교사들조차도 듣고 있지 않았다.

21 was
every는 and에 의해 여러 번 연결되어도 단수 취급한다.
모든 소년과 소녀가 파티에서 춤을 추고 있었다.

22 was
one speaker가 주어이다.
연사가 연이어서 그것에 대해 불평하고 있었다.

23 are
or 뒤의 his parents에 동사를 일치시킨다.
그 또는 그의 부모가 와야 한다.

24 was
each는 여러 번 반복되어도 단수 취급한다.
각 상원의원과 하원의원에게 두 개의 좌석이 배정되었다.

25 have
주어가 두 개이므로, 복수이다.
법과 질서 모두 확립되었다.

26 they were
jeans는 복수 취급한다.
Laura는 그곳에서 청바지를 샀다. 정말 싸다고 그녀가 말했다.

27 has
주어는 the teacher이다.
두 명의 도우미와 함께 그 교사는 상황을 완전히 통제했다.

28 are
주어는 surroundings로 복수이다.
그 마을의 연안 주변은 특별히 매력적이다.

29 have
주어는 phenomena로 phenomenon의 복수이다.
태양 흑점과 같은 자연현상들은 수세기 동안 과학자들을 당혹스럽게 했다.

30 is
퍼센트로 나오는 주어는 of 뒤의 명사 형태로 동사를 일치시킨다. 뒤가 the milk이므로 단수 형태의 동사가 와야 한다.
그 나라들에서 마셔지는 우유의 약 30퍼센트는 수입된다.

31 Have
주어 my glasses는 복수 취급한다.
내 안경이 찾아졌니?

32 were
주어는 hotels로 복수이다.
그 도시에 있는 주요 호텔들이 군대 막사로 변했다.

33 have / are
주어는 all the sausages(복수)와, plenty of chips(복수)이다.
미안해, 모든 소시지가 없어졌어, 그러나 네가 원한다면 남아 있는 조각들은 많아.

34 were
주어는 some of the deer이고, deer는 단·복수 동일형

이지만 앞에 some이 있으므로 복수임을 알 수 있다.
저 강 건너에 19세기에 공원으로 들여와진 사슴들의 일부가 있었다.

35 seems
주어는 That ~ his generation으로 that절이고 that절은 단수 취급한다.
그가 자기 세대에서 많은 재능 있는 골퍼들 중 최고였다는 사실은 논란의 여지가 없다.

36 is
주어는 Keeping ~ house로 동명사이고, 동명사는 단수 취급한다.
큰 동물을 애완용으로 작은 집에서 기르는 것은 잔인하다.

37 are
criteria (기준)은 criterion의 복수형이다.
나는 그 기준들이 똑같이 중요하지는 않다고 생각한다.

38 is
ten grams(무게)는 단수 취급한다.
이 푸딩에는 설탕이 많이 필요하지 않다; 10그램이면 충분하다.

39 is
linguistics(언어학)는 단수이다.
현대 언어학은 20세기 초에 시작되었다고 전해진다.

40 seems
two years(시간)는 단수 취급한다.
나는 사람들이 병원 치료를 받기 위해 기다려야 한다는 것을 알고 있다, 그러나 2년은 말도 안 될 만큼 긴 시간이다.

41 has
measles(홍역)는 단수 취급한다.
홍역은 나골라 지역의 많은 어린이들을 죽였다.

42 provide
statistics가 「통계자료들」이라는 의미일 때는 복수이다.
최근의 통계자료들이 아시아의 생활수준의 급속한 증가에 대해 확실한 근거를 제공한다.

43 is
주어는 What ~ film으로 단수 취급한다.
내가 그 영화에 대해 특별히 좋아하는 것은 호주의 장면들이다.

44 have
주어는 many improvements로 복수이다.
지난 몇 년 동안 자동차 안전에 관한 많은 발전들이 있었다.

45 remembers
주어는 any of ~인데 이는 항상 단수 취급한다.
내 자녀들 중 누구라도 나의 생일을 기억한다면 나는 놀랄 것이다.

46 relieve
주어가 A number of medicines로 복수이다.
많은 의약들이 독감의 증상을 덜어 준다, 그러나 어떠한 약

도 그것을 치료하지는 못한다.

47 player / tries
each 뒤에는 단수 명사를 쓰고, 단수 취급한다.
그 시합의 목적은 매우 단순하다. 각 선수가 게시판에 있는 물품을 가능한 한 많이 사는 것이다.

48 wants
no one은 단수 취급한다.
Rowham 매니저는 그 클럽의 누구도 Nilsen이 떠나는 것을 원하지 않는다고 말했다.

49 think
the majority of는 복수 취급한다.
질문 받은 사람들 대부분은 정부의 경제 정책이 실패했다고 생각한다.

50 has
nor 뒤의 the Education Minister에 동사를 일치시킨다.
수상도 교육부 장관도 이 정책들이 바뀔 것이라고 언급하지 않았다.

• Review TEST 2 ·································· p.262

1 (B)
주어는 the hammer이다.
톱뿐만 아니라 망치도 일을 보다 쉽게 해 준다.

2 (C)
주어는 science classes로, 복수이다.
이 학교의 과학 수업은 어렵다.

3 (B)
주어는 too many people이다. 셀 수 있는 명사에는 much가 아니라 many를 쓴다.
풋볼 경기장에 들어가려고 하는 사람들이 너무 많았다.

4 (B)
have done → has done: 주어 No person은 단수이다.
Tom보다 이 회사를 위해 더 많이 일한 사람은 없다, Tom은 지난 몇 년 동안 일주일에 40시간씩 일해 왔다.

5 (C)
have caused → has caused: his parents' condemnation에 동사를 일치시킨다.
친구의 배반도 부모님의 비난도 그에게 큰 고통을 주지는 않았다.

6 (B)
are → is: 주어는 a fortress로 도치 구문이다.
그 폐허 바로 바깥쪽에 한 요새가 높은 담과 장중한 나무들로 둘러싸여 있다.

7 (A)
These kind → These kinds 또는 This kind: these는 복수 kind는 단수이므로 함께 쓰지 못한다. 참고로, this kind of shoes seem도 옳은 표현임을 알아 두자.

이런 종류의 신발은 비싸 보이지만 관리하기가 상대적으로 쉽다.

8 (C)
require → requires: 주어는 Each and every one 이고 이는 단수 취급한다.
동물원에 갇혀 있는 독뱀들 각각은 그들이 야생에서 먹었던 먹이에 근거한 특별한 종류의 먹이를 필요로 한다.

9 (A)
There have been → There has been: 주어는 little change로 단수이다.
아빠가 미국으로 떠나신 후 아빠의 상황에는 변화가 거의 없다.

3. 병치

• Review TEST 1 ·································· p.264

1 intelligence → intelligent
loyal, courageous, adaptable이 형용사이다.
집 개는 일반적으로 충성스럽고 용감하고 똑똑하고 적응력이 강하다.

2 옳은 표현
John's writing과 Bridget's는 올바른 병치이다.
그것은 John의 글이거나 Bridget의 글임에 틀림없다.

3 to bet → betting
앞의 going과 병치되어야 한다. 일반적 사실이므로 going을 to go로 바꾸는 것보다 to bet을 betting으로 고치는 것이 좋다.
George는 경마에 가서 말에 돈을 거는 것을 좋아한다.

4 who had smiled → smiling
앞의 sitting과 병치를 이루어야 한다.
Charles는 구석에 앉아서 자기를 향해 웃고 있는 그녀에게 말을 걸고 싶었다.

5 phoning → to phone
asked에 공통으로 걸리므로 to come과 to phone으로 쓴다.
나는 그에게 오늘 저녁에 오거나 내일 우리에게 전화하라고 부탁했다.

• Review TEST 2 ·································· p.264

1 (B)
spend 뒤에 foraging과 sunning이 병렬로 연결된다.
마못은 목초지 식물과 꽃 사이에서 먹이를 찾아다니거나 바위절벽에서 햇볕을 쬐는 일에 시간을 보낸다.

2 (C)

the red suit or the green suit을 줄이면 the red or the green suit이 된다.
오늘 아침 그는 빨간 정장을 입을 것인지, 녹색 정장을 입을 것인지 결정하지 못했다.

3 (C)
obtaining → to obtain: to answer, to solve, to obtain이 병렬로 연결되고 있다.
컴퓨터는 질문에 답하거나, 문제를 해결하거나, 특정한 주제에 대한 정보를 얻는 데에 사용될 수 있다.

4 (D)
by what → upon what: be based upon으로 병렬로 연결해야 한다.
판사들의 결정은 대중적인 것에가 아니라 옳은 것에 근거를 두어야 한다.

5 (B)
to ability → ability: 앞의 명사들과 병렬로 연결되어야 한다.
표준 시험, 예상 지능 숫자, 적성, 준비성, 지식 또는 능력이 대학 입학 과정에 중요하다.

4. 강조

• Review TEST 1 .... p.271

1 In / You go in.
안으로 들어가라.

2 That question / I won't answer that question.
그 질문에 나는 답하지 않겠다.

3 That much / The jury had thoroughly appreciated that much.
배심원들은 확실히 그 만큼만 이해했다.

4 Addressing the demonstration / Quite an elderly woman was addressing the demonstration.
나이가 아주 많은 부인이 시위대에게 연설하고 있었다.

5 You did look a bit like the singer Arlene Black, actually.
동사의 강조는 do동사를 쓴다. 이때 do가 시제변화를 하고 그 뒤의 동사는 원형을 쓴다.
너는 정말로 가수 Arlene Black을 약간 닮았다.

6 Do have some more soup.
수프를 좀 더 드세요.

7 Yes, Melanie does help a lot of people.
그래요, Melanie는 많은 사람을 정말로 돕는다.

8 It was on Thursday that Mike's uncle died.
Mike의 삼촌이 죽은 때는 화요일이었다.

9 It is the computer that gives me a headache.
나를 머리 아프게 하는 것은 컴퓨터이다.

10 It is a realistic target that you should work towards.
네가 노력해야 할 방향은 현실적인 목표이다.

11 It was only last year that he turned professional.
그가 프로로 전향한 것은 바로 작년이었다.

12 It is how she does it that I object to.
내가 반대하는 것은 그녀가 그것을 하는 방법이다.

13 No, it was by improving distribution that he made it profitable.
아니, 그가 그것을 이익이 나게 한 것은 배당을 개선해서였다.

14 Is it Mercury that is nearest the sun?
태양에 가장 가까운 것은 수성이니?

15 What is it that you must pay attention to?
네가 관심을 기울여야 하는 것은 무엇이니?

• Review TEST 2 .... p.272

1 What we gave them was some homemade cake.
우리가 그들에게 준 것은 집에서 만든 케이크였다.

2 What upset me most was his rudeness.
나를 가장 화나게 한 것은 그의 무례함이었다.

3 What annoyed me was that she didn't apologize for being late.
나를 화나게 한 것은 그녀가 지각한 것에 대해 사과하지 않았다는 것이다.

4 the road → on the road
원래의 문장, The accident took place on the road.에서 on the road.가 강조된 것이다.
그 사고가 발생한 곳은 길에서였다.

5 It is → It was
시제는 서로 일치시켜야 한다. 뒤에는 enjoyed로 과거이다.
Williams 양이 소설 읽기를 좋아하는 것은 취미로였다.

6 It are → It is
It이 주어이므로 It are라는 표현은 없다.
불평하고 있는 사람들은 그들이다.

7 that I was → what I was
what 강조 구문이다. I was looking for라는 절에서 for의 목적어가 필요하므로 that을 쓰면 안 되고 what을 써야 한다.
아니, 내가 찾고 있는 것은 좀 더 크고 튼튼한 것이었다.

8 그 여자가 말을 좋아하는 것으로 드러났다.

9 모든 사람이 다 자기의 야망이 성취되는 것을 행복하게 바라보는 것은 아니다.

10 재판 중에 Jack이 전에 절도죄를 지었었다는 사실이 밝혀졌다.

11 내가 Carol과 테니스를 쳤던 때는 지난 일요일뿐이었다.

12 내가 그에게 하려고 하는 것은 그에게 교훈을 가르치려는 것이다.

5. 생략

• Review TEST 1 ·································· p.278

1 so
출근하지 않았다는 것은 아프다는 것이므로 긍정이다.
Don이 또 아프니? — 글쎄, 출근하지 않은 것으로 보아 그런 것 같아.

2 not
시험 결과가 나쁜 것으로 미루어보아 학생들이 문제를 이해하지 못한 것으로 생각할 수 있다.
시험 결과가 엉망이야. 학생들이 그 문제를 이해했다고 생각하니? — 아닌 것 같아.

3 so
hope은 긍정이므로 그 뒤에도 긍정의 말이 와야 서로 어울린다.
봉급 인상이 곧 있을 것 같다고 생각하니? — 그러기를 바라지.

4 don't think so
I think not으로는 쓰지 않는다.
Jill은 결혼했니? — 그런 것 같지 않아.

5 so
I'm afraid는 부정적 생각이므로 그 뒤에도 부정적 내용이 와야 서로 어울린다. 앞 내용으로 보아 부정적 내용이란 많이 다친 것이어야 하므로, so가 된다.
그 여자가 많이 다쳤니? — 안됐지만 그런 것 같아.

6 not
부정적인 내용은 앞 내용으로 보아 돈을 빌려 줄 수 없는 것이다. 빌려 줄 수 없다는 앞 내용의 부정이므로 not으로 받는다.
나에게 돈을 빌려 줄 수 있니? — 안됐지만 안 될 것 같아.

7 it is
so it is는 「정말 그래」의 뜻이고, so is it은 「그것도 그래」라는 뜻이다.
저 말은 절뚝거리며 걷고 있다. — 정말로 그러네. 주인에게 말해야겠다.

8 did the residents
「주민들도 또한 그래」의 뜻이다.
위원회는 슈퍼마켓이 지어지는 것을 원했다. 주민들도 또한 그랬다.

9 healthy
저 식물들은 지금은 충분히 건강하다. 그러나 얼마나 오랫동안 건강을 유지할 것인지 궁금해.

10 the news has reached home
그 안 좋은 소식이 벌써 집에 도착했니? — 안됐지만 그런 것 같아.

11 spilled coffee on the table
네가 커피를 테이블에 쏟았지, 나도 그랬어.

12 누군가가 도와야 한다. Peter보고 도우라고 부탁할까?
~ to help?

13 성공적인 사업을 시작하고 싶어한 적이 있지요? 이 책이 여러분에게 그 방법을 알려 줍니다.
how to start a ~

14 Shirley가 위원회에서 사임하면 많은 다른 사람들도 사임할 것이 확실하다.
~ will resign from the committee.

15 남극으로의 첫 번째 원정은 또 다른 두 번의 원정을 곧 불러왔다.
~ another two expeditions to the Antarctic

• Review TEST 2 ·································· p.279

1 (B)
John didn't eat at home last night를 줄이면 didn't가 있으므로 John didn't가 된다.
Susan은 어젯밤 집에서 식사했어. — 그러나 John은 그렇지 않았어. 그가 학교 식당에서 저녁 먹는 것을 내가 보았거든.

2 (B)
you don't need to bring ~을 줄여서 you don't need to로 썼다. 뒤의 to는 대부정사이다.
시험장에 계산기를 가져갈까요? — 아니요, 그럴 필요 없어요. 계산기가 제공될 겁니다.

3 (D)
I had a good time ~을 줄여 쓸 때에는 had가 일반동사이므로 do동사로 줄여 쓴다. 과거이므로 did가 된다.
나는 그 파티에서 즐거운 시간을 보낼 거라고 예상하지 못했다, 그러나 즐거운 시간을 보냈다.

4 (A)
Yes로 미루어 긍정이다.
그 도서관이 토요일에도 문을 여니? — 응, 그런 것 같아. 그러나 완전히 확실하지는 않아.

5 (A)
2002 뒤의 that절은 assert의 목적어이다. (A)를 답으로 하면 toughness 뒤의 that과 함께 it ~ that 강조 구문이다. that 대신에 which를 써서 (D)를 답으로 할 수 있지만 cause동사는 목적어 다음에 to부정사를 필요로 하는데 여기서는 assert가 원형부정사로 쓰였다.

제네바 협약이 그 일련의 사실들에는 실제로 적용되지 않았다고 2002년에 그들로 하여금 주장하게 만든 것은 바로 이러한 강인함이었다.

6 (A)
is → was: it is ~ that 강조 구문에서 is의 시제는 전체시제와 일치하여야 한다.
Scott Fahlman이 Net에게 웃는 법을 가르친 것은 20년 전 오늘이었다.

7 (A)
when → that: it is ~ that 강조 구문이다.
알려진 것 중 가장 오래된 경작 옥수수가 발견된 곳은 뉴멕시코의 막달레나라는 한 동굴에서였다.

실전 TEST 1 p.280

1 (B)
playing, eating, sleeping이 spend 뒤에서 병렬로 연결되고 있다.
대부분의 경우 어린 아이들은 그들의 시간을 놀고, 먹고, 많이 자는 데에 보낸다.

2 (A)
a number of는 many와 같은 뜻이다. Vietnamese(베트남 사람)는 단·복수 동일형이다. (B)는 주어가 the number(숫자)인데 동사가 has moved(이동했다)여서 뜻이 맞지 않는다.
많은 베트남인들이 최근에 그 도시로 이동했다.

3 (D)
one of 뒤에는 항상 복수명사가 온다. 그래도 주어는 one 이다.
그 학생들 중 하나는 이태리 출신이다.

4 (B)
both A and B는 복수 취급한다.
내 책과 지갑 모두 어젯밤 내 방에서 도난당했다.

5 (C)
not until ~ lungs의 부정어로 문두로 와서, does it leave는 정동사 도치가 일어난다.
개구리는 허파가 발달되고 나서야 물을 떠난다.

6 (D)
classmate(급우)는 가산 명사이므로 복수형을 쓴다.
나의 학급 친구 중 3분의 2는 중동 출신이다.

7 (A)
name, rank, serial number가 병렬로 연결되고 있다.
그 체포자에게 주어진 유일한 정보는 각 개인의 이름, 계급, 군번이었다.

8 (C)
what으로 시작하는 강조 구문이다. what I meant가 주어, was가 동사, 뒤의 that절이 보어이다.
아니, 내가 의미하는 것은 Erica가 내 자전거를 내가 필요로 할 때까지 빌릴 수 있다는 것이었다.

9 (B)
expands와 contracts가 병치로 쓰였다.
눈의 동공이 심장이 뛸 때마다 약간씩 확대되었다가 축소되었다가 하는 것을 너는 알고 있니?

10 (B)
in the cells ~ pea는 부사구이다. seven pairs of chromosomes가 주어이고, 전체는 there be 구문이다. 주어가 복수이므로 there are로 쓴다. there be 구문에서는 부사구/보어가 문두에 와도 도치하지 않는다.
보통 꼬투리 완두의 세포 속에는 7쌍의 염색체가 있다.

11 (B)
but 이후는 〈it is ~ that ...〉 강조 구문이고, only yesterday가 강조되고 있다.
Mark는 자기의 부모가 이번 주말 우리와 함께 머물기 위해 올 것이라고 오랫동안 알고 있었는데, 어제에서야 나에게 말했다.

12 (D)
hardly는 부정어이므로 그 뒤는 도치를 해 준다. hardly ~ before/when은 숙어이다.
그가 호텔에 도착하자마자 폭설이 내리기 시작했다.

13 (C)
never before는 부정어, 그 뒤는 정동사 도치가 일어난다. there have been ~의 도치는 have there been이다.
전에는 결코 그렇게 많은 후보자가 전국을 돌면서 악수를 하는 일이 없었다.

14 (C)
I'm afraid는 부정적 생각이므로 그 뒤에도 부정적 내용이 와야 서로 어울린다. 앞의 내용이 돈을 보내라는 것이므로 이것이 부정적 내용이 되려면 돈을 보낼 수 없어야 부정적 내용이 되므로, 빈칸에는 not을 쓴다.
그들이 너에게 돈을 보냈니? — 아니, 유감스럽게도 안 냈어.

15 (B)
to run → running: 앞의 walking이 동명사이므로 or 뒤에도 동명사를 쓴다.
30분 동안 활발하게 걷는 것이나, 15분 동안 뛰는 것은 거의 동일한 양의 칼로리를 태울 것이다.

16 (C)
are → is: 주어는 뒤의 a self-portrait로 단수이다.
그 화랑의 많은 값진 그림들 속에는 피카소가 그린 자화상이 한 점 들어 있다.

17 (C)
need to → needs to: need 뒤에 to부정사로 연결되면 need는 일반동사이다. 주어가 the writer로 단수이므로 needs로 고친다.
어떤 과정을 실행하는 방법을 설명하는 글에서는 작가는 분명하고 정확한 안내나 설명을 할 필요가 있다.

18 (C)
were → was: 주어는 the editor이다. 주어가 〈neither A nor B〉인 경우, 동사는 B에 일치시킨다.

기자들도 편집자도 발행인이 제시한 봉급에 만족하지 않았다.

19 (C)

are → is: 주어는 80 percent of all the information 으로 단수이다.

전세계 컴퓨터에 들어 있는 모든 정보의 약 80퍼센트가 영어로 되어 있다.

22 (C)

they have to → do they have to: nor 뒤에서는 도치가 일어난다.

장애인들은 개인의 권리를 줄여서도 안 되고, 사회에 참여하거나 공헌할 기회를 줄여서도 안 된다.

21 (D)

than violence → than by violence: rather than은 등위 접속사의 일종으로, by compromise와 by violence가 병치를 이루고 있다.

합리주의자란 논쟁의 의하여, 또 어떤 경우에는 폭력에 의해서라기보다는 타협에 의해 결론에 도달하려고 노력하는 사람이다.

22 (B)

there have → have there: 부정어(never)가 문두에 왔으므로 there have를 도치해야 한다.

인류의 역사에서 이 비교적 작은 행성(지구)에 (지금보다) 더 많은 사람이 살았던 적은 결코 없었다.

23 (A)

(A) are made → is made: 주어는 The chair이다.
(B) the teacher에 동사를 일치시킨다.
(C) None은 복수 취급이 원칙이나 단수 취급도 틀리지 않는다.
(D) Eating vegetables는 동명사 주어, 단수 취급한다.
(A) 테이블뿐만 아니라 의자도 나무로 만들어졌다.
(B) 학생들도 교사도 그 답을 모른다.
(C) 그 집들 중에서 어느 것도 손상을 피하지 못했다.
(D) 채소를 먹는 것은 건강에 좋다.

24 (C)

(A) 주어인 the news는 불가산 명사로 단수 취급한다.
(B) economics는 단수이다.
(C) aren't → isn't: 시간은 단수 취급한다.
(D) 주어인 the elderly(노인들)는 복수이다.
(A) 그 신문에 나온 뉴스는 편견이 있다.
(B) 경제학은 중요한 학문 영역이다.
(C) 5분은 기다리기에 긴 시간이 아니다.
(D) 우리나라의 노인들은 치료가 무료이다.

25 (C)

(A) two thirds of the work 뒤에는 단수 동사가 온다.
(B) Only in Paris가 문두이고, 그 뒤는 정동사 도치가 이루어진다.
(C) What does she go for → What she goes for: 의문사절의 어순은 평서문 어순이다.
(D) On ~ them은 부사구이므로 그 뒤는 일반도치(주어

와 동사를 바꾸기만 함)가 일어난다.
(A) 그 일의 3분의 2가 그의 조수에 의해 이루어졌다.
(B) 파리에서만 이와 같은 술집을 발견된다.
(C) 그 여자가 외출한 이유는 커피를 마시기 위해서였다.
(D) 그들 바로 앞 언덕에 옛 성 하나가 서 있었다.

26 (C)

(A) friend → friends: 주어가 복수이므로 be동사 뒤 보어도 복수가 되어야 일치될 수 있다.
(B) doctor → doctors: 목적어가 복수이므로 목적격 보어도 복수로 해야 일치한다.
(C) entertaining partners(파트너들을 즐겁게 하고 있음)가 found의 목적격보어로 쓰여서 옳은 표현이다.
(D) is writing → are writing: 주어는 the students이고 each는 부사이다.
(A) Jack과 Jill은 친구이다.
(B) Martha는 그의 아들들을 의사로 만들었다.
(C) 그들은 그가 친구들을 즐겁게 하고 있는 것을 발견했다.
(D) 그 학생들은 각각 부모에게 편지를 쓰고 있다.

실전 TEST 2 p.284

1 ①

charming → charm: cut, cure, charm이 병치를 이루고 있다.

다이아몬드는 지구상에서 다른 거의 모든 것보다 오래되었다. 다이아몬드는 유리를 자르기 위해, 뱀에 물린 곳을 치료하기 위해, 왕과 왕비를 기쁘게 하기 위해 사용되어 왔다. 그 빛나는 아름다움으로 유명한 다이아몬드는 지구상에서 가장 딱딱한 물질이며, 가장 유용한 물질 중에 하나이다. 그러나 다이아몬드를 채굴하는 것은 돈이 많이 들고 힘이 드는 작업이다.

2 was their English

nor 뒤에서는 도치가 일어난다. was는 be동사이므로 was부터 쓰고 주어를 쓴다.

우리가 말하고 쓰는 영어는 우리의 조부모들이 말하고 쓰던 영어와 같지 않다. 또한 그들이 쓰던 영어는 엘리자베스 여왕 시대의 영어와도 정확히 같지 않다.

3 ④

used라는 분사가 되어 앞의 bacteria를 수식한다. bacteria가 주어, 뒤의 are not이 동사이다. 〈It is ~ that ...〉 강조 구문이고 while cheese is ripening이 강조된 부분이다. 부사절이 강조되었으므로 that 이하는 그 자체로 완전해야 한다. 즉 develops의 주어 it이 있어야 한다.

모든 치즈는 다양한 박테리아가 붙어 있는 우유로 만들어진다. 스위스 치즈를 만드는 데 사용되는 박테리아는 사람에게 해롭지 않다. 그것들은 치즈를 숙성시키는 데에 꼭 필요하다. 자신의 특별한 맛과 색이 생겨나는 때는 치즈가 숙성되는 동안이다.

4 goes

전체 시제는 일반적 사실이므로 현재이다. 주어는 three-

fifths of the rubber로 단수이므로 동사는 goes가 된다.
고무는 여러 분야에서 매우 유용하다. 미국에서 사용되는
고무의 약 5분의 3은 타이어와 튜브에 쓰인다. 공장들은
고무를 방수 앞치마, 장화, 비옷, 장갑, 모자를 만드는 데
사용한다.

5 ④
(A) 명령문이므로 동사원형인 do를 쓴다.
(B) look이 불완전 자동사로 쓰였으므로 보어인 형용사
(easy)가 필요하다.
(C) 도치구문으로 주어는 continuing efforts로 복수이다.
어떤 특정한 직업에서 성공하고 싶은가? 그렇다면 그렇게
한 누군가를 찾으라. 그리고 그들이 한 것을 정확하게 똑같
이 하라. 당신의 행동을 성공한 경험에 맞추어 설계하라.
성공한 사람들은 단순히 운이 좋은 것이 아니다. 행운은 성
공과는 아무 상관이 없다. 성공은 특정한 행동에서 온다.
성공한 사람은 성공이 쉽고 수월한 것처럼 보이게 하지만
사실은 쉽고 수월한 것이 아니다. 모든 성공한 사람 뒤에는
끊임없는 노력이 있다.

6 ①
(A) 주어는 custom으로 단수이다.
(B) to wear ~와 (to) put ~이 병치를 이루고 있다.
(C) 앞의 developed는 일반동사이고 과거이므로 did로
받는다.
보석으로 몸을 치장하는 전통은 오래된 습관이다. 원시 동
굴 사람들의 유행은 목걸이를 조개, 씨앗, 조약돌 그리고
뼈로 만드는 것이었다. 목걸이를 착용하고 뼈나 나무 조각
을 코나 귀에 거는 것이 유행이었다. 문명이 발달함에 따라
유행도 발달했다. 그러나 몸치장은 인간의 허영을 나타내
는 가장 보편적인 수단이었고 여전히 수단이 되고 있다.

1. 절이란
2. 명사절

• Review TEST ⋯⋯⋯⋯⋯⋯⋯⋯⋯⋯⋯ p.301

1 (B)
of는 전치사이므로 뒤에는 목적어가 와야 한다. what은 명
사절을 이끌어 목적어로 쓰일 수 있다.
과학자들이 공룡에 대해 알고 있는 것의 대부분은 최근에
발견되었다.

2 (B)
두 번째 동사 is의 주어가 필요하다. 맨 앞이 빈칸이면 알맞
은 접속사를 넣어 명사절을 만든다. we ought to desire
에서 desire의 목적어가 없으므로 그 목적어 역할까지 하는
what이 정답이다.
우리가 바라야 하는 것은 단지 다른 누군가가 우리에게 바
라는 것이다.

3 (D)
state는 say와 마찬가지로 뒤에 that절이 온다. that절 속
에서 energy가 주어, is given off가 동사, such as light
는 energy를 수식한다.
양자이론은 빛과 같은 에너지가 방출되고 그리고 양자 또
는 광양자라고 불리는 작은 명확한 단위에 흡수된다는 것
을 설명한다.

4 (A)
빈칸이 주어, is가 동사, how이하가 명사절로 보어이다. 보
기는 모두 의문사절이고, 의문사는 find의 목적어 역할도
해야 하므로 what I find interesting이 정답이다.
내가 흥미롭다고 생각하는 것은 국제 학생들이 외국어 과
정에서 어떻게 그렇게 잘 할 수 있는가이다.

5 (A)
interested가 동사가 아닌 분사이므로 명사인 anyone이
정답이다. who나 whoever를 쓰면 그 뒤에 동사가 있어야
한다.
학교 밴드에 참가하고 싶은 사람은 누구든 학생회관으로
와야 한다.

6 (D)
It은 가주어, when 이하가 의문사절로 진주어이다. when
절 속에 동사도 있어야 하고, 어순도 평서문어순이어야 한다.
비록 많은 가설들이 있지만 공룡이 언제 멸종했는가는 명
확하지 않다.

7 (B)
depict은 동사, 그 뒤는 아무리 길어도 긴 명사로 목적어이